大学语文

主　编　徐　蕾
副主编　梁春燕　徐　芳　邹松鹤
　　　　张朋毅　王宝伟
参　编　元文广　刘慧霞　吴　丹
　　　　闫月英　韩鹏飞

南京大学出版社

图书在版编目（CIP）数据

大学语文 / 徐蕾主编. —南京：南京大学出版社，2022.4
　　ISBN 978-7-305-25299-0

　Ⅰ. ①大…　Ⅱ. ①徐…　Ⅲ. ①大学语文课－高等学校－教材　Ⅳ. ①H19

中国版本图书馆 CIP 数据核字(2022)第 007741 号

出版发行	南京大学出版社		
社　　址	南京市汉口路 22 号	邮　编	210093

出 版 人　金鑫荣

书　　名	大学语文		
主　编	徐　蕾		
责任编辑	刁晓静	编辑热线	025-83592123

照　　排　南京紫藤制版印务中心
印　　刷　南京人民印刷厂有限责任公司
开　　本　787 mm×1 092 mm　1/16　印张 11.5　字数 280 千
版　　次　2022 年 4 月第 1 版　　2022 年 4 月第 1 次印刷
ISBN 978-7-305-25299-0
定　　价　35.00 元

网址：http://www.njupco.com
官方微博：http://weibo.com/njupco
微信服务号：njuyuexue
销售咨询热线：(025)83594756

＊ 版权所有，侵权必究
＊ 凡购买南大版图书，如有印装质量问题，请与所购
　 图书销售部门联系调换

前　言

　　1840年鸦片战争之后,西学渐盛,为了使中国传统文化得以延续,民国年间开设"大一国文"课程。新中国成立后,20世纪50年代初"大一国文"课程被取消。直到1978年,在复旦大学校长苏步青、南京大学校长匡亚明、华东师范大学教授徐中玉等人的倡导与努力下,各高校逐渐恢复了"大一国文"课的开设,但是课程已由原来的"大一国文"更名为"大学语文"。

　　自2003年北京大学温儒敏教授发表《"大学语文"的教学困扰和改革尝试》以来,我们听到了很多有关给予大学语文重视的呼吁。但大学语文课程自身需要反思,需要改革变化来适应新的形势。

　　2016年12月习近平总书记在全国高校思想政治工作会议上强调"把思想政治工作贯穿教育教学全过程,开创我国高等教育事业发展新局面"。2019年8月中共中央办公厅、国务院办公厅印发了《关于深化新时代学校思想政治理论课改革创新的若干意见》,进一步深化新时代学校思想政治理论课改革创新。2020年5月教育部又颁布了《高等学校课程思政建设指导纲要》,全面推进高校课程思政建设。课程思政为大学语文的课程改革提供了方向和思路,我们应当抓住这个契机,努力扭转大学语文所面临的窘境。正是基于这一思路,我们决定编写一本既具有改革创新思路,又能够激发学生学习兴趣,提高其人文素养,提升其阅读、鉴赏和写作能力的教材。

　　大学语文课程定位一直比较模糊。2004年以来关注这个问题的学者很多,观点也不一致。大致有三种定位:一是侧重文学鉴赏能力的培养,二是侧重写作能力的培养,三是侧重综合文化素质的培养。由于定位不同,因而在教学目标、教学内容、教学设计以及方法等方面也各有不同,大学语文教学效果参差不齐。

　　当今世界的竞争归根到底是人才的竞争,我国也提出了人才强国的战略,那么什么是人才？王充《论衡·累害》:"人才高下,不能钧同。"人才就是具有一定技术和能力的人。晋代葛洪《抱朴子·逸民》:"褒贤贵德,乐育人才。"可见人才不仅仅是有才学之人,品行同样也是人才应具备的素质。大学语文在学生品行素质培育方面大有可为。因为"语文"之"文"不仅是文学之"文",也是承载传统文化之"文"。

教育部2014年颁布的《完善中华优秀传统文化教育指导纲要》中就明确指出,大学阶段以提高学生对中华优秀传统文化的自主学习和探究能力为重点,培养学生的文化创新意识,增强学生传承弘扬中华优秀传统文化的责任感和使命感。中国传统文化的特点是儒道互补,儒家文化的核心是"仁",道家思想的核心是"道",这是中国人的道德价值观的核心,因此大学语文课程的一个重要目标,就是传承中国传统文化,从而塑造大学生正确的道德价值观。课程思政强调高校的所有课程都要纳入能够引导学生树立正确价值观和世界观的内容。课程思政的根本出发点就是落实立德树人这一教育目的,这也完全符合大学语文的教学目标。

"语文"之"文"又是"人文"之"文"。语文课程还承载着重要的人文内容,具有一定的人文性。爱因斯坦曾说:"仅凭知识和技巧并不能给人类的生活带来幸福和尊严。"科技的进步离不开人文关怀,如果没有人文思想与精神的引导,科技可能会给人类带来灾难。可以说培养学生的人文精神是教育的重要责任,大学语文正承担着这样的责任,尤其是在理工类院校。

教育部在《高等学校课程思政建设指导纲要》中明确指出课程思政建设内容要紧紧围绕坚定学生理想信念,以爱党、爱国、爱社会主义、爱人民、爱集体为主线,围绕政治认同、家国情怀、文化素养、宪法法治意识、道德修养等重点优化课程思政内容供给,系统进行中国特色社会主义和中国梦教育、社会主义核心价值观教育、法治教育、劳动教育、心理健康教育、中华优秀传统文化教育。因此我们在编写大学语文教材时,一方面理顺课程内在的思政架构,另一方面结合当前实际,凝练出思政转化的中心靶点,那就是"家国情怀"。家国情怀是千百年来儒家所一直倡导的人文情怀,在儒家经典《大学》一文中有具体的论述,其核心就是"修身、齐家、治国、平天下"四个层次。据此我们将"大学语文"教材设计为五个主题单元,分别为"修身处世篇""孝悌亲情篇""信义友情篇""闺怨爱情篇"和"赤心报国篇"。

"语文"之"文"还是"文本"之"文"。虽然我们设计了五个主题,但是主题是要靠"文本"呈现的,思想的传递、文化的传承、精神的塑造都依赖"文本"这个载体。文本是语言的书面表达形式,基于"语言"的工具性,"大学语文"的定位就存在工具性这一观点,在教学中也以语言表达和写作实践为主。语言的确是人类交流和思考的工具,但"语文"中的"文本"不仅仅是简单的语言所表达的文字材料,而更多的是经典的文学作品。因为文学是更优秀的语言表达。即便强调语文的工具性,也需要用经典的文学文本来示范,才有依据来引导学生提高母语的表达能力。因而"语文"之"文"更侧重于"文学文本"。

选择经典的文学篇目,也正体现了大学语文课程有别于思政课程的优势。思政课程教学更多是从显性的层面,教育大学生爱党、爱国、爱社会主义、爱人民、爱集体,正面引导大学生形成正确的理想信念、政治认同、家国情怀、文化素养、宪法法治意识、道德修养。而大学语文则通过文学作品来引导学生形成正确的价值理念、家国情怀、道德修养等,能够很好地融入思政元素。这恰恰是文学的优势,也是大学语文课程的最大优势。著名文艺理论家钱谷融先生曾说:"文学的任务是在于影响人、教育人。"文学作品是作者个体的人生体验,是对自我认知的深层剖析。读者在阅读品味文字的同时,了解作者的心路历程,体味不同的人生,从而影响自己的人生。而真正的教育正是用一棵树去摇动另一棵树,用一朵云去推动另一朵云,用一个灵魂去唤醒另一个灵魂。

  我们根据主题在选择作品时主要把握三个原则:一是兼顾体裁和题材。根据我们所设定的主题内容,从古诗、绝句到律诗、词曲,从诸子散文到后世古文,从文言小说到白话小说等均有所涉及。二是侧重古代文学,尤其是反映中国优秀传统文化的经典篇目,这一点毋庸置疑。虽然也有人提出应适当选取外国文学的经典篇目,但是就母语教学而言,侧重点还是应该明确的,尤其是大学语文还承担了弘扬中华优秀传统文化的责任和目标。教育部《完善中华优秀传统文化教育指导纲要》明确提出大学生应深入学习中国古代思想文化的重要典籍,理解中华优秀传统文化的精髓。而且通观部编本小学、初中、高中的语文教材的选篇,也都是侧重古代文学。大学语文是不是应该打破这个常规?我们不应为了打破"高四语文"成见而忽视语文弘扬中华优秀传统文化的目标。三是不重复原则,即不选择与学生小学至高中阶段语文教材选篇重复的经典篇目。

  本书安排五个篇章,每个篇章十篇经典作品,容量不算大。就目前一般学校的课时安排而言,这本书的内容绰绰有余。同时这本书是一本数字化教材,每个篇章都配置了二维码以提供视频,既拓展了与之相关的文、史、哲知识,又帮助学生自学和预习。合在一起,系统性更强,不仅体现了中国文学的大致面貌,也能窥见中国传统文化和思想之一二。

  本书在编写过程中参考了诸多大学语文教材以及相关资料,在此我们向这些教材和资料的作者表示衷心的感谢!

  全书倾注了西安航空学院大学语文教研室所有老师的心血,但由于水平有限,书中的不妥或不足之处在所难免,恳请各位同仁批评指正!

目　录

第一章　修身处世篇 ……………………………………… 001
　一、大学(节选) ………………………………《礼记》 002
　二、修身二十则 ………………………………《论语》 004
　三、修身 ………………………………………《墨子》 008
　四、山木(节选) ………………………………《庄子》 010
　五、杨震传(节选) ……………………………《后汉书》 012
　六、陶渊明诗二首 ……………………………………… 014
　七、原毁 ………………………………………韩　愈 017
　八、临江仙·夜归临皋 ………………………苏　轼 020
　九、儒林外史·杜少卿平居豪举　娄焕文临去遗言 …吴敬梓 022
　十、为学与做人 ………………………………梁启超 029

第二章　孝悌亲情篇 ……………………………………… 034
　一、郑伯克段于鄢 ……………………………《左传》 035
　二、祭十二郎文 ………………………………韩　愈 038
　三、喜见外弟又言别 …………………………李　益 042
　四、为兄上书 …………………………………班　昭 044
　五、蝶恋花·晚止昌乐馆寄姊妹 ……………李清照 046
　六、狱中上母书 ………………………………夏完淳 049
　七、包待制三勘蝴蝶梦(节选) ………………关汉卿 052
　八、世界上最疼我的那个人去了(节选) ……张　洁 056
　九、爱尔克的灯光 ……………………………巴　金 061
　十、给我的孩子们 ……………………………丰子恺 065

第三章　信义友情篇 ……………………………………… 070
　一、管晏列传 …………………………………《史记》 071
　二、世说新语(节选) …………………………刘义庆 076

三、春日忆李白 …………………………………… 杜 甫 079
四、梦微之 ………………………………………… 白居易 081
五、寄黄几复 ……………………………………… 黄庭坚 083
六、玉蝴蝶(望处雨收云断) ……………………… 柳 永 085
七、三国演义·刘备北海救孔融 ………………… 罗贯中 087
八、喻世明言·范巨卿鸡黍死生交 ……………… 冯梦龙 094
九、七律·和柳亚子先生 ………………………… 毛泽东 101
十、谈友谊 ………………………………………… 梁实秋 104

第四章　闺怨爱情篇 …………………………………… 108
一、卫风·伯兮 …………………………………… 《诗经》 109
二、饮马长城窟行 ………………………………… 汉乐府 111
三、月夜 …………………………………………… 杜 甫 113
四、长恨歌 ………………………………………… 白居易 115
五、霍小玉传 ……………………………………… 蒋 防 120
六、临江仙(梦后楼台高锁) ……………………… 晏几道 127
七、无题 …………………………………………… 李商隐 129
八、牡丹亭·游园 ………………………………… 汤显祖 131
九、红楼梦·痴情女情重愈斟情 ………………… 曹雪芹 134
十、傲慢与偏见(节选) …………………………… 简·奥斯丁 142

第五章　赤心报国篇 …………………………………… 149
一、秦风·无衣 …………………………………… 《诗经》 150
二、九歌·国殇 …………………………………… 屈 原 152
三、白马篇 ………………………………………… 曹 植 155
四、轮台歌奉送封大夫出师西征 ………………… 岑 参 157
五、河湟 …………………………………………… 杜 牧 160
六、金错刀行 ……………………………………… 陆 游 162
七、贺新郎(绿树听鹈鴂) ………………………… 辛弃疾 164
八、岐阳三首(其二) ……………………………… 元好问 167
九、雪落在中国的土地上 ………………………… 艾 青 169
十、蟋蟀吟 ………………………………………… 余光中 174

第一章 修身处世篇

慕课资源

【总论】

  《道德经》曰:"道生一,一生二,二生三,三生万物。"虽然万物品类繁多,千差万别,但在人看来,只有自己才是宇宙中的佼佼者,是万物之灵长,是站在金字塔最顶端的物种。人虽然被认为是最高级的动物,但其终究还是不离动物。与其他动物相比,人的高级性来源于社会,因此,人是社会性动物,正如马克思所说:"我们越往前追溯历史,个人,也就是进行生产的个人,就显得越不独立,越从属于一个更大的整体……人是最名副其实的'社会动物',不仅是一种合群的动物,而且是只有在社会中才能独立的动物。"(马克思《〈政治经济学批判〉导言》)作为社会性动物的人,不能离开社会,一旦离开社会,很难独立存在。因此,人想要获得更好的生存与发展,就必然要走向交流合作之路。然而人与人之间的交流合作是需要基础的,这个基础就是每个人的自我修养。任何人都需要修养自身,无一例外,《中庸》曰:"君子不可以不修身。"《大学》曰:"自天子以至于庶人,壹是皆以修身为本。"所以,修身是一个人的立身之本。本篇以修身为主题,精选了中国古今关于修身的名篇。

一、大学（节选）

《礼记》

【作品简介】

《大学》是一篇论述儒家修身、齐家、治国、平天下思想的文章，本为《礼记》第四十二篇，相传为曾子所作。经朱熹分经传，补格物致知章之后成为儒家重要典籍之一，后与《中庸》《论语》《孟子》并称"四书"，对中国古代知识分子产生了极大的影响。"大学之道"是《大学》的核心，提出了明明德、亲民、止于至善之"三纲"和格物、致知、诚意、正心、修身、齐家、治国、平天下之"八目"，明确指出儒家知识分子的人生观：修身、齐家、治国、平天下，并强调修身是一切之根本。"大学之道"的精神历来被儒家知识分子奉为"圭臬"。

【原文】

大学之道①，在明明德②，在亲民③，在止于至善。知止而后有定④；定而后能静；静而后能安；安而后能虑；虑而后能得⑤。物有本末，事有终始。知所先后，则近道矣。古之欲明明德于天下者，先治其国；欲治其国者，先齐其家⑥；欲齐其家者，先修其身⑦；欲修其身者，先正其心；欲正其心者，先诚其意；欲诚其意者，先致其知⑧；致知在格物⑨。物格而后知至；知至而后意诚；意诚而后心正；心正而后身修；身修而后家齐；家齐而后国治；国治而后天下平。自天子以至于庶人⑩，壹是皆以修身为本⑪。其本乱而末治者否矣⑫。其所厚者薄⑬，而其所薄者厚⑭，未之有也⑮！

【汇评】

大学者，大人之学也。明，明之也。明德者，人之所得乎天，而虚灵不昧，以具众理而应万事者也。但为气禀所拘，人欲所蔽，则有时而昏，然其本体之明，则有未尝息者。故学者当因其所发而遂明之，以复其初也。新者，革其旧之谓也，言既自明其明德，又当推以及人，使之亦有以去其旧染之污也。止

---

①大学之道：《大学》一篇之宗旨。大，旧音太，大学者，大人之学也。 ②明明德：前一个"明"为动词，有使动意味，即"使彰明"。后一个"明"为形容词，明德也就是光明正大的品德。 ③亲民："亲"同"新"，即革新、弃旧图新。亲民，也就是新民，使人弃旧图新、去恶从善。 ④知止：知道目标所在。止，目标。 ⑤得：收获。 ⑥齐其家：管理好自己的家庭或家族，使家庭或家族和和美美、蒸蒸日上、兴旺发达。 ⑦修其身：修养自身的品性。 ⑧致其知：使自己获得知识。 ⑨格物：认识、研究事物。 ⑩庶人：指平民百姓。 ⑪壹是：都是。本：根本。 ⑫末：相对于本而言，指枝末、枝节。 ⑬厚者薄：该重视的不重视。 ⑭薄者厚：不该重视的却加以重视。 ⑮未之有也：即"未有之也"，没有这样的道理。

者,必至于是而不迁之意。至善,则事理当然之极也。言明明德、新民,皆当止于至善之地而不迁。盖必其有以尽夫天理之极,而无一毫人欲之私也。此三者,大学之纲领也。(宋·朱熹《大学章句》)

明明德于天下者,使天下之人皆有以明其明德也。心者,身之所主也。诚,实也。意者,心之所发也。实其心之所发,欲其必自慊而无自欺也。致,推极也。知,犹识也。推极吾之知识,欲其所知无不尽也。格,至也。物,犹事也。穷至事物之理,欲其极处无不到也。此八者,大学之条目也。(同上)

物格者,物理之极处无不到也。知至者,吾心之所知无不尽也。知既尽,则意可得而实矣,意既实,则心可得而正矣。"修身"以上,明明德之事也。"齐家"以下,新民之事也。物格知至,则知所止矣。"意诚"以下,则皆得所止之序也。(同上)

大学者大成之学也。《学记》云:知类强立谓之大成。是以化民易俗,此大学之道也。道亦大矣,学所以明道也、行道也,岂小成哉,故曰大成之学。(宋·黎立武《大学本旨》)

明明德于天下者,言既自明其明德,而推之于天下皆有以明其明德。前曰在"明明德,在新民",而此曰"明明德于天下者",盖有以见其体用之一。后曰"平天下"而此曰"明明德于天下",盖有以见其平治之原,然天下之本在国,未有其国未治而天下之能平者,故必先治其国。(元·金履祥《大学疏义》)

【赏析】

《大学》是儒家的重要经典,属"四书"之一,原为《礼记》中之一篇。节选之文是《大学》一文的核心,其主要观点即朱熹《大学章句》中所提出的"三纲"和"八目"。所谓"三纲"即"明德""亲民""至善"。朱熹《大学章句》曰:"大学者,大人之学也。明,明之也。明德者,人之所得乎天,而虚灵不昧,以具众理而应万事者也。但为气禀所拘,人欲所蔽,则有时而昏,然其本体之明,则有未尝息者。故学者当因其所发而遂明之,以复其初也。新者,革其旧之谓也,言既自明其明德,又当推以及人,使之亦有以去其旧染之污也。止者,必至于是而不迁之意。至善,则事理当然之极也。言明明德、新民,皆当止于至善之地而不迁。盖必其有以尽夫天理之极,而无一毫人欲之私也。此三者,大学之纲领也。"而"八目"则指"格物""致知""诚意""正心""修身""齐家""治国""平天下"。其中"格物""致知""诚意""正心"是修身的过程,身修之后才能"齐家""治国""平天下"。"三纲"是目的,"八目"是过程,并且这一过程具有不可逾越的递进性,即"物格而后知至;知至而后意诚;意诚而后心正;心正而后身修;身修而后家齐;家齐而后国治;国治而后天下平"。"三纲""八目"又是儒家"内圣外王"之道的体现。儒家强调先"内圣"后"外王",即《大学》所谓"自天子以至于庶人,壹是皆以修身为本"。

【思考题】

1. "三纲八目"的内涵是什么?
2. 自天子以至于庶人,为何皆以修身为本?

二、修身二十则

《论语》

【作品简介】

　　《论语》是儒家重要经典之一,涉及政治、教育、文学、哲学以及立身处世的道理等多方面内容。早在春秋后期孔子设坛讲学期间,《论语》的主体内容就已基本形成。孔子去世以后,他的弟子和再传弟子传授他的言论,并逐渐将这些口头记诵的语录记载下来,因此称为"论";《论语》主要记载孔子及其弟子的言行,因此称为"语"。清代赵翼解释说:"语者,圣人之语言;论者,诸儒之讨论也。"其实,"论"又有纂的意思,所谓《论语》,是指将孔子及其弟子的言行记载下来编纂成书。《论语》现存20篇,492章,其中记录孔子与弟子及时人谈论之语约444章,记录孔门弟子相互谈论之语48章。

【原文】

一

　　曾子曰[①]:"吾日三省吾身[②]。为人谋而不忠乎[③]？与朋友交而不信乎？传不习乎[④]？"(《学而》)

二

　　有子曰[⑤]:"其为人也孝弟[⑥],而好犯上者,鲜矣;不好犯上,而好作乱者,未之有也。君子务本,本立而道生。孝弟也者,其为仁之本与!"(《学而》)

三

　　子贡曰[⑦]:"贫而无谄[⑧],富而无骄。何如？"子曰:"可也。未若贫而乐[⑨],富而好礼者也。"(《学而》)

[①]曾子:姓曾名参(shēn),字子舆,生于公元前505年,鲁国人,是被鲁国灭亡了的鄫国贵族的后代。曾参是孔子的得意门生,以孝出名,据说《孝经》就是他撰写的。　[②]三省(xǐng):多次检查、察看。　[③]忠:尽己之谓忠。此处指对人应当尽心竭力。　[④]传:受之于师谓之传。习:与"学而时习之"的"习"字一样,指温习、实习、演习等。　[⑤]有子:有若(前518—前458),字子有,鲁国人(今山东肥城市人)。孔子弟子中的"七十二贤人"之一。曾提出"礼之用,和为贵"等学说。因其气质形貌酷似孔子,孔子死后,深受孔门弟子敬重。有子比孔子小13岁,一说小33岁。后一说较为可信。《论语》记载孔子的学生,一般都称字,只有曾参和有若称"子"。因此,许多人认为《论语》即由曾参和有若所著述。　[⑥]孝弟:善事父母曰孝,善事兄长曰弟。　[⑦]子贡:孔子弟子,姓端木,名赐,字子贡。　[⑧]谄(chǎn):意为巴结、奉承。　[⑨]贫而乐:一本作"贫而乐道"。

四

子曰:"不患人之不己知,患不知人也。"(《学而》)

五

子曰:"君子不器①。"(《为政》)

六

子曰:"君子周而不比②,小人比而不周。"(《为政》)

七

子曰:"人而无信,不知其可也。大车无輗③,小车无軏④,其何以行之哉?"(《为政》)

八

子曰:"富与贵,是人之所欲也;不以其道得之,不处也。贫与贱,是人之所恶也;不以其道得之⑤,不去也。君子去仁,恶乎成名⑥?君子无终食之间违仁⑦,造次必于是⑧,颠沛必于是⑨。"(《里仁》)

九

子曰:"见贤思齐焉,见不贤而内自省也。"(《里仁》)

十

子曰:"巧言、令色、足恭⑩,左丘明耻之⑪,丘亦耻之。匿怨而友其人⑫,左丘明耻之,丘亦耻之。"(《公冶长》)

十一

子曰:"君子博学于文,约之以礼,亦可以弗畔矣夫!"(《雍也》)

---

①器:器具。君子不像器具那样(只有某一方面的用途)。 ②周:合群。比:勾结。 ③輗(ní):古代大车车辕前面横木上之木销子,车子没有它就无法套住牲口,大车指的是牛车。 ④軏(yuè):古代小车车辕前面横木上的木销子。 ⑤得之:实指"去之",摆脱。 ⑥恶(wū)乎:何处,怎样? ⑦违仁:背离仁德。 ⑧造次:指仓促匆忙。 ⑨颠沛:潦倒不堪,流离失所。 ⑩巧言、令色:指用花言巧语和媚态伪情来迷惑、取悦他人。令,美好。足恭:过分恭敬。 ⑪左丘明:姓左丘名明,鲁国人,相传是《左传》一书的作者。 ⑫匿怨而友其人:把怨恨装在心里,表面上却装出友好的样子。

十二

子曰:"德之不修,学之不讲,闻义不能徙①,不善不能改,是吾忧也。"(《述而》)

十三

子曰:"三人行,必有我师焉。择其善者而从之,其不善者而改之。"(《述而》)

十四

子曰:"恭而无礼则劳,慎而无礼则葸,勇而无礼则乱,直而无礼则绞。"(《泰伯》)

十五

子曰:"君子和而不同②,小人同而不和。"(《子路》)

十六

子曰:"士而怀居③,不足以为士矣。"(《宪问》)

十七

子曰:"君子义以为质④,礼以行之,孙以出之⑤,信以成之。君子哉!"(《卫灵公》)

十八

子曰:"过而不改,是谓过矣。"(《卫灵公》)

十九

子曰:"君子谋道不谋食。耕也,馁在其中矣;学也,禄在其中矣。君子忧道不忧贫。"(《卫灵公》)

二十

子曰:"乡愿⑥,德之贼也。"(《阳货》)

---

①徙(xǐ):迁移。此处为靠近义、做到义。 ②和:不同的东西和谐地配合叫作和,各方面之间彼此不同。同:相同的东西相加或与人相混同,叫作同。君子讲求和谐而不同流合污,小人只求完全一致,而不讲求协调。 ③怀居:怀,思念、留恋。居,家居。指留恋家居的安逸生活。 ④质:根本。 ⑤孙以出之:用谦逊的语言来表达。 ⑥乡愿:指那些表里不一、言行不一的伪君子,这些人欺世盗名,却可以堂而皇之地自我炫耀。

【汇评】

谋贵忠，交贵信，传贵习。谋、交、传者，施诸人；忠、信、习者，存诸己。（宋·陈祥道《论语全解》）

人之于己知不为益，不知不为损，故不患不知，以在外故也。己之于人，知则为智，不知则为不智，故患不知人，以在我故也。子曰："不患无位，患所以立。"亦此意欤？（同上）

大道不器，故君子亦不器。君子之道能柔能刚、能圆能方，流之斯为川，塞之斯为渊，升则云行，潜则雨施，岂滞于一隅，适于一用。（同上）

"君子谋道不谋食"，盖食非人之所能谋也。且如耕获以谋食，可谋得所求矣。然岁安能常丰，未免馁在其中。谋道者固不谋食。然学亦有禄在其中，未可谓之不得食也。盖道者君子之所当忧，而贫者非君子之所当忧也。富不可求，贫不可去，虽忧无益也。（宋·戴溪《石鼓论语答问》）

善不善在彼，我得之而省察焉，皆我师也，故曰他山之石，可以攻玉。（宋·郑汝谐《论语意原》）

三人同行，其一我也，彼二人者，或善或恶，我从其善而改其恶焉，则是善恶皆我师也。（宋·蔡节《论语集说》）

示人以反身之学也。孔子曰：人心之明于人之贤不贤，未有不较然者，至于己之贤不贤，反不加检点，岂是为己之学。今有人于此如为有德之贤人，我一见之岂不中心羡之，然徒羡之而不反求之身究于己身何益，必皇皇焉思所以齐之我。（清·库勒纳等《日讲四书解义》）

【赏析】

本篇是由《论语》一书中谈修身的章节集中汇编而成的。《论语》中关于修身主要讲了两个大的方面，一是择善从之，不善改之。《论语·述而》："子曰：'三人行，必有我师焉。择其善者而从之，其不善者而改之。'"改恶从善是一个人成为君子的必经阶段，也是孔子对人修养的期望。孔子最大的担忧之一则是"不善不改"，《论语·述而》："子曰：'德之不修，学之不讲，闻义不能徙，不善不能改，是吾忧也！'"所以，儒家希望犯错的人能够改错，勇于改错的人是好的，相反，有错不改，那才是真正的错，《论语·卫灵公》："子曰：'过而不改，是谓过矣。'"二是博学于文，约之以礼。《论语·雍也》："子曰：'君子博学于文，约之以礼，亦可以弗畔矣夫！'"为何要用礼来约束人？儒家认为主要是因为人性有好富贵、恶贫贱之欲，《论语·里仁》："子曰：'富与贵，是人之所欲也，不以其道得之，不处也。贫与贱，是人之所恶也，不以其道得之，不去也。'"人所遵守的富贵、贫贱之道，即是礼所规定之道，《论语·学而》："子贡曰：'贫而无谄，富而无骄。何如？'子曰：'可也。未若贫而乐，富而好礼者也。'"

【思考题】

1. 《论语》中的君子与小人分别指的是什么？
2. 如何理解"君子不器"？

三、修身

《墨子》

【作者简介】

墨子(生卒年不详),名翟(dí),春秋末战国初人,一说鲁国人,一说宋国人。墨子是宋国贵族目夷的后代,生前曾担任宋国大夫。他是墨家学派的创始人,也是战国时期著名的思想家、教育家、科学家和军事家。墨家在先秦时期影响很大,与儒家并称"显学"。墨子提出了"兼爱""非攻""尚贤""尚同""天志""明鬼""非命""非乐""节葬"和"节用"等观点。以兼爱为核心,以节用、尚贤为支点。墨子死后,墨家分为相里氏之墨、相夫氏之墨、邓陵氏之墨三个学派。其弟子根据墨子生平事迹的史料,收集其语录,完成了《墨子》一书。本篇主要讨论品行修养与君子人格问题,强调品行是为人治国的根本,君子必须以品德修养为重。篇中提出"君子之道"应包括贫则见廉、富则见义、生则见爱、死则见哀,以及明察是非、讲究信用、注重实际等内容。

【原文】

君子战虽有陈①,而勇为本焉;丧虽有礼,而哀为本焉;士虽有学,而行为本焉。是故置本不安者,无务丰末;近者不亲,无务来远;亲戚不附,无务外交;事无终始,无务多业;举物而暗,无务博闻。

是故先王之治天下也,必察迩来远,君子察迩而迩修者也。见不修行,见毁而反之身者也,此以怨省而行修矣。谮慝之言,无入于耳;批扞之声,无出之口;杀伤人之孩②,无存之心,虽有诋讦之民,无所依矣。

故君子力事日强,愿欲日逾,设壮日盛。君子之道也:贫则见廉,富则见义,生则见爱,死则见哀;四行者不可虚假,反之身者也。藏于心者,无以竭爱;动于身者,无以竭恭;出于口者,无以竭驯。畅之四支,接之肌肤,华发隳颠,而犹弗舍者,其唯圣人乎!

志不强者智不达;言不信者行不果。据财不能以分人者,不足与友;守道不笃,遍物不博,辩是非不察者③,不足与游。本不固者末必几,雄而不修者,其后必惰。原浊者流不清,行不信者名必耗。名不徒生而誉不自长。功成名遂,名誉不可虚假,反之身者也。务言而缓行,虽辩必不听。多力而伐

---

①陈:同"阵"。 ②孩:毕沅云:"当读如根荄。" ③辩:同"辨"。

功,虽劳必不图。慧者心辩而不繁说,多力而不伐功,此以名誉扬天下。言无务为多而务为智,无务为文而务为察。故彼智无察①,在身而情②,反其路者也。善无主于心者不留,行莫辩于身者不立;名不可简而成也,誉不可巧而立也,君子以身戴行者也③。思利寻焉,忘名忽焉,可以为士于天下者,未尝有也。

【汇评】

墨子兼爱,摩顶放踵利天下为之。(《孟子·尽心上》)

墨子之言昭昭然,为天下忧不足。(《荀子·富国》)

墨子服役者百八十人,皆可使赴汤蹈火,死不还踵。(汉·刘安《淮南子》)

墨子之学,诚有不逮孔、老者,其道德则非孔、老所敢窥视也。(章太炎《诸子学略说》)

【赏析】

春秋时期,礼崩乐坏,五霸争王,思想开放,百家争鸣,墨家就是在这一背景下产生的思想流派。墨家的创始人为墨子。墨子主张人与人之间平等地相爱,反对侵略战争,推崇节约,反对铺张浪费,重视继承前人的文化财富,掌握自然规律等。墨家的这些主张能否实现,主要取决于人。因此,墨子对人应该如何为人提出了自己的主张。

墨子强调任何事情都要以"本"为要,"君子战虽有陈,而勇为本焉;丧虽有礼,而哀为本焉;士虽有学,而行为本焉"。君子必须遵守的行为规范是"贫则见廉,富则见义,生则见爱,死则见哀;四行者不可虚假,反之身也。藏于心者,无以竭爱;动于身者,无以竭恭;出于口者,无以竭驯。畅之四支,接之肌肤,华发隳颠,而犹弗舍者,其唯圣人乎!"墨子非常反感志不强者、言不信者、财不分者、守道不笃,墨子曰:"志不强者智不达;言不信者行不果。据财不能以分人者,不足与友;守道不笃,遍物不博,辩是非不察者,不足与游。"

【思考题】

1. 儒家修身论与墨家修身论有何异同?
2. 墨子的修身目标是什么?

---

①彼:借为"非"。 ②情:为"惰"之形讹。 ③戴:同"载"。

四、山木（节选）

《庄子》

【作者简介】

庄子（前369—前286），姓庄名周，字子休，战国早期宋国蒙城（今河南商丘市东北）人。道家学说的主要创始人之一，是继老子之后道家学派的代表人物。庄子与道家始祖老子并称"老庄"，他们的哲学思想体系，被后世尊为"老庄哲学"。庄子的代表作品为《庄子》，《汉书·艺文志》记载《庄子》一书有五十二篇，今存三十三篇，包括内篇七，外篇十五，杂篇十一。由于诸篇风格存在差异，一般认为内篇为庄子所作，其余诸篇为庄子后学所作，名篇有《逍遥游》《齐物论》等。《庄子》文风汪洋恣肆，仪态万方，在先秦诸子散文中，艺术成就最高。

【原文】

庄子行于山中，见大木枝叶盛茂①，伐木者止其旁而不取也。问其故，曰："无所可用。"庄子曰："此木以不材得终其天年②。"夫子出于山③，舍于故人之家。故人喜，命竖子杀雁而烹之④。竖子请曰："其一能鸣，其一不能鸣，请奚杀？"主人曰："杀不能鸣者。"明日，弟子问于庄子曰："昨日山中之木，以不材得终其天年，今主人之雁，以不材死；先生将何处⑤？"庄子笑曰："周将处乎材与不材之间。材与不材之间，似之而非也，故未免乎累⑥。若夫乘道德而浮游则不然⑦。无誉无訾⑧，一龙一蛇⑨，与时俱化，而无肯专为⑩；一上一下，以和为量⑪，浮游乎万物之祖⑫，物物而不物于物⑬，则胡可得而累邪！此神农、黄帝之法则也。若夫万物之情，人伦之传⑭，则不然。合则离，成则毁⑮，廉则挫⑯，尊则议，有为则亏，贤则谋⑰，不肖则欺，胡可得而必乎哉！悲夫！弟子志之⑱，其唯道德之乡乎⑲！"

---

① 大木：大树。　② 不材：不成材。天年：自然寿命。　③ 夫子：指庄子。　④ 竖子：童仆。雁：鹅。鹅由雁驯化而成，故亦称鹅为雁。烹：应作享，同"飨"，招待、款待之意。　⑤ 何处：如何自处。指在材与不材间选择哪种以立身自处。　⑥ 未免乎累：不能免于受牵累。因为处материал与不材间，既受材累又受不材累。　⑦ 若夫：至于。乘道德：顺自然。浮游：茫然无心的漫游。　⑧ 訾(zǐ)：毁谤非议。　⑨ 一龙一蛇：或如龙之显现，或如蛇之潜藏，随时而变化。　⑩ 专为：不主于一端。　⑪ 和：中和，与外物相和谐。量：度量。　⑫ 万物之祖：有物之前的虚无状态。　⑬ 物物：役使外物，主宰外物。不物于物：不被外物所支配役使。　⑭ 人伦之传：人世伦理之传习。　⑮ 成则毁：有成就有毁，成必转为毁。　⑯ 廉：刚正、有棱角。　⑰ 谋：算计，暗算。　⑱ 志：记住。　⑲ 乡：同"向"，趋向、归向。

【汇评】

圣贤之不容于世，其累常在材，故庄子数数言之，深戒乎材之为累也。若夫愚不肖以不能鸣见杀亦多矣，岂以不材必可免邪？则山中之木，主人之雁，其失均耳，故将择夫材与不材之间而处之，然犹似道而非道也。以道之为体不涉两端，亦非中央，则材不材之间犹未免乎累，若夫乘道德而浮游，则无誉无訾，不可得而贵贱，一龙一蛇，不可得而圣，凡消息盈虚，与时俱化，或升或潜，和而不乖，岂系乎材不材之间。（宋·褚伯秀《南华真经义海纂微》）

天下之理，其发如机，可乘而不可制；天下之时，其过如矢，可因而不可执。故昨日之木以不材生，今日之雁以不材死，是以圣人因时乘理，与物俱流而不凝滞于物，与世俱化而不拘系于世。（同上）

不材全其天年，前此屡言之矣。今添雁以不材见杀之，说又自一意盖言材与不材皆犹有形迹，故未免于自累，必至于善恶俱泯，无得而名斯为全其天也。（宋·林希逸《庄子口义》）

夫能达生之情而无为。无为则归于虚静寂寞而材全。材全则不蕲乎用矣，庄子因而作《山木》篇。（宋·王雱《南华真经新传》）

【赏析】

《庄子》是一部道家经典著作，由战国中期的庄周及其后学所共著，到了汉代以后，被尊称为《南华经》，《庄子》与《老子》《周易》合称为"三玄"。《庄子》共三十三篇，分"内篇""外篇""杂篇"三个部分。本篇属于外篇的内容，主要讨论处世之道。"山木"指山中之木，因篇首有"庄子行于山中，见大木枝叶盛茂"之句而取篇名。《山木》由九个寓言故事组成，选篇为第一个寓言故事。主要讲的是庄子在山中行走，见一大树枝叶繁茂，但伐木者认为其没有一点用处，故而舍弃不用，庄子认为此树正是因为无用，所以才能享尽自然的寿命。从山中出来，庄子来到故友之家，友人命童仆杀鹅。一鹅能鸣，一鹅不能鸣，友人命童仆杀不鸣者。此寓言故事以山木无用却能保全和雁不能鸣因而被杀两种现象，提出一个远害全身之难的命题。面对此重大问题，怎样才能找到一条万全的路呢？庄子认为万全之路不是将自己处于材与不材之间，而是乘道德而浮游，役使外物而不被外物所役使，只有这样才能使自己远害保全自身。陈鼓应认为"所谓'乘道德而浮游''其唯道德之乡'，也不过在无奈的境况中，唯有将心思从纠结的现实中提升一级，以卫护其精神的自主性而免于沦为工具价值而已"。

【思考题】

1. 如何理解"物物而不物于物"？
2. 《庄子·山木》告诉我们，人应该如何保全自我？

五、杨震传（节选）

《后汉书》

【人物简介】

杨震(？—124)，字伯起，弘农华阴(今陕西省华阴市)人。东汉时期名臣，隐士杨宝之子。杨震少时师从太常桓郁，研习欧阳《尚书》。他通晓经籍、博览群书，有"关西孔子杨伯起"之称，不应州郡征辟命数十年。五十岁时，接受大将军邓骘征辟，举茂才出身，历任荆州刺史、东莱太守，政绩卓著。元初四年(117)，授太仆，迁太常。永宁元年(120)，担任司徒。延光二年(123)，担任太尉。杨震为官正直，不屈权贵，屡次上疏直言时政之弊，为中常侍樊丰等人所忌恨。延光三年(124)，遭到罢免，遣返回乡，饮鸩自尽。汉顺帝继位后，得以平反昭雪。

【原文】

杨震字伯起，弘农华阴人也。震少好学，明经博览，无不穷究。诸儒为之语曰："关西孔子杨伯起。"常客居于湖，不答州郡礼命数十年。

大将军邓骘闻其贤而辟之，举茂才，迁东莱太守。当之郡，道经昌邑，故所举荆州茂才王密为昌邑令，谒见，至夜怀金十斤以遗震。震曰："故人知君，君不知故人，何也？"密曰："暮夜无知者。"震曰："天知，神知，我知，子知。何谓无知！"密愧而出。性公廉，不受私谒。子孙常蔬食步行，故旧长者或欲令为开产业，震不肯，曰："使后世称为清白吏子孙，以此遗之，不亦厚乎！"

延光二年，代刘恺为太尉。帝舅大鸿胪耿宝荐中常侍李闰兄于震，震不从。皇后兄执金吾阎显亦荐所亲厚于震，震又不从。司空刘授闻之，即辟此二人，旬日中皆见拔擢。由是震益见怨。

时诏遣使者大为阿母修第，中常侍樊丰及侍中周广、谢恽等更相扇动，倾摇朝廷。

震前后所上，转有切至，帝既不平之，而樊丰等皆侧目愤怨，俱以其名儒，未敢加害。寻有河间男子赵腾诣阙上书，指陈得失。帝发怒，遂收考诏狱，结以罔上不道。震复上疏救之曰："臣闻尧舜之世，谏鼓谤木，立之于朝；殷周哲王，小人怨詈，则还自敬德。所以达聪明，开不讳，博采负薪，尽极下情也。今赵腾所坐激讦谤语为罪，与手刃犯法有差。乞为亏除，全腾之命，以诱刍荛舆人之言。"帝不省，腾竟伏尸都市。

会三年春,震部掾高舒召大匠令史考校之,得丰等所诈下诏书,具奏,须行还上之。丰等闻,惶怖,会太史言星变逆行,遂共谮震。及车驾行还,便时太学,夜遣使者策收震太尉印绶,于是柴门绝宾客。丰等复恶之,乃请大将军耿宝奏震大臣不服罪,怀恚望。有诏遣归本郡。震行至城西夕阳亭,乃慷慨谓其诸子门人曰:"死者士之常分。吾蒙恩居上司,疾奸臣狡猾而不能诛恶,嬖女倾乱而不能禁,何面目复见日月?"因饮鸩而卒,时年七十余。

岁余,顺帝即位,樊丰、周广等诛死,震门生虞放、陈翼诣阙追讼震事。朝廷咸称其忠,乃下诏除二子为郎,赠钱百万,以礼改葬于华阴潼亭,远近毕至。

【汇文】

论曰:矩遵素守,介乎宇文述、虞世基群污之中,取一时之清誉为得之矣。然君子所贵乎廉者,为其视外物轻,不以利自累,则出处裕。然其出则如东汉杨震、李固辈奋不顾身,有力国计;其退则如管宁在魏,陶潜在宋,身退名全。(宋·费枢《廉吏传》)

东汉杨震,性廉洁,子孙尝蔬食步行,或欲令开产业,震曰:"使后世称为清白吏子孙,以此遗之,不亦厚乎?"(清·张英等《御定渊鉴类函》)

【赏析】

《后汉书》,"二十四史"之一,是一部记载东汉时期历史的纪传体断代史,由南朝刘宋时期的历史学家范晔编撰,与《史记》《汉书》《三国志》合称"前四史"。本篇即节选自《后汉书·杨震传》。杨震为官正直,王密曾经"夜怀金十斤以遗",杨震断然拒绝王密所贿赂的十斤金。杨震为官不畏权贵,"帝舅大鸿胪耿宝荐中常侍李闰兄于震,震不从。皇后兄执金吾阎显亦荐所亲厚于震,震又不从"。杨震遇朝廷不公之事敢于直谏,赵腾曾因上书指陈政治之得失,触怒皇帝,而下狱问斩。杨震上书营救后因屡次上疏直言时政之弊,为中常侍樊丰等所忌恨。后被陷害,服毒而死,年七十余。顺帝即位,樊丰、周广等诛死,朝廷为杨震平反,乃下诏除其二子为郎,赠钱百万,以礼改葬于华阴潼亭。

本文通过展现杨震生平的几个片段,将其刚直耿介的直臣形象描绘得淋漓尽致,笔墨简省,刻画到位,可见作者范晔深厚的史家修养。

【思考题】

1. 杨震是怎样一个人?
2. 从杨震的人格精神中,我们能得到怎样的启示?

六、陶渊明诗二首

【作者简介】

陶渊明(365—427),名潜,字渊明,私谥"靖节",世称靖节先生。浔阳柴桑(今江西九江市)人。曾任江州祭酒、建威参军、镇军参军、彭泽县令等职,后因厌恶官场污浊,遂退隐农村,因此被称为"古今隐逸诗人之宗"。陶渊明诗歌风格质朴自然而形象鲜明,对后世诗人的创作影响很大,有《陶渊明集》。

【原文】

杂诗十二首·其一

人生无根蒂①,飘如陌上尘②。分散逐风转,此已非常身③。落地为兄弟④,何必骨肉亲!得欢当作乐,斗酒聚比邻⑤。盛年不重来⑥,一日难再晨。及时当勉励⑦,岁月不待人。

读山海经

孟夏草木长⑧,绕屋树扶疏⑨。众鸟欣有托⑩,吾亦爱吾庐。既耕亦已种,时还读我书。穷巷隔深辙⑪,颇回故人车⑫。欢然酌春酒⑬,摘我园中蔬。微雨从东来,好风与之俱⑭。泛览周王传⑮,流观山海图⑯。俯仰终宇宙⑰,不乐复何如。

【汇评】

潜弱年薄官,不洁去就之迹。自以曾祖晋世宰辅,耻复屈身后代,自高祖王业渐隆,不复肯仕。所著文章,皆题其年月,义熙以前,则书晋氏年号;自永初以来,唯云甲子而已。(南朝梁·沈约《宋书·

---

①蒂(dì):瓜果的花与枝茎相连处叫作蒂。 ②陌:东西的路,这里泛指路。 ③此:指此身。非常身:言此身已非原来模样。 ④落地:刚生下来。 ⑤斗:酒器。比邻:近邻。 ⑥盛年:壮年。 ⑦及时:趁盛年之时。 ⑧孟夏:初夏,农历四月。 ⑨扶疏:枝叶茂盛的样子。 ⑩欣有托:高兴找到可以依托的地方。 ⑪深辙:指显贵者所乘大车的车迹。 ⑫"颇回"句:经常让熟人的车调头回去。 ⑬欢然:高兴的样子。 ⑭与之俱:和它一起吹来。 ⑮泛览:浏览。周王传:《穆天子传》,记载周穆王西游的书。 ⑯流观:浏览。山海图:《山海经》图。 ⑰"俯仰"句:俯仰之间就可以从图书中穷尽宇宙之事。俯仰,在低头抬头之间。终宇宙,遍及世界。

隐逸传》)

渊明少有高趣,博学善属文;颖脱不群,任真自得。(南朝梁·萧统《陶渊明传》)

文体省净,殆无长语。笃意真古,辞兴婉惬。每观其文,想其人德。世叹其质直。至如"欢颜酌春酒""日暮天无云",风华清靡,岂直为田家语邪!古今隐逸诗人之宗也。(南朝梁·钟嵘《诗品》)

厚秩招累,修名顺欲。确乎群士,超然绝俗。养粹岩阿,销声林曲。激贪止竞,永垂高躅。(唐·房玄龄等《晋书·隐逸传》)

陶潜任天真,其性颇耽酒。自从弃官来,家贫不能有。九月九日时,菊花空满手。中心窃自思,傥有人送否。白衣携壶觞,果来遗老叟。且喜得斟酌,安问升与斗。奋衣野田中,今日嗟无负。兀傲迷东西,蓑笠不能守。倾倒强行行,酣歌归五柳。生事不曾问,肯愧家中妇。(唐·王维《偶然作》)

吾少时读《醉乡记》,私怪隐居者,无所累于世,而犹有是言,岂诚旨于味邪?及读阮籍、陶潜诗,乃知彼虽偃蹇不欲与世接,然犹未能平其心,或为事物是非相感发,于是有托而逃焉者也。(唐·韩愈《送王秀才序》)

汉、魏古诗,气象混沌,难以句摘,晋以还方有佳句,如渊明"采菊东篱下,悠然见南山"、谢灵运"池塘生春草"之类。谢所以不及陶者,康乐之诗精工,渊明之诗质而自然耳。(宋·严羽《沧浪诗话》)

此诗凡十三首,皆记二书所载事物之异,而此发端一篇,特以写幽居自得之趣尔。观其"众鸟有托""吾爱吾庐"等语,隐然有万物各得其所之妙,则其俯仰宇宙,而为乐可知矣。(元·刘履《选诗补注》)

陈仲醇曰:予谓渊明诗此篇最佳。咏歌再三,可想陶然之趣。"欲辨忘言"之句,稍涉巧,不必愈此。(清·温汝能《陶诗汇评》)

此篇是渊明偶有所得,自然流出,所谓不见斧凿痕也。大约诗之妙以自然为造极。陶诗率近自然,而此首更令人不可思议,神妙极矣。(同上)

钟嵘《诗品》谓阮籍《咏怀》之作,"言在耳目之内,情寄八荒之表"。余谓渊明《读山海经》言在八荒之表,而情甚亲切,尤诗之深致也。(清·刘熙载《艺概》)

"穷巷"二句意悲。……"微雨"十字,此境萧萧,以自然为佳,高于唐而不及汉。结语浩大,胸罗千古,调亦似《十九首》。(清·陈祚明《采菽堂古诗选》)

此篇之佳在尺幅平远,故托体大。如托体小者,虽有佳致,亦山人诗尔。"少无适俗韵""结庐在人境""万族各有托",不满余意者以此。"微雨从东来"二句,不但兴会佳绝,安顿尤好,若系之"吾亦爱吾庐"之下,正作两分两搭,局量狭小,虽佳亦不足存。(清·王夫之《古诗评选》)

【赏析】

陶渊明《杂诗》共有十二首,此为第一首。作于晋安帝义熙十年(414),时陶渊明五十岁,距其辞官归田已经八年。这是一组"不拘流例,遇物即言"的杂感诗。"人生无根蒂,飘如陌上尘。"人生在世就像无根之木、无蒂之花,又好比是大路上随风飘转的尘土。"分散逐风转,此已非常身。"佛家认为常住之身具有永恒的法性,与死生变易无常的父母所生之身不同。"落地为兄弟,何必骨肉亲!"既然每个人都已不是最初的自我,那又何必在乎骨肉之亲、血缘之情呢?来到这个世界上的人都应该成为兄弟。"得欢当作乐,斗酒聚比邻。"遇到高兴的事就应当作乐,有酒就应该聚在一起共饮。阅历的丰富往往使人对人生的悲剧性有更深刻的认识,年龄的增长常常使人更难以寻得生活中的欢乐和激动,处于政治黑暗时期的陶渊明更是如此。"盛年不重来,一日难再晨。"壮年不会第二次到来,一天之内没有第二个早晨。"及时当勉励,岁月不待人。"趁着盛年之时应当勉励自己,光阴流逝不会等待人。这首诗起笔即对命运之不可把握发出慨叹,读来使人感到迷惘、沉痛。继而稍稍振起,诗人执着地在生活中寻找友爱,寻找欢乐,给人一线希望。终篇慷慨激越,使人为之感奋。全诗用语朴实无华,取譬来自生活,质如璞玉,内蕴却极丰富,波澜跌宕,发人深省。

《读山海经》是陶渊明回归田园之后的作品,反映了其回归田园之后耕读自乐的心情。《读山海经》是陶渊明隐居时所写十三首组诗的第一首。"孟夏草木长,绕屋树扶疏。众鸟欣有托,吾亦爱吾庐。既耕亦已种,时还读我书。"向人们描述:初夏之际,草木茂盛,鸟托身丛林而自有其乐,诗人寓居在绿树环绕的草庐,也自寻其趣,耕作之余悠闲地读起书来。情调显得是那样安雅清闲、自然平和,体现出世间万物包括诗人自身各得其所之妙。"穷巷隔深辙,颇回故人车。欢然酌春酒,摘我园中蔬。"身居偏僻陋巷,华贵的大车一般不会进来,偶尔也有些老朋友来这里享受清幽。"泛览周王传,流观山海图。俯仰终宇宙,不乐复何如。"概述读书活动,抒发读书所感。诗人在如此清幽绝俗的草庐之中,一边泛读周王传,一边浏览山海图。"周王传"即《穆天子传》,记叙周穆王驾八骏游四海的神话故事;"山海图"是依据《山海经》中的传说绘制的图。从这里的"泛览""流观"的读书方式可以看出,陶渊明并不是为了读书而读书,而只是把读书作为隐居的一种乐趣,一种精神寄托。所以诗人最后说,在低首抬头读书的顷刻之间,就能凭借着两本书纵览宇宙的种种奥妙,这难道还不快乐吗?难道还有比这更快乐的事吗?

【思考题】

1. 陶渊明是如何看待人生的?
2. 岁月不待人,人应该如何把握人生?
3. 理解"不乐复何如"中之"乐"的内涵。
4. 结合诗歌体会陶渊明在田园生活中的心态。

七、原毁

韩 愈

【作者简介】

韩愈(768—824),字退之,河内河阳(今河南省孟州市)人,自称"昌黎韩愈",世称"韩昌黎"。唐代杰出的文学家、思想家、哲学家和政治家。贞元八年(792),韩愈登进士第,曾先后任宣武及宁武节度使判官。贞元末,官监察御史,因上书言事,贬阳山(今广东省阳山县)令。元和十二年(817),出任宰相裴度的行军司马,参与讨平"淮西之乱"。元和十四年(819),又因谏迎佛骨一事被贬至潮州。晚年官至吏部侍郎,人称"韩吏部"。长庆四年(824),韩愈病逝,年五十七,追赠礼部尚书,谥号"文",故称"韩文公"。元丰元年(1078),追封昌黎伯,并从祀孔庙。韩愈是唐代古文运动的倡导者,被后人尊为"唐宋八大家"之首,与柳宗元并称"韩柳",有"文章巨公"和"百代文宗"之名。后人将其与柳宗元、欧阳修和苏轼合称"千古文章四大家"。其文各体兼长,遒劲有力,条理畅达,语言精练。著有《昌黎先生集》四十卷、《外集》十卷。

【原文】

古之君子①,其责己也重以周②,其待人也轻以约。重以周,故不怠;轻以约,故人乐为善。闻古之人有舜者,其为人也,仁义人也。求其所以为舜者,责于己曰:"彼③,人也;予④,人也。彼能是,而我乃不能是!"早夜以思,去其不如舜者⑤,就其如舜者⑥。闻古之人有周公者,其为人也,多才与艺人也。求其所以为周公者,责于己曰:"彼,人也;予,人也。彼能是,而我乃不能是!"早夜以思,去其不如周公者,就其如周公者。舜,大圣人也,后世无及焉;周公,大圣人也,后世无及焉。是人也⑦,乃曰:"不如舜,不如周公,吾之病也。"是不亦责于身者重以周乎!其于人也,曰:"彼人也,能有是,是足为良人矣⑧;能善是,是足为艺人矣⑨。"取其一,不责其二;即其新,不究其旧:恐恐然惟惧其人之不得为善之利。一善易修也,一艺易能也,其于人也,乃曰:"能有是,是亦足矣。"曰:"能善是,是亦足矣。"不亦待于人者轻以约乎?

今之君子则不然。其责人也详,其待己也廉。详⑩,故人难于为善;廉⑪,

---

①君子:指旧时贵族阶级士大夫。 ②责:要求。 ③彼:指舜。 ④予:同"余",我。 ⑤去:离开,抛弃。 ⑥就:走向,择取。 ⑦是人:指上古之君子。 ⑧良人:善良的人。 ⑨艺人:有才艺的人。 ⑩详:周备,全面。
⑪廉:狭窄,范围小。

故自取也少。已未有善,曰:"我善是,是亦足矣。"已未有能,曰:"我能是,是亦足矣。"外以欺于人,内以欺于心,未少有得而止矣①,不亦待其身者已廉乎②?其于人也,曰:"彼虽能是,其人不足称也;彼虽善是,其用不足称也③。"举其一,不计其十;究其旧,不图其新。恐恐然惟惧其人之有闻也④,是不亦责于人者已详乎?夫是之谓不以众人待其身⑤,而以圣人望于人⑥,吾未见其尊已也。

虽然⑦,为是者,有本有原,怠与忌之谓也。怠者不能修,而忌者畏人修。吾尝试之矣⑧,尝试语于众曰⑨:"某良士,某良士。"其应者⑩,必其人之与也⑪;不然,则其所疏远不与同其利者也;不然,则其畏也⑫。不若是,强者必怒于言,懦者必怒于色矣。又尝语于众曰:"某非良士,某非良士。"其不应者,必其人之与也;不然,则其所疏远不与同其利者也;不然,则其畏也。不若是,强者必说于言,懦者必说于色矣。是故事修而谤兴⑬,德高而毁来。呜呼!士之处此世,而望名誉之光⑭、道德之行,难已!

将有作于上者⑮,得吾说而存之⑯,其国家可几而理欤⑰!

【汇评】

取韩文公《原毁》一篇观之,其立心之公私高下何如哉。此说一倡则萋菲贝锦、簧鼓陷阱何所不至,其不流于小人之归也,几希。(明•杨慎《升庵集》)

韩退之《原毁》情状,唐流今日犹然耶,可怪而恨,然此足为贤者累哉!天下事有似损反益者。今时称清明君子,向用事久而论定矣。他山之石,非可久借攻吾玉者哉。(明•海瑞《备忘集》)

【赏析】

韩愈为人一身正气,刚正不阿,不惧权贵,一生数度被贬。贞元十九年(803),因论事而被贬阳山。元和十四年(819),又因谏迎佛骨一事被贬至潮州。韩愈是唐代古文运动的倡导者,《原毁》是其著名的古文作品。

《原毁》认为士大夫之间毁谤之风的盛行是道德败坏的一种表现,其根源在于"怠"和"忌",即怠于自我修养且又妒忌别人;不怠不忌,毁谤便无从产生。文章先论述了一个人应该如何正确对待自己和对待别人才符合君子之德、君子之风,然后将不合这个准则的行为拿来对照,最后指出其根源及危害性。文章分三段进行论述:

第一段论证古之君子"责己""待人"的正确态度。"责己重以周,待人轻以约"是"古

---

①少:稍微。 ②已:太。 ③用:作用,指才能。 ④闻:名声,声望。 ⑤众人:一般人。 ⑥望:期待,要求。 ⑦虽然:即使这样。 ⑧尝:曾经。 ⑨语:告诉。 ⑩应:响应,附和。 ⑪与:朋友。 ⑫畏:畏惧。指害怕他的人。 ⑬修:善,美好。 ⑭光:光大,昭著。 ⑮有作于上:在上位有所作为。 ⑯存:记住。 ⑰几:庶几,差不多。理:治理。

之君子"的表现特征。第二段紧承上文,剖析"今之君子"的表现。今之君子责人详、待己廉的实质是"不以众人待其身,而以圣人望于人"。第三段以"虽然"急转,引出"怠"与"忌"是毁谤之源。文章认为士大夫之间毁谤的根源在于"怠"和"忌",即怠于自我修养且又妒忌别人。"怠者不能修",所以待己廉;"忌者畏人修",因而责人详。

　　文章通篇采用对比手法,有"古之君子"与"今之君子"的对比,有同一个人"责己"和"待人"不同态度的对比,还有"应者"与"不应者"的对比,等等。此文还运用了排比手法,使文章往复回环,迂曲生姿,大大增强了表达效果。

【思考题】
　　1."古人君子"具有怎样的修养?
　　2."今之君子"相互毁谤的根源是什么?

八、临江仙·夜归临皋①

苏 轼

【作者简介】

苏轼(1037—1101),字子瞻,号东坡居士,世称苏东坡。眉山(今属四川省眉山市)人,北宋著名文学家、书法家、画家。他在政治上主张慎重,反对王安石的新法。他历任地方官吏,对人民的生计颇为关怀,卓有政绩。苏轼的文学创作视野广阔,风格豪迈,个性鲜明,意趣横生。由于他屡遭贬斥,作品往往流露出达观放任、忘情得失的思想。其诗题材广阔,清新豪健,善用夸张比喻,独具风格,与黄庭坚并称"苏黄";其词开豪放一派,与辛弃疾同是豪放派代表,并称"苏辛";其散文著述宏富,豪放自如,与欧阳修并称"欧苏",为"唐宋八大家"之一。有《苏东坡集》《东坡乐府》等。

【原文】

夜饮东坡醒复醉②,归来仿佛三更。家童鼻息已雷鸣。敲门都不应,倚杖听江声③。　　长恨此身非我有④,何时忘却营营⑤。夜阑风静縠纹平⑥。小舟从此逝,江海寄余生。

【汇评】

人谓东坡作此文,因难以见巧,故极工。余则以为不然。彼其老于文章,故落笔皆超轶绝尘耳。(宋·黄庭坚《跋子瞻〈醉翁操〉》)

世言东坡不能歌,故所作乐府,多不协律。晁以道谓:"绍圣初,与东坡别于汴上,东坡酒酣,自歌阳关曲。"则公非不能歌,但豪放不喜剪裁以就声律耳。试取东坡诸词歌之,曲终,觉天风海雨逼人。(清·冯金伯《词苑萃编》)

东坡独崇气格,箴规柳、秦,词体之尊,自东坡始。(陈洵《海绡说词》)

以宋词比唐诗,则东坡似太白,欧、秦似摩诘,耆卿似乐天,方回、叔原则大历十子之流。(王国维《清真先生遗事·尚论三》)

---

①临江仙:唐教坊曲名,后用作词牌名。此词双调六十字,平韵格。临皋:在湖北黄冈南、长江北岸,苏轼曾寓居于此。 ②东坡:在湖北黄冈东。苏轼谪贬黄州时,友人马正卿助其垦辟的游息之所,筑雪堂五间。 ③听江声:苏轼寓居临皋,在湖北黄冈南长江边,故能听长江涛声。 ④"长恨"句:引用《庄子》典故。《庄子·知北游》:舜问乎丞曰:"道可得而有乎?"曰:"汝身非汝有也,汝何得有夫道?"舜曰:"吾身非吾有也,孰有之哉?"曰:"是天地之委形也。" ⑤营营:周旋、忙碌,内心躁急之状,形容奔走钻营,追逐名利。《庄子·庚桑楚》云:"全汝形,抱汝生,无使汝思虑营营。" ⑥夜阑:夜尽。司马迁《史记·高祖本纪》有"酒阑",裴骃集解曰:"阑,言希也。谓饮酒者半罢半在,谓之阑。"文选·谢庄《宋孝武宣贵妃诔》有"白露凝兮岁将阑",李善注曰:"阑,犹晚也。"縠(hú)纹:比喻水波微细。縠,绉纱类丝织品。

东坡词,胸有万卷,笔无点尘。其阔大处,不在能作豪放语,而在其襟怀有涵盖一切气象。若徒袭其外貌,何异东施效颦。东坡小令,清丽纡徐,雅人深致,另辟一境。设非胸襟高旷,焉能有此吐属?(蔡嵩云《柯亭词论》)

【赏析】

　　这首词作于苏轼被贬黄州的第三年,即宋神宗元丰五年(1082)九月。元丰三年(1080),苏轼因乌台诗案,贬谪黄州(今湖北黄冈),住在城南长江边上的临皋亭。后来,又在不远处开垦了一片荒地,种上庄稼树木,名之曰东坡,自号东坡居士。还在这里筑屋名雪堂。

　　词的上片一开始就点明了夜饮的地点和醉酒的程度,醉而复醒,醒而复醉。当他回临皋寓所时,已经很晚了,"归来仿佛三更"。下面三句,"家童鼻息已雷鸣。敲门都不应,倚杖听江声",表现的是一种达观的人生态度,一种超旷的精神世界。上片以动衬静,以有声衬无声,通过写家童鼻息如雷和作者谛听江声,衬托出夜静人寂的境界,从而烘托出历尽宦海浮沉的词人心事之浩茫和心情之孤寂,使人返思联翩,从而为下片中作者的人生反思做好了铺垫。

　　词的下片"长恨此身非我有,何时忘却营营?"既直抒胸臆又充满哲理意味,是全词的枢纽。是词人对人生的思索和感叹,以一种透彻了悟的哲理思辨,发出了对宇宙人生的怀疑厌倦、无所希冀、无所寄托的深沉喟叹。这两句,既饱含哲理又一任情性,表达出一种无法解脱而又要求解脱的人生困惑与感伤,具有震撼人心的力量。

【思考题】

　　1. 如何理解"夜饮东坡醒复醉"?
　　2. 如何理解词人的豁达胸怀?

九、儒林外史·杜少卿平居豪举 娄焕文临去遗言

吴敬梓

【作者简介】

　　吴敬梓(1701—1754),字敏轩,一字粒民,因其书斋名"文木山房",而晚年自号"文木老人",又因其自故居安徽全椒移居南京,故又自称"秦淮寓客"。他出身于"科第仕宦多显著"的官僚地主家庭。吴敬梓受其父影响,慷慨好施,旷达不羁,不久便将家业荡尽,结果"田庐尽卖,乡里传为子弟戒"。亲友故交或拒之门外,或避于路途,使他饱尝世态炎凉。他怀着愤世嫉俗的心情,创作了《儒林外史》。全书五十五回,以写实主义描绘各类人士对于"功名富贵"的不同表现,一方面真实地揭示人性被腐蚀的过程和原因,从而对当时吏治的腐败、科举的弊端和礼教的虚伪等进行了深刻的批判和嘲讽;一方面热情地歌颂了少数人物以坚持自我的方式所做的对于人性的守护,从而寄寓了作者的理想。小说白话的运用已趋纯熟自如,人物性格的刻画也颇为深入细腻。这部小说代表了中国古代讽刺小说的高峰,它开创了以小说直接评价现实生活的范例。

【原文】

　　话说众人吃酒散了,韦四太爷直睡到次日上午才起来,向杜少卿辞别要去,说道:"我还打算到你令叔、令兄各家走走。昨日扰了世兄这一席酒,我心里快活极了!别人家料想也没这样有趣。我要去了。连这臧朋友也不能回拜,世兄,替我致意他罢。"杜少卿又留住了一日。次日,雇了轿夫,拿了一只玉杯和赣州公的两件衣服,亲自送在韦四太爷房里,说道:"先君拜盟的兄弟,只有老伯一位了,此后要求老伯常来走走。小侄也常到镇上请老伯安。这一个玉杯,送老伯带去吃酒。这是先君的两件衣服,送与老伯穿着,如看见先君的一般。"韦四太爷欢喜受了。鲍廷玺陪着又吃了一壶酒,吃了饭。杜少卿拉着鲍廷玺,陪着送到城外,在轿前作了揖。韦四太爷去了。两人回来,杜少卿就到娄太爷房里去问候。娄太爷说,身子好些,要打发他孙子回去,只留着儿子在这里伏侍。

　　杜少卿应了,心里想着没有钱用,叫王胡子来商议道:"我圩里那一宗田,你替我卖给那人罢了。"王胡子道:"那乡人他想要便宜,少爷要一千五百两银子,他只出一千三百两银子;所以小的不敢管。"杜少卿道:"就是一千三

百两银子也罢。"王胡子道:"小的要禀明少爷才敢去;卖的贱了,又惹少爷骂小的。"杜少卿道:"那个骂你?你快些去卖。我等着要银子用。"王胡子道:"小的还有一句话要禀少爷:卖了银子,少爷要做两件正经事;若是几千几百的白白的给人用,这产业卖了也可惜。"杜少卿道:"你看见我白把银子给那个用的?你要赚钱罢了,说这许多鬼话!快些替我去!"王胡子道:"小的禀过就是了。"出来悄悄向鲍廷玺道:"好了,你的事有指望了。而今我到圩里去卖田;卖了田回来,替你定主意。"王胡子就去了几天,卖了一千几百两银子,拿稍袋装了来家,禀少爷道:"他这银子是九五兑九七色的,又是市平,比钱平小一钱三分半。他内里又扣了他那边中用二十三两四钱银子,画字去了二三十两;这都是我们本家要去的。而今这银子在这里,拿天平来请少爷当面兑。"杜少卿道:"那个耐烦你算这些疙瘩账!既拿来,又兑甚么,收了进去就是了!"王胡子道:"小的也要禀明。"杜少卿收了这银子,随即叫了娄太爷的孙子到书房里,说道:"你明日要回去?"他答应道:"是,老爹叫我回去。"杜少卿道:"我这里有一百两银子给你,你瞒着不要向你老爹说。你是寡妇母亲,你拿着银子回家去做小生意,养活着。你老爹若是好了,你二叔回家去,我也送他一百两银子。"

  娄太爷的孙子欢喜,接着把银子藏在身边,谢了少爷。次日辞回家去,娄太爷叫只称三钱银子与他做盘缠,打发去了。杜少卿送了回来,一个乡里人在敞厅上站着,见他进来,跪下就与少爷磕头。杜少卿道:"你是我们公祠堂里看祠堂的黄大?你来做甚么?"黄大道:"小的住的祠堂旁边一所屋,原是太老爷买与我的。而今年代多,房子倒了。小的该死,把坟山的死树搬了几颗回来添补梁柱,不想被本家这几位老爷知道,就说小的偷了树,把小的打了一个臭死,叫十几个管家到小的家来搬树,连不倒的房子多拉倒了。小的没处存身,如今来求少爷向本家老爷说声,公中弄出些银子来,把这房子收拾收拾,赏小的住。"杜少卿道:"本家!向那个说?你这房子既是我家太老爷买与你的,自然该是我修理。如今一总倒了,要多少银子重盖?"黄大道:"要盖须得百两银子;如今只好修补,将就些住,也要四五十两银子。"杜少卿道:"也罢;我没银子,且拿五十两银子与你去。你用完了再来与我说。"拿出五十两银子递与黄大。黄大接着去了。门上拿了两付帖子走进来,禀道:"臧三爷明日请少爷吃酒,这一副帖子,说也请鲍师父去坐坐。"杜少卿道:"你说,拜上三爷,我明日必来。"

  次日,同鲍廷玺到臧家。臧蓼斋办了一桌齐整菜,恭恭敬敬,奉坐请酒,席间说了些闲话。到席将终的时候,臧三爷斟了一杯酒,高高奉着,走过席来,作了一个揖,把酒递与杜少卿,便跪了下去,说道:"老哥,我有一句话奉求!"杜少卿吓了一跳,慌忙把酒丢在桌上,跪下去拉着他,说道:"三哥!你疯了?这是怎说?"臧蓼斋道:"你吃我这杯酒,应允我的话,我才起来。"杜少卿道:"我也不知道你说的是甚么话,你起来说。"鲍廷玺也来帮着拉他起来。臧蓼斋道:"你应允了?"杜少卿道:"我有甚么不应允?"臧蓼斋道:"你吃了这杯酒。"杜少卿道:"我就吃了这杯酒。"臧蓼斋道:"候你干了。"站起来坐下。

杜少卿道:"你有甚话,说罢。"臧蓼斋道:"目今宗师考庐州,下一棚就是我们。我前日替人管着买了一个秀才,宗师有人在这里揽这个事,我已把三百两银子兑与了他,后来他又说出来:'上面严紧,秀才不敢卖,倒是把考等第的开个名字来补了廪罢。'我就把我的名字开了去。今年这廪是我补。但是这买秀才的人家要来退这三百两银子,我若没有还他,这件事就要破!身家性命关系,我所以和老哥商议,把你前日的田价借三百与我打发了这件,我将来慢慢的还你。你方才已是依了。"杜少卿道:"呸!我当你说甚么话,原来是这个事!也要大惊小怪,磕头礼拜的,甚么要紧?我明日就把银子送来与你!"鲍廷玺拍着手道:"好爽快!好爽快!拿大杯来再吃几杯!"当下拿大杯来吃酒。杜少卿醉了,问道:"臧三哥,我且问你;你定要这廪生做甚么?"臧蓼斋道:"你那里知道!廪生,一来中的多,中了就做官。就是不中,十几年贡了,朝廷试过,就是去做知县、推官,穿螺蛳结底的靴,坐堂,洒签,打人。像你这样大老官来打秋风,把你关在一间房里,给你一个月豆腐吃,蒸死了你!"杜少卿笑道:"你这匪类!下流无耻极矣!"鲍廷玺又笑道:"笑谈!笑谈!二位老爷都该罚一杯!"当夜席散。

次早,叫王胡子送了这一箱银子去。王胡子又讨了六两银子赏钱,回来在鲜鱼面店里吃面,遇着张俊民在那里吃,叫道:"胡子老官,你过来,请这里坐。"王胡子过来坐下,拿上面来吃。张俊民道:"我有一件事托你。"王胡子道:"甚么事?医好了娄老爹,要谢礼?"张俊民道:"不相干,娄老爹的病是不得好的了。"王胡子道:"还有多少时候?"张俊民道:"大约不过一百天。——这话也不必讲他,我有一件事托你。"王胡子道:"你说罢了。"张俊民道:"而今宗师将到,我家小儿要出来应考,怕学里人说是我冒籍,托你家少爷向学里相公们讲讲。"王胡子摇手道:"这事共总没中用。我家少爷,从不曾替学里相公讲一句话。他又不欢喜人家说要出来考。你去求他,他就劝你不考!"张俊民道:"这是怎样?"王胡子道:"而今倒有个方法。等我替你回少爷说,说你家的确是冒考不得的,但凤阳府的考棚是我家先太老爷出钱盖的,少爷要送一个人去考,谁敢不依?这样激着他,他就替你用力,连贴钱都是肯的!"张俊民道:"胡子老官,这事在你作法便了。做成了,少不得'言身寸'。"王胡子道:"我那个要你谢!你的儿子,就是我的小侄。人家将来进了学,穿戴着簇新的方巾、蓝衫,替我老叔子多磕几个头,就是了。"说罢,张俊民还了面钱,一齐出来。

　　王胡子回家,问小子们道:"少爷在那里?"小子们道:"少爷在书房里。"他一直走进书房,见了杜少卿,禀道:"银子已是小的送与臧三爷收了,着实感激少爷,说又替他免了一场是非,成全了功名,其实这样事别人也不肯做的。"杜少卿道:"这是甚么要紧的事,只管跑了来倒熟了!"胡子道:"小的还有话禀少爷。像臧三爷的廪是少爷替他补,公中看祠堂的房子是少爷盖,眼见得学院不日来考,又要寻少爷修理考棚。我家太老爷拿几千银子盖了考棚,白白便益众人,少爷就送一个人去考,众人谁敢不依?"杜少卿道:"童生自会去考的,要我送怎的?"王胡子道:"假使小的有儿子,少爷送去考,也没有人敢说?"杜少卿道:"这也何消说!这学里秀才,未见得好似奴才!"王胡子道:"后门口张二爷,他那儿子读书,少爷何不叫他考一考?"杜少卿道:"他可要考?"胡子道:"他是个冒籍,不敢考。"杜少卿道:"你和他说,叫他去考。若有廪生多话,你就向那廪生说,是我叫他去考的。"王胡子道:"是了。"应诺了去。

　　这几日,娄太爷的病渐渐有些重起来了,杜少卿又换了医生来看。在家心里忧愁。

　　忽一日,臧三爷走来,立着说道:"你晓得有个新闻?县里王公坏了。昨晚摘了印,新官押着他就要出衙门,县里人都说他是个混账官,不肯借房子给他住,在那里急的要死!"杜少卿道:"而今怎样了?"臧蓼斋道:"他昨晚还赖在衙门里。明日再不出,就要讨没脸面!那个借屋与他住?只好搬在孤老院!"杜少卿道:"这话果然么?"叫小厮叫王胡子来,向王胡子道:"你快到县前向工房说,叫他进去禀王老爷,说王老爷没有住处,请来我家花园里住。他要房子甚急,你去!"王胡子连忙去了。臧蓼斋道:"你从前会也不肯会他,今日为甚么自己借房子与他住?况且他这事有拖累,将来百姓要闹他,不要把你花园都拆了!"杜少卿道:"先君有大功德在于乡里,人人知道。就是我家藏了强盗,也是没有人来拆我家的房子。这个老哥放心。至于这王公,他既知道仰慕我,就是一点造化了。我前日若去拜他,便是奉承本县知县;而今他官已坏了,又没有房子住,我就该照应他。他听见这话,一定就来。你在我这里候他来,同他谈谈。"

说着,门上人进来禀道:"张二爷来了。"只见张俊民走进来,跪下磕头。杜少卿道:"你又怎的?"张俊民道:"就是小儿要考的事,蒙少爷的恩典!"杜少卿道:"我已说过了。"张俊民道:"各位廪生先生听见少爷吩咐,都没的说,只要门下捐一百二十两银子修学。门下那里捐的起?故此,又来求少爷商议。"杜少卿道:"只要一百二十两?此外可还再要?"张俊民道:"不要了。"杜少卿道:"这容易,我替你出。你就写一个愿捐修学宫求入籍的呈子来。臧三哥,你替他送到学里去,银子在我这里来取。"臧三爷道:"今日有事,明日我和你去罢。"张俊民谢过,去了。正迎着王胡子飞跑来道:"王老爷来拜,已到门下轿了。"杜少卿和臧蓼斋迎了出去。那王知县纱帽便服,进来作揖再拜,说道:"久仰先生,不得一面。今弟在困厄之中,蒙先生慨然以尊斋相借,令弟感愧无地;所以先来谢过,再细细请教。恰好臧年兄也在此。"杜少卿道:"老父台,些小之事,不足介意。荒斋原是空闲,竟请搬过来便了。"臧蓼斋道:"门生正要同敝友来候老师,不想返劳老师先施。"王知县道:"不敢,不敢。"打恭上轿而去。

杜少卿留下臧蓼斋,取出一百二十两银子来递与他,叫他明日去做张家这件事。臧蓼斋带着银子去了。次日,王知县搬进来住。又次日,张俊民备了一席酒送在杜府,请臧三爷同鲍师父陪。王胡子私向鲍廷玺道:"你的话也该发动了。我在这里算着,那话已有个完的意思;若再遇个人来求些去,你就没账了。你今晚开口。"当下客到齐了,把席摆到厅旁书房里,四人上席。张俊民先捧着一杯酒谢过了杜少卿,又斟酒作揖谢了臧三爷,入席坐下。席间谈这许多事故。鲍廷玺道:"门下在这里大半年了,看见少爷用银子像淌水,连裁缝都是大捧拿了去;只有门下是七八个月的养在府里白浑些酒肉吃吃,一个大钱也不见面。我想这样干蔑片也做不来,不如揩揩眼泪,别处去哭罢。门下明日告辞。"杜少卿道:"鲍师父,你也不曾向我说过,我晓得你甚么心事?你有话,说不是?"

鲍廷玺忙斟一杯酒递过来,说道:"门下父子两个都是教戏班子过日,不幸父亲死了。门下消折了本钱,不能替父亲争口气;家里有个老母亲,又不能养活。门下是该死的人,除非少爷赏我个本钱,才可以回家养活母亲。"杜少卿道:"你一个梨园中人,却有思念父亲孝敬母亲的念,这就可敬的狠了。我怎么不帮你!"鲍廷玺站起来道:"难得少爷的恩典。"杜少卿道:"坐着,你要多少银子?"鲍廷玺看见王胡子站在底下,把眼望着王胡子。王胡子走上来道:"鲍师父,你这银子要用的多哩,连叫班子,买行头,怕不要五六百两。少爷这里没有,只好将就弄几十两银子给你过江,舞起几个猴子来,你再跳。"杜少卿道:"几十两银子不济事。我竟给你一百两银子,你拿过去教班子。用完了,你再来和我说话。"鲍廷玺跪下来谢。杜少卿拉住道:"不然我还要多给你些银子——因我这娄太爷病重,要料理他的光景——我好打发你回去。"当晚臧、张二人都赞杜少卿的慷慨。吃罢散了。

自此之后,娄太爷的病,一日重一日。那日,杜少卿坐在他眼前,娄太爷说道:"大相公,我从前挨着,只望病好,而今看这光景,病是不得好了,你要送我回家去!"杜少卿道:"我一日不曾尽得老伯的情,怎么说要回家?"娄太爷道:"你又呆了!我是有子有孙的人,一生出门在外,今日自然要死在家里。难道说你不留我?"杜少卿垂泪道:"这样说,我就不留了。老伯的寿器是我备下的,如今用不着,是不好带去了,另拿几十两银子合具寿器。衣服、被褥,是做停当的,与老伯带去。"娄太爷道:"这棺木、衣服,我受你的。你不要又拿银子给我家儿子、孙子。我在这三日内就要回去,坐不起来了,只好用床抬了去。你明日早上到令先尊太老爷神主前祝告,说娄太爷告辞回去了。我在你家三十年,是你令先尊一个知心的朋友。令先尊去后,大相公如此奉事我,我还有甚么话?你的品行、文章,是当今第一人。你生的个小儿子,尤其不同,将来好好教训他成个正经人物。但是你不会当家,不会相与朋友,这家业是断然保不住的了!像你做这样慷慨仗义的事,我心里喜欢;只是也要看来说话的是个甚么样人。像你这样做法,都是被人骗了去,没人报答你的。虽说施恩不望报,却也不可这般贤否不明。你相与这臧三爷、张俊民,都是没良心的人。近来又添一个鲍廷玺。做戏的,有甚么好人?你也要照顾他。若管家王胡子,就更坏了!银钱也是小事,我死之后,你父子两人,事事学你令先尊的德行。德行若好,就没有饭吃也不妨。你平生最相好的是你家慎卿相公;慎卿虽有才情,也不是甚么厚道人。你只学你令先尊,将来断不吃苦。你眼里又没有官长,又没有本家,这本地方也难住。南京是个大邦,你的才情到那里去,或者还遇着个知己,做出些事业来。这剩下的家私是靠不住的了!大相公,你听信我言,我死也瞑目!"杜少卿流泪道:"老伯的好话,我都知道了。"忙出来吩咐雇了两班脚子,抬娄太爷过南京到陶红镇。又拿出百十两银子来,付与娄太爷的儿子回去办后事。第三日,送娄太爷起身。只因这一番,有分教:

京师池馆,又看俊杰来游;江北家乡,不见英贤豪举。

毕竟后事如何,且听下回分解。

【汇评】

迨吴敬梓《儒林外史》出,乃秉持公心,指摘时弊,机锋所向,尤在士林;其文又戚而能谐,婉而多讽;于是说部中乃始有足称讽刺之书。(鲁迅《中国小说史略》)

该书一个艺术特色是速写式和剪影式的人物形象。《儒林外史》是一部主角不断变换的长篇小说,或者说是一部由无数短篇交替而成的长篇小说,基本上不可能通过详细描写其一生经历,以及在曲折的故事情节中表现人物的性格特点和精神世界。所以,吴敬梓把重点集中在人的性格中最刺目的特征上,从而深入细致地表现一个相对静止的人生相。这就如同从人物漫长的性格发展史中截取一个片断,再让它在人们面前转上一圈,把此时此地的"这一个",放大给人看。这是勾画讽刺人物的一个很出色的手法,它使人物形象色彩分明,情节流动迅速,好像人物脸谱勾勒一成,这段故事便告结束,而给读者留下深刻印象的也正是这些精工提炼的精彩情节。(胡适《吴敬梓评传》)

【赏析】

吴敬梓的《儒林外史》,是中国小说史上成就最高的长篇讽刺小说。鲁迅认为,至《儒林外史》问世,"说部中乃始有足称讽刺之书"。而且,"是后亦鲜有以公心讽世之书如《儒林外史》者"。《儒林外史》是吴敬梓自己的创作,是他在实际生活的基础上进行艺术加工的精品,是他独特思想与艺术构思的产物。吴敬梓是清代安徽人。他出身书香门第,祖上几辈都是科举成名,得做高官。吴敬梓自幼读书习文,对经史文章、诗词歌赋无不精通,但对科举考试和八股文毫无兴趣,所以他在《儒林外史》中对科举和八股的反对态度十分明确。吴敬梓在《儒林外史》中塑造了众多读书人的形象,最成功的、给人印象最深刻的、无疑是那些被科举八股毒害的人。这些人在名缰利索的牵引下现出的丑态,做出的丑事,让人触目惊心。书中不仅刻画了令人憎恶的反面形象,也树立了许多正面形象,如杜少卿、庄绍光、迟衡山、武正字、虞博士等。以杜少卿最为突出。杜少卿才华超群,却蔑视八股,仗义疏财,迁居南京后,宁愿过贫寒的生活而不愿接受征召为官。吴敬梓不是简单地直述自己对人物的好恶,进行赞扬或讽刺,而是通过白描勾勒,用人物言行的强烈反差、对比反衬、明赞暗斥或明贬实褒的手法,让读者自己明辨是非,起到了震撼人心的效果。

【思考题】

1. 《儒林外史》是怎样一部书?
2. 文章中的主人公是真正的知识分子吗?

十、为学与做人

梁启超

【作者简介】

梁启超(1873—1929),字卓如,号任公,别署饮冰室主人。新会(今广东省江门市新会区)人。清朝光绪年间举人,中国近代思想家、政治家、教育家、史学家、文学家。康有为的弟子,戊戌变法运动的领导者之一、中国近代维新派、新法家代表人物,与康有为并称"康梁"。维新变法前,与康有为一起联合各省举人发动"公车上书"运动,此后先后领导北京和上海的强学会,又与黄遵宪一起办《时务报》,任长沙时务学堂的主讲,并著《变法通议》为变法做宣传。戊戌变法失败后,与康有为一起流亡日本,政治思想逐渐走向保守,反对孙中山所领导的民主主义革命。梁启超是近代文学革命运动的理论倡导者。他倡导新文化运动,支持五四运动。晚年在清华大学讲学,并从事著述。他的诗、词、散文,都有一定成就。特别是早期的散文,热情奔放,直抒胸臆,流利畅达,自成一体,对当时有很大影响。其著作合编为《饮冰室合集》。

【原文】

诸君!我在南京讲学将近三个月了,这边苏州学界里头,有好几回写信邀我,可惜我在南京是天天有功课的,不能分身前来。今天到这里,能够和全城各校诸君聚在一堂,令我感激的很,但有一件,还要请诸君原谅:因为我一个月以来,都带着些病,勉强支持,今天不能作很长的讲演,恐怕有负诸君期望哩。

问诸君"为什么进学校?"我想人人都会众口一辞的答道:"为的是求学问。"再问:"你为什么要求学问?""你想学些什么?"恐怕各人的答案就很不相同,或者竟自答不出来了。诸君啊!我替你们总答一句罢:"为的是学做人。"你在学校里头学的数学、几何、物理、化学、生理、心理、历史、地理、国文、英语,乃至哲学、文学、科学、政治、法律、经济、教育、农业、工业、商业等等,不过是做人所需的一种手段,不能说专靠这些便达到做人的目的,任凭你把这些件件学得精通,你能够成个人不能成个人还是另一个问题。

人类心理,有知、情、意三部分。这三部分圆满发达的状态,我们先哲名之为三达德——智、仁、勇。为什么叫做"达德"呢?因为这三件事是人类普通道德的标准,总要三件具备,才能成一个人。三件的完成状态怎么样呢?孔子说:"知者不惑,仁者不忧,勇者不惧。"所以教育应分为知育、情育、意育三方面——现在讲的智育、德育、体育不对，德育范围太笼统，体育范围太狭隘——知育要教到人不惑，情育要教到人不忧，意育到教到人不惧。教育家教育学生，应该以这三件为究竟，我们自动的自己教育自己，也应该以这三件为究竟。

怎么样才能不惑呢？最要紧是养成我们的判断力。想要养成判断力，第一步，最少须有相当的常识；进一步，对于自己要做的事须有专门智识；再进一步，还要有遇事能断的智慧。假如一个人连常识都没有，听见打雷，说是雷公发威；看见月蚀，说是蛤蟆贪嘴。那么，一定闹到什么事都没有主意，碰到一点疑难问题，就靠求神问卜看相算命去解决，真所谓"大惑不解"，成了最可怜的人了。学校里小学中学所教，就是要人有了许多基本的常识，免得凡事都暗中摸索。但仅仅有这点常识还不够，我们做人，总要各有一件专门职业。这门职业，也并不是我一人破天荒去做，从前已经许多人做过，他们积累了无数经验，发见出好些原理原则，这就是专门学识。我打算做这项职业，就应该有这项专门学识。例如我想做农吗：怎样的改良土壤，怎样的改良种子，怎样的防御水旱病虫，等等，都是前人经验有得成为学识的。我们有了这种学识，应用他来处置这些事，自然会不惑，反是则惑了。做工、做商等等都各各有他的专门学识，也是如此。我想做财政家吗：何种租税可以生出何样结果，何种公债可以生出何样结果，等等，都是前人经验有得成为学识的。我们有了这种学识，应用他来处置这些事，自然会不惑，反是则惑了。教育家、军事家等等，都各各有他的专门学识，也是如此。我们在高等以上学校所求的智识，就是这一类。但专靠这种常识和学识就够吗？还不能。宇宙和人生是活的不是呆的，我们每日所碰见的事理是复杂的变化的，不是单纯的印板的，倘若我们只是学过这一件才懂这一件，那么，碰着一件没有学过的事来到跟前，便手忙脚乱了。所以还要养成总体的智慧，才能有根本的判断力。这种总体的智慧如何才能养成呢？第一件，要把我们向来粗浮的脑筋着实磨练他，叫他变成细密而且踏实。那么，无论遇着如何繁难的事，我都可以彻头彻尾想清楚他的条理，自然不至于惑了。第二件，要把我们向来昏浊的脑筋，着实将养他，叫他变成清明。那么，一件事理到跟前，我才能很从容很莹澈的去判断他，自然不至于惑了。以上所说常识学识和总体的智慧，都是智育的要件，目的是教人做到"知者不惑"。

怎么样才能不忧呢？为什么仁者便会不忧呢？想明白这个道理，先要知道中国先哲的人生观是怎么样。"仁"之一字,儒家人生观的全体大用都包在里头。"仁"到底是什么?很难用言语说明,勉强下个解释,可以说是:"普遍人格之实现。"孔子说:"仁者人也。"意思说是人格完成就叫做"仁"。但我们要知道,人格不是单独一个人可以表见的,要从人和人的关系上看出来。所以仁字从二人,郑康成解他做"相人偶"。总而言之,要彼我交感互发,成为一体,然后我的人格才能实现。所以我们若不讲人格主义,那便无话可说;讲到这个主义,当然归宿到普遍人格。换句话说,宇宙即是人生,人生即是宇宙,我的人格和宇宙无二无别,体验得这个道理,就叫做"仁者"。然则这种仁者为什么就会不忧呢?大凡忧之所从来,不外两端,一曰忧成败,二曰忧得失。我们得着"仁"的人生观,就不会忧成败。为什么呢?因为我们知道宇宙和人生是永远不会圆满的,所以《易经》六十四卦,始"乾"而终"未济"。正为在这永远不圆满的宇宙中,才永远容得我们创造进化。我们所做的事,不过在宇宙进化几万万里的长途中,往前挪一寸两寸,那里配说成功呢?然则不做怎么样呢?不做便连这一寸两寸都不往前挪,那可真真失败了。"仁者"看透这种道理,信得过只有不做事才算失败,凡做事便不会失败。所以《易经》说:"君子以自强不息。"换一方面来看,他们又信得过凡事不会成功的,几万万里路挪了一两寸,算成功吗?所以《论语》说:"知其不可而为之。"你想,有这种人生观的人,还有什么成败可忧呢?再者,我们得着"仁"的人生观,便不会忧得失。为什么呢?因为认定这件东西是我的,才有得失之可言。连人格都不是单独存在,不能明确的画出这一部分是我的,那一部分是人家的,然则那里有东西可以为我所得?既已没有东西为我所得,当然也没有东西为我所失。我只是为学问而学问,为劳动而劳动,并不是拿学问劳动等等做手段来达某种目的——可以为我们"所得"的。所以老子说:"生而不有,为而不恃。""既以为人己愈有,既以与人己愈多。"你想,有这种人生观的人,还有什么得失可忧呢?总而言之,有了这种人生观,自然会觉得"天地与我并生,而万物与我为一",自然会"无人而不自得"。他的生活,纯然是趣味化艺术化。这是最高的情感教育,目的教人做到"仁者不忧"。

怎么样才能不惧呢?有了不惑不忧工夫,惧当然会减少许多了。但这是属于意志方面的事。一个人若是意志力薄弱,便有很丰富的智识,临时也会用不着;便有很优美的情操,临时也会变了卦。然则意志怎么才会坚强呢?头一件须要心地光明,孟子说:"浩然之气,至大至刚。行有不慊于心,则馁矣。"又说:"自反而不缩,虽褐宽博,吾不惴焉;自反而缩,虽千万人,吾往矣。"俗话说得好："生平不作亏心事,夜半敲门也不惊。"一个人要保持勇气,须要从一切行为可以公开做起,这是第一著。第二件要不为劣等欲望之所牵制。《论语》记："子曰:吾未见刚者。或对曰:伸枨。子曰:枨也欲,焉得刚?"一被物质上无聊的嗜欲东拉西扯,那么百炼钢也会变为绕指柔了。总之,一个人的意志,由刚强变为薄弱极易,由薄弱返到刚强极难。一个人有了意志薄弱的毛病,这个人可就完了。自己作不起自己的主,还有什么事可做? 受别人压制,做别人奴隶,自己只要肯奋斗,终须能恢复自由。自己的意志做了自己情欲的奴隶,那么,真是万劫沉沦,永无恢复自由的余地,终身畏首畏尾,成了个可怜人了。孔子说："和而不流,强哉矫;中立而不倚,强哉矫。国有道,不变塞焉,强哉矫;国无道,至死不变,强哉矫。"我老实告诉诸君说罢,做人不做到如此,决不会成一个人。但做到如此真是不容易,非时时刻刻做磨练意志的工夫不可,意志磨练得到家,自然是看着自己应做的事,一点不迟疑,扛起来便做,"虽千万人吾往矣"。这样才算顶天立地做一世人,绝不会有藏头躲尾、左支右绌的丑态。这便是意育的目的,要教人做到"勇者不惧"。

  我们拿这三件事作做人的标准,请诸君想想,我自己现时做到那一件——那一件稍为有一点把握。倘若连一件都不能做到,连一点把握都没有,嗳哟! 那可真危险了,你将来做人恐怕做不成。讲到学校里的教育吗,第二层的情育、第三层的意育,可以说完全没有,剩下的只有第一层的知育。就算知育罢,又只有所谓常识和学识,至于我所讲的总体智慧靠来养成根本判断力的,却是一点儿也没有。这种"贩卖智识杂货店"的教育,把他前途想下去,真令人不寒而栗! 现在这种教育,一时又改革不来,我们可爱的青年,除了他更没有可以受教育的地方。诸君啊! 你到底还要做人不要? 你要知道危险呀,非你自己抖擞精神想法自救,没有人能救你呀!

  诸君啊! 你千万别要以为得些断片的智识,就算是有学问呀。我老实不客气告诉你罢:你如果做成一个人,智识自然是越多越好;你如果做不成一个人,智识却是越多越坏。你不信吗? 试想想全国人所唾骂的卖国贼某人某人,是有智识的呀,还是没有智识的呢? 试想想全国人所痛恨的官僚政客——专门助军阀作恶、鱼肉良民的人,是有智识的呀,还是没有智识的呢? 诸君须知道啊,这些人当十几年前在学校的时代,意气横厉,天真烂漫,何尝不和诸君一样? 为什么就会堕落到这样田地呀? 屈原说的："何昔日之芳草兮,今直为此萧艾也! 岂其有他故兮,莫好修之害也。"天下最伤心的事,莫过于看着一群好好的青年,一步一步的往坏路上走。诸君猛醒啊!现在你所厌所恨的人,就是你前车之鉴了。

诸君啊!你现在怀疑吗?沉闷吗?悲哀痛苦吗?觉得外边的压迫你不能抵抗吗?我告诉你:你怀疑和沉闷,便是你因不知才会惑;你悲哀痛苦,便是你因不仁才会忧;你觉得你不能抵抗外界的压迫,便是你因不勇才有惧。这都是你的知、情、意未经过修养磨练,所以还未成个人。我盼望你有痛切的自觉啊!有了自觉,自然会自动。那么,学校之外,当然有许多学问,读一卷经,翻一部史,到处都可以发见诸君的良师呀!

诸君啊,醒醒罢!养足你的根本智慧,体验出你的人格人生观,保护好你的自由意志。你成人不成人,就看这几年哩!

【汇评】

文体的改革,是梁启超最伟大的功绩,杂以俚语的新文体(报章体),才使得国民阅读的程度一日千里。(吴其昌《梁启超》)

梁氏在中国思想史上的贡献,不如在学术史贡献之大,在思想史上的贡献,创设不如康有为,破坏不如谭嗣同,而其思想多来自康、谭二氏,故其思想不深刻,不一贯,随时转移,前后矛盾,然其影响甚大,则因其文笔生动,宣传力大。(郭湛波《近三十年中国思想史》)

【赏析】

《为学与做人》是篇演讲词,是梁启超先生为苏州学界所做演讲的内容。这篇演讲词全文从问题导入,梁启超先生一开始便提出一个非常重要的教育问题,即"为什么进学校"。对于这个问题,最通常的答案便是"为的是求学问",梁启超先生却认为进学校的根本目的是"学做人"。而学生在学校里面所学的数学、几何、物理、化学、生理、心理、历史、地理、国文、英语、哲学、文学、科学、政治、法律、经济、教育、农业、工业、商业等等,都只不过是达到做人这个目的的各种手段。梁启超先生认为作为一个人必须具备三个必不可少的要素,即智、仁、勇,梁启超称之为"三达德"。关于"三达德",孔子说:"知者不惑,仁者不忧,勇者不惧。"因此,梁启超认为对于人的教育应分为知育、情育、意育三方面。具体而言,首先,想要不惑,最要紧的是养成我们的判断力。判断力的养成需要三步走,第一步,最少须有相当的常识;进一步,对于自己要做的事须有专门智识;再进一步,还要有遇事能断的智慧。其次,想要不忧,就需"仁"。因为只有仁者才能不忧。再次,要想不惧,就需意志坚强。

【思考题】

1. 一个合格的人应该具备什么品质?
2. 教育的根本目的是什么?

第二章　孝悌亲情篇

慕课资源

【总论】

1988年7月25日,海子乘火车进入西藏,在途经戈壁滩上的德令哈时,海子写下:"姐姐,今夜我在德令哈/夜色笼罩/姐姐,我今夜只有戈壁。"

当夜,诗人身处黑夜里的孤独中,身处戈壁滩的荒凉中,姐姐,一个无限温暖的称谓,能指与所指交织,替诗人抵挡了无边无际的寒冷,指向诗人对真善美的追求。这首诗纯粹而空灵,绝望而深刻,是孤独者的心灵之歌。

父母双亲,兄弟姐妹,一种血脉相连的爱,是一种永不断去的情。我们毕生与血缘至亲相互守望,温暖相护。

韩愈《祭十二郎文》,用凄婉悱恻的笔调表现骨肉亲情,在家庭往事的絮絮回忆中,流露出对兄嫂和亡侄的怀念痛惜,读来深挚感人。张洁《世界上最疼我的那个人去了》,是对母爱凄婉、深长的颂歌;它讲述的是生命、爱和灵魂的故事。

亲情从来就不独立于人生与社会之外。李益《喜见外弟又言别》通过表现作者与一个外弟的久别重逢,反映了战争年代人们的痛苦,抒写了人生的聚散无常。巴金《爱尔克的灯光》,通过诅咒、抨击封建家庭,召唤年轻一代走出摧毁心灵的牢笼,走向广大的世界。

无论岁月怎样流逝,经典作品总能恒存世间。屈原有诗云:"与天地兮同寿,与日月兮齐光。"借用这话来盛赞这些作品不朽的艺术价值,是恰如其分的。

一、郑伯克段于鄢

《左传》

【作品简介】

《左传》又称《春秋左氏传》《左氏春秋》。全书约十八万字。司马迁、班固均认为是春秋末年鲁国人左丘明所作,其用意是解释阐明孔子的《春秋》。在传统上,《左传》与《公羊传》《谷梁传》合称"春秋三传",列于儒家经典之中。

《左传》是我国第一部完备的编年体史书,它记叙了自鲁隐公元年(前722)至鲁悼公十四年(前453),约二百七十年间的重大历史事件,将周王室、鲁国和各诸侯国在政治、军事、外交、文化诸方面的活动以及各种人物的言论,具体而生动地呈现出来。它是研究我国古代社会的一部很有价值的历史文献。

《左传》又是一部优秀的历史散文著作,具有很高的文学价值。作者善于将纷繁复杂的历史事件(尤其是战争)写得条理清楚,主次分明,绘声绘色。它取材详略得当,井然有序。不少篇章通过语言、行动和细节描写,将人物形象刻画得栩栩如生。它还记录了大量生动洗练、委婉有致的外交辞令,引人入胜。《左传》对后世的史学著述和文学创作均产生了深远的影响。

【原文】

初①,郑武公娶于申②,曰武姜③。生庄公及共叔段④。庄公寤生⑤,惊姜氏,故名曰寤生,遂恶之。爱共叔段,欲立之,亟请于武公⑥,公弗许。

及庄公即位,为之请制⑦。公曰:"制,岩邑也⑧。虢叔死焉⑨。佗邑唯命。"请京⑩,使居之,谓之京城大叔。

祭仲曰⑪:"都城过百雉⑫,国之害也。先王之制,大都,不过参国之一⑬;中,五之一;小,九之一。今京不度,非制也,君将不堪。"公曰:"姜氏欲之,焉辟害⑭?"对曰:"姜氏何厌之有?不如早为之所。无使滋蔓。蔓,难图也。蔓

---

①初:当初。是古书追述往事的口气。 ②郑武公:郑国国君,公元前770年至公元前744年在位。郑是姬姓国,开国君主为周宣王之弟郑桓公,始封于公元前806年。武公时,都新郑。娶于申:从申国娶妻。申,国名,姜姓,在今河南南阳一带。 ③武姜:郑武公之妻。"武"是武公的谥号,"姜"是她的姓氏。 ④庄公:公元前743年至公元前701年在位。共叔段:庄公的弟弟,名段。共,国名,在今河南辉县。段后来逃亡至共,故史称共叔段。叔,排行用字,表示排行在末的,年少的。 ⑤寤生:逆生,难产。寤,逆,倒着。 ⑥亟:屡次。 ⑦制:郑地名,又名虎牢,在今河南汜水西。 ⑧岩邑:险要的城邑。 ⑨虢叔:东虢国的国君。焉:于此,在这里。 ⑩京:郑地名,在今河南荥阳东南。 ⑪祭仲:郑国大夫,字足。 ⑫都:都城,都邑。城:城墙。雉:古代计算城墙长度的单位,长三丈,高一丈为一雉。 ⑬参国之一:国都的三分之一。 ⑭辟:同"避"。

草犹不可除,况君之宠弟乎!"公曰:"多行不义必自毙①,子姑待之。"

既而大叔命西鄙、北鄙贰于己②。公子吕曰③:"国不堪贰,君将若之何?欲与大叔④,臣请事之;若弗与,则请除之,无生民心。"公曰:"无庸⑤,将自及。"大叔又收贰以为己邑,至于廪延⑥。子封曰:"可矣,厚将得众⑦。"公曰:"不义不昵⑧,厚将崩。"

大叔完聚⑨,缮甲兵⑩,具卒乘⑪,将袭郑,夫人将启之⑫。公闻其期,曰:"可矣!"命子封帅车二百乘以伐京⑬。京叛大叔段,段入于鄢⑭。公伐诸鄢。五月辛丑⑮,大叔出奔共⑯。

书曰⑰:"郑伯克段于鄢。"段不弟⑱,故不言弟。如二君,故曰克。称郑伯⑲,讥失教也;谓之郑志⑳,不言出奔,难之也㉑。

遂置姜氏于城颍㉒,而誓之曰:"不及黄泉㉓,无相见也。"既而悔之。颍考叔为颍谷封人㉔,闻之,有献于公。公赐之食,食舍肉㉕。公问之。对曰:"小人有母,皆尝小人之食矣,未尝君之羹,请以遗之㉖!"公曰:"尔有母遗,繄我独无㉗!"颍考叔曰:"敢问何谓也?"公语之故,且告之悔,对曰:"君何患焉!若阙地及泉㉘,隧而相见㉙,其谁曰不然㉚?"公从之。公入而赋:"大隧之中,其乐也融融㉛!"姜出而赋:"大隧之外,其乐也泄泄㉜!"遂为母子如初。

君子曰:"颍考叔,纯孝也。爱其母,施及庄公㉝。《诗》曰㉞:'孝子不匮㉟,永锡尔类㊱。'其是之谓乎!"㊲

---

①毙:灭亡,垮台。 ②鄙:边邑。贰于己:一方面属于庄公,一方面属于自己。贰,两属,归两主。 ③公子吕:郑国大夫,字子封,即下文的子封。 ④与:给予,授予。 ⑤庸:用。 ⑥廪延:郑地名,在今河南延津北。 ⑦厚:雄厚,这里指土地扩大。 ⑧昵:指亲近兄长。 ⑨完:完成城郭的修筑。聚:积聚粮草。 ⑩缮:修理,整治。甲:铠甲。兵:兵器。 ⑪具:准备。乘(shèng):战车。古代一乘有甲士三人,步卒七十二人。 ⑫启之:打开城门做内应。 ⑬帅:同"率",率领。 ⑭鄢:郑地名,在今河南鄢陵北。 ⑮五月辛丑:指鲁隐公元年(前722)五月二十三日。古以天干、地支配合记日,如甲子、乙丑、丙寅等。 ⑯出奔:出逃,逃跑。 ⑰书:指《春秋》上的记述。以下的这段文字是解释《春秋》经文的话。 ⑱弟:同"悌",指顺从兄长。 ⑲郑伯:指郑庄公。春秋时爵位分为公、侯、伯、子、男五等,郑国国君为伯爵,故称郑伯。 ⑳郑志:指郑伯有杀弟的意图。志,意图。 ㉑难:责难,谴责。 ㉒置:安置。这里有幽禁、放逐的意思。城颍:郑地名,在今河南临颍西北。 ㉓不及黄泉:不到死后的意思。黄泉,指人死后的葬所,即地下。古人认为天玄地黄,故称地下之泉为黄泉。 ㉔颍考叔:郑国大夫。颍谷:郑边邑,在今河南登封西。封人:掌管边界的官。 ㉕舍:放弃。这里是放着(不吃)的意思。 ㉖遗:赠送。这里是留给的意思。 ㉗繄:句首语气词。 ㉘阙:同"掘",挖掘。 ㉙隧:挖成隧道。用作动词。 ㉚其:用来加重反问语气的语气词。然:这样。代指黄泉相见。 ㉛融融:和乐的样子。 ㉜泄泄:舒畅的样子。 ㉝施:扩展,延及。 ㉞《诗》:指《诗经》。以下所引两句诗见于《诗经·大雅·既醉》。 ㉟匮:亏缺。 ㊱锡:赐予,给予。类:同类,指与"孝子"同类的人。 ㊲其:表示推测的委婉语气。是之谓:说的就是这种情况。是,此,这个,做"谓"的宾语。

【汇评】

通篇要分认,其前半是一样音节,后半是一样音节。前半,狱在庄公。姜氏只是率性偏爱妇人,叔段只是娇养失教子弟。后半,功在颍考叔,庄公只是恶人到贯满后,却有自悔改过之时。(清·金圣叹《天下才子必读书》)

庄公雄鸷多智,不特姜与叔段在其术中。并能臣祭仲、公子吕辈亦莫测其所为。观其论虢叔之死,俨然为谋甚忠,娓娓可听。使无他日之事,不谓之仁爱之言不可也。(吴曾祺《左传菁华录》)

以简古透快之笔,写惨刻伤残之事,不特使诸色人须眉毕现,直令郑庄狠毒性情流露满纸,千百载后可以洞见其心。真是鬼斧神工,非寻常笔墨所能到也。其实字法、句法、承接法、衬托法、摹写法、铺叙断制法、起伏照应法,一一金针度与。(余诚《古文释义》)

【赏析】

本文选自《左传·鲁隐公元年》。文章以时间先后顺序为线索,记叙郑国王室内部势力之间的权力之争,既涉及政治、军事利益,也牵涉到母子情、手足情,读来扣人心弦。首先写庄公寤生,使姜氏受到惊吓,姜氏因而喜爱次子段。段在母亲的暗中支持下,谋夺君王之位,逐步扩张他的势力。庄公静观其变,外似宽厚实则胸怀杀机。矛盾冲突越来越明朗、尖锐,最后达到高潮:郑伯讨伐段,段逃奔到共,姜氏被放逐在城颍。

文章线索清晰,有明线、暗线,也有主线、次线。段的扩张势力是明线,郑庄公的欲擒故纵是暗线。明线被安排成次线,暗线却被写成主线,郑伯的所作所为成为直接叙述的对象。两条线索在文章开端分头发展,到"公伐诸鄢",才交织在一起,并引出新的一条线索:郑伯与姜氏的母子关系,最后以母子和好如初为结局。叙事脉络清晰,选材繁简得当,语言精练明快,并富有鲜明的个性。

精彩之处在于对人物的刻画栩栩如生,形象生动。郑庄公这一人物形象较为丰满,既是一个颇有远见、处事果断的政治家,又是一个老谋深算、虚伪凶险的阴谋家。共叔段的贪婪愚昧,姜氏的偏狭昏聩,颍考叔的聪明纯孝,虽着墨不多,人物形象却跃然纸上。为了突出主要人物郑庄公,本文还注意以其他人物为衬托,在相互映衬中展现其性格特征。此外,一些细节描写,如"庄公寤生""为段请制""君臣对话""隧中相见"等,不仅表现了人物性格,而且对深化主题也起了重要作用。

【思考题】

1. 文章是如何巧妙地使用衬托手法的?
2. 谈谈《左传》的叙事艺术。

二、祭十二郎文

韩　愈

【原文】

　　年、月、日①，季父愈闻汝丧之七日②，乃能衔哀致诚③，使建中远具时羞之奠④，告汝十二郎之灵⑤。呜呼！吾少孤，及长，不省所怙⑥，惟兄嫂是依。中年，兄殁南方⑦，吾与汝俱幼，从嫂归葬河阳⑧，既又与汝就食江南⑨，零丁孤苦，未尝一日相离也。吾上有三兄，皆不幸早世，承先人后者，在孙惟汝，在子惟吾，两世一身，形单影只，嫂尝抚汝指吾而言曰："韩氏两世，惟此而已。"汝时尤小，当不复记忆；吾时虽能记忆，亦未知其言之悲也。

　　吾年十九，始来京城⑩，其后四年而归视汝。又四年，吾往河阳省坟墓⑪，遇汝从嫂丧来葬。又二年，吾佐董丞相于汴州⑫，汝来省吾，止一岁，请归取其孥⑬。明年，丞相薨⑭，吾去汴州⑮，汝不果来。是年，吾佐戎徐州⑯，使取汝者始行，吾又罢去⑰，汝又不果来。吾念汝从于东⑱，东亦客也，不可以久；图久远者，莫如西归⑲，将成家而致汝⑳。呜呼！孰谓汝遽去吾而殁乎㉑！吾与汝俱少年㉒，以为虽暂相别，终当久相与处，故舍汝而旅食京师㉓，以求斗斛之

---

　　①年、月、日：祭文开头照例要写年月日。《文苑英华》收此文，作"贞元十九年五月二十六日"。　②季父：古时称父亲最小的弟弟为季父。　③衔哀：含哀。致诚：表达心意。　④"使建中"句：建中，人名，与下文中的耿兰可能都是韩愈的家人。远具，从远方备办。时羞之奠，应时的鲜美食品作为祭品。　⑤十二郎：韩愈的侄子，名老成，是韩愈二哥韩介之子，过继给韩愈大哥韩会。唐时口语称年轻男子为郎。老成在族中排行第十二，故称十二郎。　⑥不省所怙：省，知。怙，依靠。《诗经·小雅·蓼莪》有"无父何怙，无母何恃"的句子，后因取怙恃为父母的代称，所怙，即指父亲。　⑦兄殁南方：韩会大历十二年(777)死于韶州刺史任上，韶州在今广东省，故称南方。韩会死年四十二岁，正当中年。　⑧河阳：今河南孟州，是韩氏老家及祖宗坟墓所在。　⑨就食江南：去江南谋生。建中二年(786)韩愈因中原兵乱，随嫂移家宣州。　⑩始来京城：韩愈贞元二年(786)来京城长安。在宣州置有田宅。　⑪省坟墓：祭扫坟墓。省，探望。　⑫董丞相：指董晋。贞元十二年(796)董晋以检校尚书左仆射同中书门下平章事任宣武军节度使，汴、宋、亳、颍等州观察使。唐代以尚书左右仆射为宰相，高宗以后执行宰相职务的称"同中书门下平章事"。　⑬孥：妻子和儿女的统称，即指家属。　⑭薨：唐代二品以上官员死亡称"薨"。　⑮吾去汴州：贞元十五年(799)二月董晋死，韩愈离开汴州，随丧而行。去，离开。　⑯佐戎徐州：贞元十五年秋韩愈入徐泗濠节度使(治所在徐州)张建封幕下任节度推官。节度使有兵权，所以把任节度推官说成佐戎，即辅助军事。　⑰吾又罢去：贞元十六年(800)张建封死，韩愈离开徐州赴洛阳。　⑱从于东：汴、徐二地在韩愈老家河阳的东边，十二郎如到汴、徐二地依从韩愈，也只能算是客居。　⑲西归：指回到河阳韩氏老家。　⑳成家：建立家庭。　㉑遽：骤然，突然。　㉒少年：年少，年轻。　㉓旅食：旅居。韩愈离开徐州后，于贞元十七年(801)来长安选官，调任四门博士，十九年(803)，迁监察御史。

禄①,诚知其如此,虽万乘之公相②,吾不以一日辍汝而就也③!

去年,孟东野往④,吾书与汝曰:"吾年四十,而视茫茫,而发苍苍,而齿牙动摇,念诸父与诸兄⑤,皆康强而早世,如吾之衰者,其能久存乎!吾不可去,汝不肯来,恐旦暮死⑥,而汝抱无涯之戚也⑦。"孰谓少者殁而长者存⑧,强者夭而病者全乎⑨?呜呼!其信然邪⑩?其梦邪?其传之非其真邪?信也,吾兄之盛德而夭其嗣乎⑪?汝之纯明而不克蒙其泽乎⑫?少者强者而夭殁,长者衰者而存全乎?未可以为信也!梦也,传之非其真也,东野之书,耿兰之报⑬,何为而在吾侧也?呜呼!其信然矣!吾兄之盛德而夭其嗣矣,汝之纯明宜业其家者⑭,不克蒙其泽矣。所谓天者诚难测⑮,而神者诚难明矣!所谓理者不可推⑯,而寿者不可知矣!虽然,吾自今年来,苍苍者或化而为白矣⑰,动摇者或脱而落矣。毛血日益衰⑱,志气日益微⑲,几何不从汝而死也⑳!死而有知,其几何离㉑?其无知㉒,悲不几时,而不悲者无穷期矣。汝之子始十岁㉓,吾之子始五岁㉔,少而强者不可保,如此孩提者㉕,又可冀其成立邪㉖?呜呼哀哉!呜呼哀哉!

汝去年书云:"比得软脚病㉗,往往而剧㉘。"吾曰:"是疾也,江南之人,常常有之。"未始以为忧也。呜呼!其竟以此而殒其生乎㉙?抑别有疾而至斯极乎?汝之书,六月十七日也。东野云,汝殁以六月二日。耿兰之报无月日。盖东野之使者不知问家人以日月,如耿兰之报,不知当言月日。东野与吾书,乃问使者,使者妄称以应之耳㉚。其然乎?其不然乎?

今吾使建中祭汝,吊汝之孤与汝之乳母㉛。彼有食可守,以待终丧㉜,则待终丧而取以来;如不能守以终丧,则遂取以来㉝。其余奴婢,并令守汝丧。

---

①斗斛之禄:比喻微薄的俸禄。斛,古代量米的量器,唐代十斗为一斛。古代官吏俸禄是给米或以米价折算银钱。 ②万乘之公相:指地位权势显赫的官职。万乘,古代一车四马叫一乘,周代封国大小以其能出兵车数量来衡量,大国称为万乘之国。西汉到唐,封邑以户口计算。这里是以"万乘"形容地位权势之高。公,三公。相,宰相。 ③辍:停止,此处是离开的意思。 ④孟东野往:指贞元十八年(802),孟郊在长安选官,出任溧阳尉。溧阳离宣州不远,韩愈曾托孟郊带家信。 ⑤诸父:父亲及伯叔。 ⑥旦暮:从早到晚,指时间短促。 ⑦戚:忧伤,悲哀。 ⑧殁:死。 ⑨夭:少壮而死。 ⑩信然:真的。 ⑪盛德:大德。嗣:后嗣,子孙。 ⑫纯明:纯正聪明。克:能。蒙:承受。 ⑬报:指报告老成去世的信。 ⑭业:此处用作动词,继承先人事业的意思。 ⑮诚:真,实在。 ⑯推:推求。 ⑰苍苍者:指花白的头发。 ⑱毛血:指身体。 ⑲志气:此处指精神。微:衰败。 ⑳几何:几时,多久。 ㉑其几何离:其离几何,意即别离的时间不会太长了。 ㉒其:假使,若是。 ㉓汝之子始十岁:老成有二子,长韩湘,次韩滂,老成死时,韩湘刚十岁。 ㉔吾之子始五岁:韩愈三子,长子韩昶,贞元十九年才五岁。 ㉕孩提:指初知发笑、尚在襁褓中的幼儿,即幼小的孩子。 ㉖冀:希望,期望。成立:成人立业。 ㉗比:近来。软脚病:脚气病。 ㉘剧:甚,加重。 ㉙殒:死亡。 ㉚妄称:乱说。 ㉛吊:对遇有丧事的人表示哀悼和慰问。孤:幼而无父。 ㉜终丧:古代礼法,人死后,死者的儿子与妻女等要居丧。居丧期间穿丧服,三年后除服称之为终丧。 ㉝遂:立即。

吾力能改葬①,终葬汝于先人之兆②,然后惟其所愿③。

呜呼!汝病吾不知时,汝殁吾不知日,生不能相养以共居,殁不能抚汝以尽哀④,敛不得凭其棺⑤,窆不得临其穴⑥。吾行负神明,而使汝夭,不孝不慈,而不得与汝相养以生,相守以死。一在天之涯,一在地之角,生而影不与吾形相依,死而魂不与吾梦相接⑦,吾实为之,其又何尤⑧!彼苍者天,曷有其极⑨!自今已往,吾其无意于人世矣。当求数顷之田于伊、颍之上⑩,以待余年,教吾子与汝子幸其成,长吾女与汝女待其嫁,如此而已!呜呼!言有穷而情不可终,汝其知也邪?其不知也邪?呜呼哀哉!

尚飨。⑪

【汇评】

退之《祭十二郎老成文》一篇,大率皆用助语,其最妙处,自"其信然邪"以下,至"几何不从汝而死也"一段,仅三十句,凡句尾连用"邪"字者三,连用"乎"字者三,连用"也"字者四,连用"矣"字者七,几于句句用助辞矣。而反覆出没,如怒涛惊湍,变化不测,非妙于文章者,安得及此!其后,欧阳公作《醉翁亭记》继之,又特尽纡徐不迫之态。二公固以为游戏,然非大手笔不能也。(宋·费衮《梁溪漫志》)

通篇情意刺骨,无限凄切,祭文中千年绝调。(明·茅坤《唐宋八大家文钞》)

祭文中出以情至之语,以兹为最,盖以其一身承世代之单传,可哀一;年少且强而早世,可哀二;子女俱幼,无以为自立计,可哀三;就死者论之,已不堪道如此,而韩公以不料其死而遽死,可哀四;相依日久,以求禄远离不能送终,可哀五;报者年月不符,不知是何病亡何日殁,可哀六;在祭者处此,更难为情矣。故自首至尾,句句俱以自己插入伴讲:始相依,继相离,琐琐叙出;复以己衰当死,少而强者不当死,作一疑一信波澜;然后以不知何病,不知何日,慨叹一番;末归罪于己,不当求禄远离,而以教嫁子女作结。安死者之心,亦把自家子女平平叙入。总见自生至死,无不一体关情,悱恻无极,所以为绝世奇文。(清·林云铭《古文析义初编》)

情之至者,自然流为至文。读此等文,须想其一面哭一面写,字字是血,字字是泪。未尝有意为文,而文无不工,祭文中千年绝调。(清·吴楚材、吴调侯《古文观止》)

妙在末段总收一笔,承上"无意于世",先痛自责一番,然后把教、嫁子女作收,仍结到"知"与"不知",见得自生至死,无不一体关情,正所谓言有穷而情不终,真字句血泪点滴成斑,令人抱至痛于千古矣。(清·章懋勋《古文析观解》)

---

①改葬:变更埋葬地点。老成死后,就地葬于宣州。宣州不是韩氏故乡,所以韩愈想日后把老成的棺柩迁到河阳安葬。 ②先人之兆:先人,指韩氏祖先。兆,墓地。 ③其:指老成的奴婢。愿:听凭他们的意愿。 ④"殁不能"句:以手抚尸恸哭倾诉哀思。 ⑤"敛不得"句:敛,同"殓",殡殓,为死者更衣叫小殓,入棺叫大殓。凭,倚依。 ⑥窆:葬时下棺入穴。 ⑦接:接触,会合。 ⑧尤:怨恨。 ⑨"彼苍者天"二句:语本《诗经·唐风·鸨羽》:"悠悠苍天,曷有其极!"彼,那。苍,青色。曷,何。极,止。这两句的意思是那青青的天啊,我的悲痛哪有尽头? ⑩伊、颍之上:指韩愈的故乡。伊,伊河;颍,颍河,在今河南省境内。 ⑪尚飨:亦作"尚享",这是祭文结尾常用的结束语,意思是希望死者来享用祭品。原出于《仪礼·士虞礼》。飨,祭品。

【赏析】

本文是韩愈哀祭文中最有名的一篇，也被认为是我国古代哀祭文中的"千年绝调"（明·茅坤语）。其所以如此，不在于祭文运用了多么高超的技巧，而唯在其情的真切，并以质朴的文字予以自然流露。

韩愈与十二郎，在家庭连遭不幸的情况下一起度过了苦难的童年。又因为家族的、亲情的和年龄上的关系，韩愈与十二郎虽名为叔侄，却情同手足。这是韩愈写作本文无须为文造情的感情基础。韩愈写这篇文章时三十六岁，十二郎稍小一些，都正当人生的壮盛时期；就韩愈而言，与十二郎短暂分离而此后必然有很长时间相聚，可以充分体味叔侄之间的天伦乐事。但是，令韩愈想不到的是十二郎竟先己而死，于是对家族、亲情的悲痛回忆和自己与十二郎聚少离多的遗恨便一下子涌上笔端，这是韩愈写作本文无须为文造情而真情自然一触即发的原因。

祭文先追忆了幼时与十二郎共同度过的艰难岁月，借其嫂的话，突出了家族苦难和凄凉孤单；又一一追述了自其离家之后叔侄短暂的几次相聚，突出了十二郎遽死给自己带来的无可弥补的精神创伤，行文至此，作者感情的闸门已难以继续关闭，先从"少者强者而夭殁，长者衰者而存全"生发出一大段似真似幻、始疑终信的沉痛文字，继又从不知十二郎之死的确切日期入手，生发出一大段如泣如诉、自责自尤的追悔文字，至此，文章的情感达到高潮，也予读者以强烈的震撼。在感情的一泻如注之中，作者仍然不失时机地对十二郎的丧事，家事一一做了安排；对于十二郎仅存的长辈韩愈来说，这些都是祭文不可缺少的内容。

与真情的自然流露相辅相成的是祭文文字的不假雕饰。作者似与十二郎话家常，时而叙事，时而抒情，时而引用人物话语，时而援引书信中语，表面上看似烦冗、絮絮叨叨，却自然营造出一种缠绵悱恻、回环往复的悲剧气氛。

多数读者不一定有丧亲之痛的感情经历，因为时代的隔膜，今天的读者对韩愈唏嘘再三的家族的凄凉孤单尤其缺乏深切的体会。但是，古往今来的读者多被这篇文章打动，甚至黯然泣下，原因在于，一方面读者皆有设身处地、转换立场的能动性，另一方面好的文章又具有强烈的感染和"移情"的作用。《祭十二郎文》的感染力，即来自以上两个方面。

哀祭文通行的体式，以四言韵语居多。韩愈这篇祭文，在真情急欲一倾的驱动下，突破了这个常规，而使用了更流畅、更易于表达情感的散文去写，这也是一个创造。

【思考题】

1. 韩愈和韩老成"三别三会"指什么？
2. 韩老成死后，韩愈有什么样的表现？为了告慰韩老成的在天之灵，他是怎么做的？

三、喜见外弟又言别

李 益

【作者简介】

李益(748—827),字君虞,陇西姑臧(今甘肃武威)人。大历四年(769)进士,任郑县尉。后弃官客游燕、赵间,又历西北边地参佐军幕,官至礼部尚书。李益诗风格明快豪放,有许多杰出的边塞诗,尤工七绝,其边塞诗不乏抑扬壮阔的格调,但已不复盛唐时的慷慨激昂、乐观豪放,而蒙上一重感伤萧飒的气氛。其诗常用俊伟轩昂的笔调和奇异独特的构思,写出实际生活体验,意境开阔,而又声调铿锵,富于音乐美,被时人谱曲歌唱。

【原文】

十年离乱后, 长大一相逢。
问姓惊初见, 称名忆旧容。
别来沧海事, 语罢暮天钟。
明日巴陵道①,秋山又几重。

【汇评】

益录其从军诗赠左补阙卢景亮,自序云:吾自兵间,故为文多军旅之思。或军中酒酣,塞上兵寝,投剑秉笔,散怀于斯文。率皆出乎慷慨意气,武毅果厉。(宋·计有功《唐诗纪事》)

(益)风流有辞藻,与宗人贺相埒,每一篇就,乐工赂求之,被于雅乐,供奉天子。如《征人》《早行》篇,天下皆施之绘画。二十三受策秩,从军十年,运筹决胜,尤其所长。往往鞍马间为文,横槊赋诗,故多抑扬激厉悲离之作,高适、岑参之流也。(元·辛文房《唐才子传》)

李益五古,得太白之深,所不能者澹荡耳。太白力有余闲,故游衍自得,益将矻矻以为之。(明·陆时雍《诗镜总论》)

君虞生习世纷,中遭顿抑,边朔之气,身所经闻。故《从军》《出塞》之作,尽其情理,而慕散投林,更深遐思。古诗郁纡盘薄,姿态变出,自非中唐之致。其七言小诗《与张水部作》等,亦《国风》之次也。(明·徐献忠《唐诗品》)

【赏析】

这是一首五律。它通过表现作者自己与一个外弟的久别重逢和再次分别,侧面反映了战争年代人们的痛苦,抒写了人生的聚散无常,感情质朴深挚,语句精练,非常感人。

---

① 巴陵:今湖南岳阳。

诗的一、二联先写自己与外弟经过十年离乱后重逢。由于两人的面貌都已变更,以致对面不相识。终于相认了,不禁惊喜万分,过去的共同生活一下涌现到目前。三、四联承上,顺时性地写道:别后发生了多少事啊,真正沧海桑田,令人感慨不尽、倾吐不完。谈话到兴致稍落时,不觉已是日暮时分。一想到明晨又要分手,两人似乎也只有默然了。人生好像就是这样,萍水西东,难以定止,谁知下一次的相逢会到何年何月,也许就是永世的暌隔。

这首诗除了末句"明日巴陵道,秋山又几重"写景、以景融情外,几乎全为叙事。作者似无意于直抒胸臆,但情怀如见。在看似平直的文字中,自有精妙的修辞,如强烈的对照:十年的分离与一天的重会,初不相认的疏隔与称名忆旧的亲近,叙旧的欢乐与马上来的再次分离之悲……把复杂的感情曲曲传达出来。个人心灵的矛盾起伏,并不只属于个人。国家的不宁、社会的动荡,是作者个人颠沛、与亲人流离分违的一大原因。"十年离乱"指的是安史之乱及其后吐蕃、回纥的侵略、藩镇的割据等。战乱年月中,作者与其外弟由幼童而长大成人。个人的命运从来就不独立于历史之外。然而作者与外弟的分离也不尽是由于社会,也由于他们各自追寻的目标。人生的悲欢离合由于多种原因总是难以避免的,作者以他言约意丰的艺术手法很好地表现了这一永恒的文学主题。

【思考题】

1. 这首诗最感人的是其所蕴含的一种人生况味,说说你的体会。
2. 这首诗在修辞上有什么特点?

四、为兄上书

班 昭

【作者简介】

　　班昭(约49—120),一名班姬,字惠姬,安陵(今陕西咸阳东北)人。汉代史学家。她是史学家班彪之女,班固之妹。十四岁嫁同郡曹世叔为妻,故后世亦称"曹大家"。

　　班昭博学高才,其兄班固著《汉书》,未竟而卒,班昭奉旨入东观藏书阁,续写《汉书》。其后汉和帝多次召班昭入宫,并让皇后和贵人们视为老师,号"大家"。邓太后临朝后,曾参与政事。

　　班昭作品存世七篇,《东征赋》和《女诫》等对后世有很大影响。班昭的次兄班超,是东汉名将,他在西域活动达三十一年,功勋卓著。但是,当班超到了垂暮之年,朝廷仍不准他退休返乡,他提出"请代"的要求三年,也无人予以理睬。于是,班昭便替她哥哥给皇帝写了这封信。

【原文】

　　妾同产兄西域都护定远侯超,幸得以微功特蒙重赏,爵列通侯,位二千石。天恩殊绝,诚非小臣所当被蒙。超之始出,志捐躯命,冀立微功,以自陈效。会陈睦之变,道路隔绝,超以一身转侧绝域,晓譬诸国,因其兵众,每有攻战,辄为先登,身被金夷,不避死亡。赖蒙陛下神灵,且得延命沙漠,至今积三十年。骨肉生离,不复相识。所与相随时人士众,皆已物故①。超年最长,今且七十。衰老被病,头发无黑,两手不仁,耳目不聪明,扶杖乃能行。虽欲竭尽其力,以报塞天恩,迫于岁暮,犬马齿索。蛮夷之性,悖逆侮老,而超旦暮入地,久不见代,恐开奸宄之源,生逆乱之心。而卿大夫咸怀一切,莫肯远虑。如有卒暴,超之气力不能从心,便为上损国家累世之功,下弃忠臣竭力之用,诚可痛也。故超万里归诚,自陈苦急,延颈逾望②,三年于今,未蒙省录③。

　　妾窃闻古者十五受兵,六十还之④,亦有休息不任职也。缘陛下以至孝理天下,得万国之欢心,不遗小国之臣,况超得备侯伯之位,故敢触死为超求哀,丐超余年。一得生还,复见阙庭。使国永无劳远之虑,西域无仓卒之忧,

---

　　①物故:死亡。　②延颈:伸长脖子。　③未蒙省录:未被理解和采纳。　④十五受兵,六十还之:十五从军,六十岁归家。

超得长蒙文王葬骨之恩、子方衰老之惠。《诗》云："民亦劳止,汔可小康,惠此中国,以绥四方。"超有书与妾生诀,恐不复相见。妾诚伤超以壮年竭忠孝于沙漠,疲老则便捐死于旷野,诚可哀怜。如不蒙救护,超后有一旦之变,冀幸超家得蒙赵母、卫姬先请之贷,妾愚戆不知大义,触犯忌讳。

【汇评】

她(班昭)是以女教的圣人的资格,博得在历史上的声誉的。(谭正璧《中国女性的文学生活》)

她在具体的文学创作上,既崇尚古人,秉承了前代女性文人的真性情,创作出了感情真挚、意蕴深厚的作品,她还拥有积极的创新精神。她在兼具汉代女性文学的共性之时,还体现了自己独特的文学个性。(金璐璐《班昭及其著述研究》)

【赏析】

本文选自《后汉书·班超传》。此文五百来字,两个自然段,篇幅短小,结构紧凑。全文的主旨可以概括为八个字:"为超求哀,丐超余年。"委曲婉转,有理有力,文约而事丰。

文章一开始,作者欲进先退,首先叙兄班超受恩之隆。言超"以微功特蒙重赏,爵列通侯,位二千石",并站在其兄的立场上谦卑恭敬地表示"天恩殊绝,诚非小臣所当被蒙",语气恳切,感恩之情溢于言表。这首先就使和帝从感情上受到感染,消除不快,乐意往下读。

其次叙兄立功之实。作为武将,沙场一生,班超曾屡建奇功,可书者甚多。但此番上书,其目的不是列功请赏,而是陈事请还,所以作者对其辉煌战功并未一一列举,而以简括的语言写了班超西域守边生涯的三个方面,一写志略之壮,不仅言其志壮,且将建功立业的抱负与报效君国的忠诚融为一体。二写征战之艰,写出其孤危无援、辗转驰战斗生涯的艰辛,"晓譬诸国"则突出其战功卓著、威名远播的影响,含而不露地赞扬了其兄扫除边患的功绩。再次写兄作战之勇,写实的手法,把班超身先士卒、舍身疆场的形象简洁而准确地勾画出来。

作者不仅注重以理服人,而且自始至终不忘以情感人。作者又笔落眼前陈述近情:"超有书与妾生诀,恐不复见。""妾诚伤超以壮年竭忠孝于沙漠,疲老则便捐死于旷野,诚可哀怜。"这两句话,发自肺腑,对比强烈,字字滴血,句句含泪,有着摄人心魄的感染力。

【思考题】

1. 作者是怎样以理服人,以情动人的?
2. 文章在论述抒情上有什么特点?

五、蝶恋花·晚止昌乐馆寄姊妹

李清照

【作者简介】

李清照(1084—1155),号易安居士,济南人。宋代女词人,婉约词派代表人物,有"千古第一才女"之称。

李清照出身于书香门第,早期生活优裕,其父李格非藏书甚富,她小时候就在良好的家庭环境中打下文学基础。出嫁后与丈夫赵明诚共同致力于金石书画的搜集整理。金兵入据中原时,流寓南方,境遇孤苦。所作词,前期多写其悠闲生活,后期多悲叹身世,情调感伤。形式上善用白描手法,自辟途径,语言清丽。论词强调协律,崇尚典雅,提出词"别是一家"之说,反对以作诗文之法作词。能诗,留存不多,部分篇章感时咏史,情辞慷慨,与其词风不同。

有《李易安集》《易安居士文集》《易安词》,已散佚。后人辑有《漱玉集》《漱玉词》。今有《李清照集》辑本。

【原文】

泪湿罗衣脂粉满①。四叠阳关②,唱到千千遍。人道山长山又断。萧萧微雨闻孤馆③。　　惜别伤离方寸乱④。忘了临行,酒盏深和浅。好把音书凭过雁⑤。东莱不似蓬莱远⑥。

【汇评】

《蝶恋花》(泪湿罗衣脂粉满)是一首开阖纵横的小令,王维的"劝君更尽一杯酒,西出阳关无故人",到了她的笔下变成"四叠阳关,唱到千千遍"的激情,极夸张,却极亲切真挚。通过写惜别心情是一层比一层深入,但煞拍"好把音书凭过雁,东莱不似蓬莱远",出人意外地而作宽解语,能放能淡。所谓善言情者不尽情。令词能够运用这种变化莫测的笔法是很不容易的。(黄墨谷《重辑李清照集》)

---

①"泪湿"句:四印斋本自注云:"别作'泪揾征衣脂粉暖'。"满,同"漫"。　②阳关:这里指王维的《渭城曲》(《送元二使安西》):"渭城朝雨浥轻尘,客舍青青柳色新。劝君更尽一杯酒,西出阳关无故人。"后称《阳关曲》,亦称《阳关》。苏轼论《阳关三叠》唱法云:"余在密州,文勋长官以事至密,自云得古本《阳关》,每句皆再唱,而第一句不叠。乃知古本三叠盖如此。"《四叠阳关》盖按苏轼之言推之,或者第一句也叠,故称四叠。究竟如何叠法,说法不一。宋刘仙伦《一剪梅》:"唱到阳关第四声,香带轻分。"　③萧萧:一作"潇潇"。孤馆:孤独寂寞的旅馆。　④方寸:即"方寸地",指人的心。　⑤把:四印斋本自注:"别作有。"　⑥东莱:即莱州,时为明诚为官之地,今山东莱州市,曾名掖县。蓬莱:传说中的海上仙山名。

词人要表达的感情是真实的、诚挚的、强烈的,所以她在描写自己的内心活动、塑造自我形象时,无须矫揉造作、雕章琢句,而是以浅近质朴的语言、白描的手法,对具有典型性的一两个情态稍加描绘,便把词人的内心世界真切生动地展现出来。(温绍堃、钱光培《李清照名篇赏析》)

【赏析】

词作当写于宋徽宗宣和三年(1121)秋天,时赵明诚为莱州守,李清照从青州赴莱州途中宿昌乐县驿馆时寄给其家乡姐妹的。通过词人自青州赴莱州途中的感受,表达她希望姐妹寄书东莱、互相联系的深厚感情。

词作开头作者便直接表露出了难分难舍的情感。词人说,临行时自己十分难过,眼泪不禁夺眶而出,以至泪痕满面,湿透罗衣。送行曲唱了一遍又一遍,姐妹们送了一程又一程。分手后,还依恋难舍,原以为水远山长,随时回头可望,谁知视线很快就被青山所挡。一路行来,眼看天色已晚,只好暂住驿馆。夜来风雨凄迷,更感孤寂。

泪水能打湿罗衣,而且能将脸上的脂粉冲刷下来,弄得罗衣上满是脂粉。这反映了词人悲伤难过的程度,也说明她与姐妹们感情的深厚。这里的姐妹是指明诚的亲属,自从赵家受到权奸蔡京的打击,明诚兄弟便偕同家眷们回到青州故第,一住就是十年。在这漫长的岁月里,由于共同的命运,她们产生了共同的感情,有共同的语言,因而结下了深厚的情谊。现在一旦要分离,自然会感到万分难过,更何况清照又是一个多愁善感的人呢?所以词的第一句便开门见山直抒胸臆,这就使这种留恋之情显得更为强烈深沉。

王维《送元二使安西》诗,后以其为送别曲,至"阳关"句重复三遍,谓之"阳关三叠"。李清照这里采用了极其夸张的手法,说唱的是"四叠《阳关》",而且唱了不是十遍八遍,而是"千千遍"。刘勰《文心雕龙·夸饰》说夸张"可以发蕴而飞滞,披瞽而骇聋",就是说,可以把蕴藏在作者心灵深处的形象生动地表现出来,使死滞的东西飞翔起来,使盲人的眼睛为之复明,使聋人的耳朵也受到震骇,从而收到良好的艺术效果。比如李白言愁,便说:"白发三千丈,缘愁似个长。"使人一看便知其愁情之深重。词人这里写惜别伤离之情,也采用了这样的手法,这就将其不忍离别的痛苦情怀表现得更为强烈鲜明。

"惜别伤离方寸乱。忘了临行,酒盏深和浅",自己在临别之际,极度伤感,心绪不宁,以致在饯别宴席上喝了多少杯酒,酒杯的深浅也没有印象。这便是用忘记酒杯深浅这一典型细节,来揭示人物的心灵和神态,一个"忘"字,不仅充分反映了词人难过的程度,而且使词人那由于"惜别伤离"而心烦意乱的真实情态也跃然纸上。

既然分别已成事实,于是只好寄希望于别后,所以最后词人说:"好把音书凭过雁。东莱不似蓬莱远。"雁足传书,本是古代故事。《汉书·苏武传》云:汉武帝时,苏武被留于匈奴十九年,及昭帝立,匈奴与汉和亲仍扣留苏武,并谎称苏武已死。汉使者对单于说:"天子射上林中,得雁,足有系帛书,言武等在某泽中。"单于乃归武等。李清照在词中常借此典以抒怀,这里是希望姐妹们别忘了她,要常给她去信以慰渴念之情,并说如有书信,可托空中的飞雁捎带,好在我所去的莱州离青州还较近,不像传说中的蓬莱仙岛那样遥远,那样缥缈难寻。这两句嘱咐,表达了词人殷切的期望,反映了她与姐妹们的深厚情谊。

李清照的伤离惜别之作,多写对赵明诚的思念,而这首抒写姐妹之情的作品,也写得语意深沉,低回婉转、情真意切、感人至深!

【思考题】

1. 本词抒情方面的特点是什么?
2. 作品抓住了哪些细节?

六、狱中上母书

夏完淳

【作者简介】

夏完淳(1631—1647),字存古,华亭(今上海松江)人。他的父亲夏允彝和老师陈子龙创立几社,来往的人都讲究文章气节,夏完淳从小就受这种环境的熏陶,九岁即善诗文。顺治二年(1645),清兵下松江,他即随父亲参加抗清活动。松江沦陷后不久,夏允彝殉国,夏完淳参加了吴易领导的以太湖为根据地的抗清义军,任参谋。义军被清军击溃,他和大军失去联系,只身逃匿,仍为抗清奔走。后因与鲁王联系事泄,被捕,解往南京,不屈而死,时方十七岁。

夏完淳少享文名,十四岁投身抗清斗争后,所作诗文慷慨悲壮,有很多动人的名篇。今有《夏完淳集》存世。

【原文】

不孝完淳今日死矣①!以身殉父,不得以身报母矣②!痛自严君见背③,两易春秋,冤酷日深④,艰辛历尽。本图复见天日⑤,以报大仇,恤死荣生⑥,告成黄土⑦。奈天不佑我,钟虐先朝⑧,一旅才兴⑨,便成齑粉⑩。去年之举⑪,淳已自分必死⑫,谁知不死,死于今日也。斤斤延此二年之命⑬,菽水之养⑭,无一日焉。致慈君托迹于空门⑮,生母寄生于别姓⑯。一门漂泊,生不得相依,死不得相问。淳今日又溘然先从九京⑰,不孝之罪,上通于天。呜呼!双慈在堂,下有妹女,门祚衰薄⑱,终鲜兄弟。淳一死不足惜,哀哀八口,何以为生?

虽然,已矣,淳之身,父之所遗;淳之身,君之所用。为父为君,死亦何负

---

①不孝:儿女对父母的自称。 ②报:报答。 ③痛:以……为痛。严君:指父亲。见背:指长辈的死。作者的父亲夏允彝两年前殉国。 ④冤酷:仇恨、惨痛。 ⑤复见天日:重见光明。意思是恢复明朝统治。 ⑥恤(xù)死荣生:告慰死去的人,使活着的人荣耀。 ⑦告成黄土:告成于黄土,即到父亲的坟前去向他报告成功的消息。黄土,坟墓。 ⑧钟:聚集。虐:灾祸。先朝:明朝。 ⑨旅:军队。兴:起兵。 ⑩齑(jī)粉:碎屑、粉末。比喻抗清军队已被镇压消灭。 ⑪去年之举:指顺治三年(1646)作者参加了吴易领导的抗清军队,担任参谋职务一事。 ⑫自分(fèn):自己料想。分,忖度。 ⑬斤斤:形容时间的短暂。 ⑭菽(shū)水:豆和水,这是供养父母最微薄的食物。 ⑮慈君:母亲。指作者的嫡母(夏允彝的大妇)盛氏。她在夏允彝死后,削发为尼。托迹:寄托踪迹,安身。空门:指佛教寺庵。 ⑯生母:指作者的生身之母陆氏。陆氏是夏允彝的侧室,夏允彝死后,寄居在亲戚家中。 ⑰溘然:忽然。九京:喻坟墓,这里指死。 ⑱门祚:家运。祚,福气。

于双慈,但慈君推干就湿①,教礼习诗,十五年如一日。嫡母慈惠②,千古所难③,大恩未酬,令人痛绝。慈君托之义融女兄④,生母托之昭南女弟⑤。淳死之后,新妇遗腹得雄⑥,便以为家门之幸。如其不然,万勿置后⑦。会稽大望至今而零极矣⑧,节义文章⑨,如我父子者几人哉?立一不肖后⑩,如西铭先生为人所诟笑⑪,何如不立之为愈耶⑫?

呜呼!大造茫茫⑬,总归无后。有一日中兴再造⑭,则庙食千秋⑮,岂止麦饭豚蹄不为馁鬼而已哉⑯!若有妄言立后者,淳且与先文忠在冥冥诛殛顽嚚⑰,决不肯舍!兵戈天地⑱,淳死后,乱且未有定期⑲,双慈善保玉体,无以淳为念。二十年后,淳且与先文忠为北塞之举矣⑳!勿悲,勿悲,相托之言,慎勿相负㉑!

武功甥将来大器㉒,家事尽以委之㉓。寒食、盂兰㉔,一杯清酒,一盏寒灯,不至作若敖之鬼㉕,则吾愿毕矣。新妇结褵二年㉖,贤孝素著㉗,武功甥好为我善待之,亦武功渭阳情也㉘。

语无伦次,将死言善㉙。痛哉!痛哉!

人生孰无死?贵得死所耳!父得为忠臣,子得为孝子,含笑归太虚㉚,了我分内事。大道本无生,视身若敝屣㉛;但为气所激,缘悟天人理㉜。恶梦十七年,报仇在来世。神游天地间,可以无愧矣!

---

①推干就湿:让子女在干燥温暖的地方,自己处在阴湿的地方。比喻母亲抚育子女的艰辛。推,推让;就,承受。 ②慈惠:慈祥贤惠。 ③难:罕见。 ④义融女兄:作者的姐姐夏淑吉。 ⑤昭南女弟:作者的妹妹夏惠吉。 ⑥"新妇"句:(我的)妻子如果生了男孩。新妇,指作者新婚才两年的妻子钱秦篆。遗腹,指父亲死后才出生的孩子。 ⑦置后:立后嗣。 ⑧会稽:郡名。作者的故乡华亭县古时属会稽郡。大望:有名望的大族,指夏姓。 ⑨节义文章:品德和学问。 ⑩不肖:品行不好。 ⑪西铭先生:是张溥的号,生前无子,死后族人为他立了嗣子。诟笑:耻笑。 ⑫愈:好。 ⑬大造:成就大功。茫茫:无边无际的样子。 ⑭中兴:衰而复兴。再造:重新创造。 ⑮庙食:立庙在其中享受祭品。千秋:千年。 ⑯麦饭豚蹄:祭奠亡者的食品。豚蹄,即猪蹄。馁鬼:饿鬼。 ⑰先文忠:作者父亲夏允彝死后的谥号。冥冥:阴间。殛:杀死。顽嚚:愚蠢而顽固的人。 ⑱兵戈天地:到处都在打仗。 ⑲且:将。 ⑳"淳且与先文忠"句:我将和先父出师北伐,把清兵赶出北方疆界呢! ㉑慎勿相负:千万不要背弃。负,违背。 ㉒武功甥:作者的外甥侯檠,字武功。大器:能担当大事的人物。 ㉓尽以委之:完全委托给他。 ㉔寒食:清明节前一两天。古时这一天起三天不生火做饭,故称寒食,以纪念介之推。并在这几天扫墓。盂兰:佛教徒在七月十五日举行盂兰盆法会布施僧众,报答父母的养育之恩。后变为祭祀日。 ㉕若敖之鬼:没有后代的饿鬼,若敖是复姓。 ㉖结褵:指女子出嫁。 ㉗素:一向。 ㉘渭阳情:甥舅的情谊。春秋时,晋公子重耳逃奔秦国。重耳回国时,他的外甥秦康公作《渭阳诗》为他送别。后人即以"渭阳"比喻甥舅的情谊。 ㉙将死言善:人在快死的时候,他所说的话会是善意的。 ㉚"含笑"句:含笑而死。归太虚,归天。古时称人死为"归天"。太虚,就是"天"。 ㉛"大道"二句:天地间本无所谓生死,所以我早就把自己的身体看得如同破鞋子一样随时可以抛弃。大道,指自然的法则。敝,破。屣,鞋子。 ㉜"但为"二句:人的生命只是被精神所激励,因而由此领悟天意人事的道理。

【汇评】

至今读之颇有余悲,且屡读不厌。(郭沫若《历史人物·夏完淳》)

临终绝笔,作者写作此信时感情如火山喷发,不能抑制,所以多用短语短句,形成气势上的贯通,节奏上的奔跃。(汤克勤主编《古文鉴赏辞典》)

【赏析】

这篇文章是夏完淳慷慨就义前给家人的遗书。作者在文中说,文章写得"语无伦次",但实际上,全文在充沛的感情贯注下一气呵成,并无凌乱之感。

开头追忆随父抗清的活动,重申大义,在表达"不得以身报母"、家国不能两全的沉痛感情之时,又表现了义无反顾的不屈斗志,接着向母亲、姐妹、妻子、外甥等亲人一一告别并托付家事,在抒发国破家亡之恨时,又强烈地表达了对亲人的爱,真挚感人却又一点没有英雄气短、儿女情长的伤感情绪。结尾情绪高亢激越,抱着必胜的信念,真是字字有金石声。

在生死之际,夏完淳仍然念念不忘报仇复国的大业,保持着激越昂扬的斗志,抒发了视死如归的壮烈感情。虽然他的爱国思想是和封建忠君思想纠杂在一起的,但此文中所表现出来的那种坚贞不屈、慷慨雄壮的浩然正气,正是中华民族宝贵的精神财富。

【思考题】

1. 作品在语言上有什么特点?
2. 作者处在怎样的境地中?选择以怎样的方式报答母亲的养育之恩?

七、包待制三勘蝴蝶梦（节选）

关汉卿

【作者简介】

关汉卿（约1234—约1300），号已斋叟，大都（今北京）人，曾任太医院尹。由金入元，至大德年间还在，是一位享高龄、负盛名的伟大戏剧家，元代杂剧的奠基人。在蒙元贵族的暴力统治下，关汉卿不乐仕进，长期接触社会底层，对人民的疾苦，有深切的了解与同情，故其杂剧多能深刻反映元代社会现实，揭露当时政治的黑暗，表现人民的苦难与斗争，对妇女的社会地位和命运，尤为关注。关汉卿是元代剧坛前期领袖，《录鬼簿》卷上说他"珠玑语唾自然流，金玉词源即便有，玲珑肺腑天生就。风月情，忒惯熟；姓名香，四大神物。驱梨园领袖，总编修师首，捻杂剧班头"。他作剧六十几种，现存《单刀会》《救风尘》《窦娥冤》等十余种。关剧曲词质朴、精练，情节生动而富于戏剧性，人物形象鲜明。

【原文】

（做到牢门科，云）这里是牢门首①，我拽动这铃索者。（张千云）则怕是提牢官来，我开开这门，看是谁拽动铃索来。（正旦云）是我拽来。（张打科云）老村婆子，这是你家里？你来做甚么！（正旦云）我与三个孩儿送饭来。（张千云）灯油钱也无②，冤苦钱也无，俺吃着死囚的衣饭。有钱将些来使。（正旦云）哥哥可怜见！一个老的被人打死了；三个孩儿又在死囚牢内；老身吃了早晨，无了晚夕，前街后巷叫化了些残汤剩饭与孩儿每充饥，哥哥只可怜见！（唱）

【倘秀才】叫化的剩饭重煎再煎，补衲的破袄儿番穿了正穿。（云）哥哥，则这件旧衣服送你罢！（唱）有这个旧褐袖，与哥哥且做些冤苦钱。（张千云）我也不要你的。（正旦唱）谢哥哥相觑当③，厮周全，把孩儿每可怜。

（张千云）罪已问定，也救不的了。（正旦唱）

【脱布衫】争奈一家一计④，肠肚萦牵；一上一下，语话熬煎；一左一右，把孩儿顾恋；一抺一把，雨泪涟涟。

---

①门首：门口。 ②灯油钱：旧时狱中吏卒，敲诈勒索犯人的一种名目，并非是用这笔钱财买油点灯。宋代寺院为灯节而募化的灯油钱，与此不同。 ③觑当：看顾。 ④一家一计：指家庭，一家人，有时写作"家计"，指家财。

【醉太平】数说起罪愆①,委实的衔冤,我这里烦烦恼恼怨青天,告哥哥可怜。他三个足丢没乱眼脑剔抽秃刷转②,依柔乞煞手脚滴羞笃速战③,迷留没乱救他叫破俺喉咽④,气的来前合后偃⑤。

（张千云）放你进来,我掩上这门。（正旦进见科,云）兀的不是我孩儿!（做悲科）（王大云）母亲,你做甚么来?（正旦云）我与你送饭来。（正旦向张千云）哥哥,怎生放我孩儿吃些饭也好。（张千云）你没手?兀那婆子,喂你那孩儿。（正旦喂王大、王二科,唱）

【笑和尚】我、我、我两三步走向前;将、将、将把饭食从头劝。我、我、我一匙匙都抄遍。你、你、你胡噎饥⑥;你、你、你润喉咽。（王三云）娘也,我也吃些儿。（正旦唱）石和尚好共歹一口口刚刚咽。

（旦做倾饭科,云）大哥,这里有个烧饼,你吃,休教石和看见。二哥,这里有个烧饼,你吃,休教石和看见。（唱）

【叨叨令】叫化的些残汤剩饭,那里有重罗面⑦。你不想堂食玉酒琼林宴⑧,想当初长枷钉出中牟县,却不道布衣走上黄金殿。兀的不苦杀人也么哥⑨!兀的不苦杀人也么哥!告你个提牢押狱行方便。

（云）大哥,我去也,你有甚么说话?（王大云）母亲,家中有一本《论语》,卖了替父亲买些纸烧。（正旦云）二哥,你有甚么话说?（王二云）母亲,我有一本《孟子》,卖了替父亲做些经忏⑩。（王三哭云）我也没的分付你,你把你的头来,我抱一抱。（正旦出科）（张千云）兀那婆子,你要欢喜么?（正旦云）我可知要欢喜哩!（张千入牢科,云）那个是大的?（王大云）小人是大的。（张千云）放水火⑪!（王大做出科）（张千云）兀那婆子,你这大的孝顺,保领出去养活你;你见了这大的儿子,你欢喜么?（正旦云）我可知欢喜哩!（张千云）我着你大欢喜!（做入牢科,云）那个是第二的?（王二云）小人便是。（张千云）起来,放水火!（做放出科）（张千云）兀那婆子,再与你这第二的,

---

①罪愆:罪过。 ②足丢没乱:形容惊惊慌慌无精打采的样子。眼脑:眼睛。剔抽秃刷:形容着急,慌乱时眼睛转动的样子。 ③依柔乞煞:形容手足无措的样子。滴羞笃速战:或作滴修都速、低羞笃速;形容害怕,发抖的样子。 ④迷留没乱:形容焦急,昏闷的样子。 ⑤前合后偃:犹如说前仰后合,这里意谓歪歪倒倒,立脚不稳。 ⑥胡噎饥:随便吃点东西压一压饥饿的意思。 ⑦重罗面:很精细的面食。 ⑧琼林宴:宋代皇帝曾在琼林苑内赐新科进士宴饮,后来就把皇帝赐新科进士宴饮叫作琼林宴。 ⑨也么哥:或作"也磨歌""也磨""也波哥""也末哥";衬词,无义。 ⑩经忏:请和尚念经祈祷。 ⑪放水火:就是放犯人出去大小便,亦云放风,此处是以"放水火"为名,把犯人释放出狱。

能营运养活你。(正旦云)哥哥,那第三个孩儿呢?(张千云)把他盆吊死①,替葛彪偿命去。明日早墙底下来认尸。(正旦悲科,唱)

【上小楼】将两个哥哥放免,把第三的孩儿推转,想着我咽苦吞甘,十月怀耽②,乳哺三年。不争教大哥哥、二哥哥身遭刑宪,教人道桑新妇不分良善。

【幺篇】你本待冤报冤,倒做了颠倒颠。岂不闻杀人偿命,罪而当刑,死而无怨?(做看王三科,唱)若是我两三番将他留恋,教人道后尧婆两头三面。

(王大、王二云)母亲,我怎舍得兄弟也!

(正旦云)大哥、二哥家去来,休烦恼者!(唱)

【快活三】眼见的你两个得生天,单则你小兄弟丧黄泉。(做觑王三悲科,唱)教我扭回身忍不住泪涟涟。(王大、王二悲科)(正旦云)罢、罢、罢,但留的你两个呵,(唱)他便死也我甘心情愿。

【朝天子】我可便可怜孩儿忒少年,何日得重相见?不争将前家儿身首不完全,枉惹得后代人埋怨。我这里自推自攧到三十余遍,畅好是苦痛么天③!到来日一刀两段,横尸在市廛④,再不见我这石和面。

【尾煞】做爷的不曾烧一陌纸钱,做儿的又当了罪愆,爷和儿要见何时见?若要再相逢一面,则除是梦儿中咱子母团圆。(王大、王二随下)(王三云)张千哥哥,我大哥、二哥都那里去了?(张千云)老爷的言语,你大哥、二哥都饶了,着养活你母亲去,只着你替葛彪偿命。(王三云)饶了我两个哥哥,着我偿命去,把这两面枷我都带上。只是我明日怎么样死?(张千云)把你盆吊死,三十板高墙丢过去⑤。(王三云)哥哥,你丢我时放仔细些,我肚子上有个疖子哩。(张千云)你性命也不保,还管你甚么疖子。(王三唱⑥)

【端正好】腹揽五车书⑦。(张千云)你怎么唱起来?(王三云)是曲尾。(唱)都是些《礼记》和《周易》,眼睁睁死限相随,指望待为官为相身荣贵,今

---

① 盆吊:古代酷刑之一。《水浒传》第二十八回,牢卒告诉武松:"他到晚,把两碗干黄仓米饭和些臭鲞鱼与你吃了,趁饱带你去土牢里去,把索子捆翻,一床干藁荐把你卷了,塞住了你七窍,颠倒竖在壁边,不消一个更次,便结果了你性命。这个唤作盆吊。"或作"绷吊",宋·李元弼《作邑自箴》"处事"条云:"凡绷吊罪人,直上大绳,谓之定命绳。" ② 怀耽:怀孕,怀胎。 ③ 畅好是:或作"畅是",甚的意思。 ④ 市廛:商铺集中的地方,即闹市区。 ⑤ 三十板高墙:形容极高的墙。筑墙时,两旁用板,中间填土,填满一层,再把板上移,古时一板约高二尺。这里"三十板高墙",就是说有六丈高。 ⑥ 唱:元杂剧例以"末"或"旦"主唱,其他角色不唱,此处由另一角色接唱,是元杂剧的变例;但所唱并非主曲,仅是尾曲。 ⑦ 五车书:《庄子·天下篇》:"惠施多方,其书五车。"后来人们就用"五车书"来比喻读书多。

日个毕罢了名和利。

【汇评】

关汉卿一空倚傍,自铸伟词,而其言曲尽人情,字字本色,故当为元人第一。(王国维《宋元戏曲史》)

王母的崇高的伦理精神是在一个完整的过程中表现出来的,这个过程的每个阶段都充满着强烈的内心冲突,为伦理精神的胜利,她付出了巨大的代价。(李汉秋《关汉卿名剧赏析》)

【赏析】

《包待制三勘蝴蝶梦》是关汉卿公案戏代表作之一。此剧写王老汉的三个儿子为父报仇,打死皇亲葛彪,包拯判案时,王妻主动提出将亲生儿子抵罪,以解救王前妻所生二子,包拯梦见三只蝴蝶坠入蛛网,一大蝶救出二蝶,置三蝶不顾,包拯乃将小蝶救出,从而受到启发,设巧计释放三子。这部作品强烈地反映了民众对权豪势要忍无可忍的愤怒情绪。"有权有势尽着使""打死人不偿命""只当房檐上揭片瓦相似"的皇亲国戚葛彪尽管只是匆匆露了一面,给人留下的印象却十分深刻。王氏弟兄在母亲的支持下竟打死了这样一个特权人物,讨还了血债,题材委实是大胆而强烈的。包拯搭救王家三兄弟,表现了他的正义感。审案时,他一点不问葛彪打死王老的起事根由,一点不理会事情的曲直、有意致死或误伤,这不是关目的疏漏粗忽,而是正确地抒写了当时的政治环境。包拯救王三,是在用偷马贼赵顽驴替死的"障眼法"的掩蔽下实现的,包拯的做法,适足表现他的智慧,这恰是人民的愿望。

在刻画女主人公王母这崇高的悲剧形象时,体现了刚柔相济的特点和作者的道德理想:痛恨权贵、复仇,谴责残暴。后母虐待前妻子女,是封建社会中的普遍现象,人民群众谴责这种行为,并且希望能有充分体现理想道德的艺术形象作为社会生活的一种精神力量,关汉卿塑造王母这个形象很大程度上反映了这种社会要求,受到邪恶势力迫害的不幸者,在为正义而斗争的过程中勇于割舍自己的至亲骨肉,作者的高明之处是,没有通过王母之口做令人生厌的道德说教,相反,他充分地描绘了王母在做出抉择时的巨大痛苦,表现了那令人心碎的亲子之爱,使人感到这是一个真实可爱的慈母形象,取得了强烈的悲剧效果。王母令人感动的大义行为,有力地衬托出葛皇亲的罪大恶极、死有余辜。

【思考题】

1. 作者是如何表现元代社会底层人民疾苦的?
2. 说明女主人公王母人物形象的特点。

八、世界上最疼我的那个人去了（节选）

张 洁

【作者简介】

张洁(1937—2022)，出生于北京，辽宁抚顺人，作家，毕业于中国人民大学。

1978年开始文学创作，为北京作家协会专业作家。美国文学艺术院荣誉院士，国际笔会中国分会会员，中国作协第四届理事、第五、六届全委会委员、第七届名誉委员。著有《爱，是不能忘记的》《祖母绿》《沉重的翅膀》《只有一个太阳》等。

2005年，张洁凭借其作品《无字》获得第六届茅盾文学奖。

2019年9月23日，张洁长篇小说《沉重的翅膀》入选"新中国70年70部长篇小说典藏"。

【原文】

妈紧紧闭着她的嘴。无论我和小阿姨怎么叫她，她都不应了。

我觉得她不是不能呼或吸，而是憋着一口气在嘴里，不呼也不吸。那紧闭的嘴里一定含着没有吐出来的极深的委屈。

那是什么呢？想了差不多半年才想通，她是把她最大的委屈，生和死的委屈紧紧地含在嘴里了。

妈永远地闭上了她的嘴。有多少次她想要对我们一诉衷肠，而我又始终没有认真倾听的耐心，只好带着不愿再烦扰我们的自尊和遗憾走了。我只想到自己无时不需要妈的呵护、关照、倾听……从来也没想过妈也有需要我呵护、关照、倾听的时候。

我亲吻着妈的脸颊，脸颊上有新鲜植物的清新。那面颊上的温暖、弹性仍然是我自小所熟悉、所亲吻的那样，不论在任何时候，或任何情况下，我都能准确无误地辨出。可从今以后再没有什么需要分辨的了。

为什么长大以后我很少再亲吻她？

记得几年前的一天，也许就是前年或大前年，忘记了是为什么，心情少有的好，我在妈脸上重重地吻了一下，至今我还能回忆起妈那幸福的、半合着眼的样子。为什么人一长大，就丢掉了很多能让母亲快乐的过去？难道这就是成长、成熟？

现在，不论我再亲吻妈多少，也只是我单方的依恋了，妈是再也不会知道,再不会感受我的亲吻带给她的快乐了。

她那一生都处在亢奋、紧张状态下的,紧凑、深刻、坚硬、光亮、坚挺了一辈子的皱纹,现在松弛了,疲软了,暗淡了,风息浪止了。

从我记事起,她那即使在高兴时也难以完全解开的双眉,现在是永远地舒展了。

她的眼睛闭上了。

真正让我感到她生命终止的、她已离我而去永远不会再来的,既不是没有了呼吸,也不是心脏不再跳动,而是她那双不论何时何地、总在追随着我的、充满慈爱的目光,已经永远地关闭在她眼睑的后面,再也不会看着我了。我一想起她那对瞳仁已经扩散,再也不会转动的眼睛,我就毛发悚然,心痛欲裂。

我也不相信妈就再也不能看我,就在春天,妈还给我削苹果呢。我相信我能从无数个削好的苹果中,一眼就能认出她削的苹果,每一处换刀的地方,都有一个她才能削出的弧度,和她才能削出的长度,拙实敦厚;就在几个月前,妈还给我熬中药呢……我翻开她的眼睑,想要她再看我一眼。可是小阿姨说,那样妈就永远闭不上眼睛了。

妈,您真的可以安心地走了吗?其实您是不该瞑目的。

从火葬场回来后,我拿起妈昨天晚上洗澡时换下的内衣,衣服上还残留着妈的体味。我把脸深深地埋了进去。

我就那么抱着她的衣服,站在洗澡间里。可是妈的体味、气息也渐渐地消散了。

我一件件抚摸着她用过的东西;坐一坐她坐过的沙发;戴一戴她戴过的手表;穿一穿她穿过的衣裳……心里想,我永远地失去了她,我是再也看不见她了。其实,一个人在 54 岁的时候成为孤儿,要比在 4 岁的时候成为孤儿苦多了。

我收起妈用过的牙刷、牙膏。牙刷上还残留着妈没有冲洗净的牙膏。就在昨天,妈还用它们刷牙来着。

我收拾着妈的遗物,似乎收拾起她的一生。想着,一个人的一生就这样地结束了,结束在一筒所剩不多的牙膏和一柄还残留着牙膏的牙刷这里。不论她吃过什么样的千辛万苦,有着怎样曲折痛苦的一生。

我特意留下她过去做鞋的纸样,用报纸剪的,或用画报剪的。上面有她钉过的密麻的针脚。很多年我们买不起鞋,全靠母亲一针针、一线线地缝制。

也特意留下那些补了又补的衣服和袜子,每一块补丁都让我想起我们过去的日子。起先是妈在不停地缝补,渐渐地换成了我……我猛然一惊地想,我们原本可能会一代接着一代地补下去……

如今,我已一无所有。妈这一走,这个世界和我就一点关系也没有了。女儿已经独立,她不再需要我的庇护。在待人处事方面,我有时还得仰仗她的点拨,何况还很有出息。只有年迈的、不能自立的妈才是最需要我的。需要我为之劳累、为之争气、为之出息……如今这个最需要我的人已经远去。

真是万念俱灰,情缘已了。

现在我已知道,死是这样的近……

直到现在,我还不习惯一转身已经寻不见妈的身影,一回家已经不能先叫一声"妈",一进家门已经没有妈颤巍巍地扶着门框在等我的生活。

看到报纸上不管是谁的讣告,我仍情不自禁地先看故人的享年,比一比妈的享年孰多孰少。

有一次在和平里商场看到一位年轻的母亲为女儿购买被褥,我偷偷地滞留在那女孩的一旁,希望重温一下我像她一样小的时候,妈带我上街时的情景。多年来妈已不能带着我上街给我买一个什么,就是她活着也不能了。我也不再带着女儿上街给她买一个什么。我不但长大,并已渐入老境,女儿也已长大。每一个人都会渐渐地离开母亲的翅膀;

看到一位和妈年龄相仿、身体又很硬朗的老人,总想走上前去,问人家一句"您老人家的高寿?"心里不知问谁地问道:为什么人家还活着而妈却不在了?

听到有人叫"妈",我仍然会驻足伫立,回味着我也能这样叫"妈"的时光,忍咽下我已然不能这样叫"妈"的悲凉;

在商店里看见适合妈穿的衣服,还会情不自禁地张望很久,涌起给妈买一件的冲动;

见到满大街出租的迷你"巴士",就会埋怨地想,为什么这种车在妈去世后才泛滥起来,要是早就如此兴旺,妈就会享有很多的方便;

每每见到女儿出息或出落得不同凡响的模样,一刹那间还会想:我要告诉妈,妈一定高兴得不得了,但在这一刹那过去,便知道其实已无人可以和我分享这份满足;

我常常真切地感到,她就在我身边走来走去,好像我一回头就能看见她

趴在我电脑桌旁的窗户上,对着前门大街的霓虹灯火说道:"真好看呐。"可我一伸出手去,却触摸不到一个实在的她;

我也觉得随时就会听见她低低地叫我一声:"小洁!"可我旋即知道,小洁这个称呼跟着妈一起永远地从世界上消失了。谁还能再低低地叫一声我的小名呢?就是有人再叫我一声"小洁",那也不是妈的呼唤了;

谁还能来跟我一起念叨那五味俱全的往事……

我终于明白:爱人是可以更换的,而母亲却是唯一的。

人的一生其实是不断地失去他所爱的人的过程,而且是永远地失去。这是每个人必经的最大的伤痛。

在这样的变故后,我已非我。新的我将是怎样,也很难预测。妈,您一定不知道,您又创造了我的另一个生命。

我还有什么奢求吗?我等不及和妈来世的缘分,它也不能解脱我想念妈的苦情。我只求妈多给我托些梦,让我在梦里再对她说一次,妈,请您原谅我!

纵使我写尽所有的文字,我能写尽妈对我那报答不尽、也无法报答的爱吗?

我能写尽对她的歉疚吗?

我能写尽对她的思念吗?

妈,既然您终将弃我而去,您又何必送我到这世界上来走一遭,让我备受与您别离的怆痛?

妈,您过去老说:"我不能死,我死了你怎么办呢?"

妈,现在,真的,我怎么办呢?

【汇评】

张洁对母女关系的书写,不是仅仅认同那么简单,而是带有思想的引导和精神上重构的张力。(邵江婷《共生固恋母女情——张洁小说〈无字〉母女关系初探》)

张洁被认为是新时期以来女性主义文学创作的先启者,她的小说创作也由于显示了一种强烈的主体精神而别具一格。张洁不是一个写实型的作家,而是一个富有激情的主观倾诉型的作家。(芦海英《论张洁小说创作的主体性特征》)

【赏析】

作为痛苦的理想主义者和清醒的现实主义者,张洁始终是一个时代的同行者。在张洁的心中,她所执着痴迷的文学事业,始终是她生命的重要组成部分,依然是一面由心血染成的不倒旗,除了"世界上最疼我的那个人"——母亲。在张洁心灵的天平上,母亲似乎占有更大的分量,依据弗洛姆的精神分析理论,张洁的这种情绪可称之为"对母亲的共生固恋"。

依托着母亲,她天真地认为真的会像童话中那样顶天立地、力大无穷。但是,夕阳无限好,母亲毕竟老了,难道张洁就不曾想到那遥远的天国终究是母亲要去的地方吗?事实上,当张洁这最后一道情感的防线随着母亲的去世而自然坍塌的时候,她便彻底崩溃了。用她自己的话说:"在我54岁的时候,我已经死了。"张洁的"死"无疑意味着另一个张洁的新生。

文中,张洁是在用血书写,针脚绵密,字字句句,深切而哀怨,流溢着作者心力衰竭、无可奈何的那份情感及其被吞噬后的巨大痛楚。隔着生与死,作家通过回忆,实际上是女儿对母亲人生过错和应该承担责任的深刻反省,再度体味对母亲的全部恩恩爱爱。通过这一情感极限,大爱大恨、大悲大痛的最彻底的一次挥洒,企图解开对母亲没有商量的共生固恋情结。

【思考题】

1. 作品抒情方面的特点是什么?
2. 作者与母亲的感情是如何表现出来的?

九、爱尔克的灯光

巴　金

【作者简介】

　　巴金(1904—2005)，原名李尧棠，字芾甘，四川成都人。早年接受民主主义思想。1923—1925 年在上海南洋中学和南京东南大学附中学习，1927 年初赴法留学，并开始文学创作活动，1928 年底回国，长期在上海从事著译活动。1931 年起在《时报》上连载长篇小说《激流》(即《家》)。1940 年后，辗转于昆明、重庆、成都、桂林等地。抗日战争胜利后回上海仍从事进步文化事业。新中国成立后历任中国文联副主席，中国作协副主席、主席，上海文联、作协主席，国际笔会中国中心主席等职。主要作品有《灭亡》，"激流三部曲"(《家》《春》《秋》)，"爱情三部曲"(《雾》《雨》《电》)，《憩园》《寒夜》《随想录》等。

【原文】

　　傍晚，我靠着逐渐暗淡的最后的阳光的指引，走过十八年前的故居。这条街、这个建筑物开始在我的眼前隐藏起来，像在躲避一个久别的旧友。但是它们的改变了的面貌于我还是十分亲切，我认识它们，就像认识我自己。还是那样宽的街，宽的房屋。巍峨的门墙代替了太平缸和石狮子，那一对常常做我们坐骑的背脊光滑的雄狮也不知逃进了哪座荒山。然而大门开着，照壁上"长宜子孙"四个字却是原样地嵌在那里，似乎连颜色也不曾被风雨剥蚀。我望着那同样的照壁，我被一种奇异的感情抓住了，我仿佛要在这里看出过去的十九个年头，不，我仿佛要在这里寻找十八年以前的遥远的旧梦。

　　守门的卫兵用怀疑的眼光看我。他不了解我的心情。他不会认识十八年前的年轻人。他却用眼光驱逐一个人的许多亲密的回忆。

　　黑暗来了，我的眼睛失掉了一切，于是大门内亮起了灯光。灯光并不曾照亮什么，反而增加了我心上的黑暗，我只得失望地走了。我向着来时的路回去，已经走了四五步，我忽然掉转头，再看那个建筑物，依旧是阴暗中的一线微光。我好像看见一个盛满希望的水碗一下子就落在地上打碎了一般，我痛苦地在心里叫起来。在这条被夜幕覆盖着的近代城市的静寂的街中，我仿佛看见了哈立希岛上的灯光，那应该是姐姐爱尔克点的灯罢。她用这灯光来给她航海的兄弟照路，每夜每夜灯光亮在她的窗前，她一直到死都在等待那个出远门的兄弟回来。最后她带着失望进入坟墓。

街道仍然是清静的，忽然一个熟悉的声音在我耳边轻轻地唱起了这个欧洲的古传说。在这里不会有人歌咏这样的故事，应该是书本在我心上留下的影响，但是这个时候我想起了自己的事情。

十八年前在一个春天的早晨，我离开这个城市、这条街的时候，我也曾有一个姐姐，也曾答应过有一天会回来看她，跟她谈一些外面的事情，我相信自己的诺言。那时我的姐姐还是一个出阁才一个多月的新嫁娘，都说她有一个性情温良的丈夫，因此也会有长久的幸福的岁月。

然而人的安排终于被"偶然"破坏了。这应该是一个"意外"，但是这"意外"却毫无怜悯地打击了年轻的心。我离家不过一年半光景，就接到了姐姐的死讯。我的哥哥用颤抖的哭诉的笔叙说一个善良女性的悲惨的结局，还说起她死后受到的冷落的待遇。从此那个作过她丈夫的所谓温良的人改变了，他往一条丧失人性的路走去。他想往上爬，结果却不停地向下面落，终于到了用鸦片延续生命的地步。对于姐姐，她生前我没有好好地爱过她，死后也不曾做过一样纪念她的事。她寂寞地活着，寂寞地死去。死带走了她的一切，这就是在我们那个地方的旧式女子的命运。

我在外面一直跑了十八年，我从没有向人谈过我的姐姐，只有偶尔在梦里我看见了爱尔克的灯光。一年前在上海我常常睁起眼睛做梦，我望着远远的在窗前发亮的灯，我面前横着一片大海，灯光在呼唤我，我恨不得腋下生出翅膀，即刻飞到那边去。沉重的梦压住我的心灵，我好像在跟许多无形的魔手挣扎。我望着那灯光，路是那么远，我又没有翅膀。我只有一个渴望：飞！飞！那些熬煎着心的日子！那些可怕的梦魇！

但是我终于出来了。我越过那堆积着像山一样的十八年的长岁月，回到了生我养我而且让我刻印了无数儿时回忆的地方。我走了很多的路。

十九年，似乎一切全变了，又似乎都没有改变。死了许多人，毁了许多家，许多可爱的生命葬入黄土。接着又有许多新的人继续扮演不必要的悲剧。浪费，浪费，还是那许多不必要的浪费——生命，精力，感情，财富，甚至欢笑和眼泪。我去的时候是这样，回来时看见的还是一样的情形。关在这个小圈子里，我禁不住几次问我自己：难道这十八年全是白费？难道在这许多年中间所改变的就只是装束和名词？我痛苦地搓自己的手，不敢给一个回答。

在这个我永不能忘记的城市里，我度过了无数个傍晚。我花费了自己不少的眼泪和欢笑，也消耗了别人不少的眼泪和欢笑。我匆匆地来，也将匆匆地去。用留恋的眼光看我出生的房屋，这应该是最后的一次了。我的心似乎想在那里寻觅什么。但是我所要的东西绝不会在那里找到。我不会像我的一个姑母或者嫂嫂，设法进到那所已经易了几个主人的公馆，对着园中的花树垂泪，慨叹着一个家族的盛衰。摘吃自己栽种的树上的苦果，这是一个人的本分。我没有跟着那些人走一条路，我当然在这里找不到自己的脚迹。几次走过这个地方，我所看见的还只是那四个字："长宜子孙"。

"长宜子孙"这四个字的年龄比我的不知大了多少，这也该是我祖父留下的东西吧。最近在家里我还读到他的遗嘱，他用空空两手造就了一份家业，到临死还周到地为儿孙安排了舒适的生活。他叮嘱后人保留着他修建的房屋和他辛苦地搜集起来的书画。但是儿孙们回答他的还是同样的字：分和卖。我很奇怪，为什么这样聪明的老人还不明白一个浅显的道理：财富并不"长宜子孙"，倘使不给他们一个生活技能，不向他们指示一条生活道路；"家"这个小圈子只能摧毁年轻心灵的发育成长，倘使不同时让他们睁起眼睛去看广大世界；财富只能毁灭崇高的理想和善良的气质，要是它只消耗在个人的利益上面。

"长宜子孙"，我恨不能削去这四个字！许多可爱的年轻生命被摧残了，许多有为的年轻心灵被囚禁了。许多人在这个小圈子里面憔悴地捱着日子。这就是"家"！"甜蜜的家"！这不是我应该来的地方。爱尔克的灯光不会把我引到这里来的。

于是在一个春天的早晨，依旧是十八年前的那些人把我送到门口，这里面少了几个，也多了几个。还是和那次一样，看不见我姐姐的影子，那次是我没有等待她，这次是我找不到她的坟墓。一个叔父和一个堂兄弟到车站送我，十八年前他们也送过我一段路程。

我高兴地来，痛苦地去。汽车离站时我心里的确充满了留恋。但是清晨的微风，路上的尘土，马达的叫吼，车轮的滚动，和广大田野里一片盛开的菜子花，这一切驱散了我的离愁。我不顾同行者的劝告，把头伸到车窗外面，去呼吸广大天幕下的新鲜空气。我很高兴，自己又一次离开了狭小的家，走向广大的世界中去！

忽然在前面田野里一片绿的蚕豆和黄的菜花中间，我仿佛又看见了一线光，一个亮，这还是我常常看见的灯光。这不会是爱尔克的灯里照出来的，我那个可怜的姐姐已经死去了。这一定是我的心灵的灯，它永远给我指示我应该走的路。

【汇评】

　　个性意识在中国古典小说里还是迷惘、不自觉的,而在巴金小说里却作为意识到的历史内容贯穿始终。(张民权《巴金小说的生命体系》)

　　巴金早年在反帝反封建这一点上是非常彻底的,同时他对我国民主革命的基本任务理解得也比较深刻。这就使他在一系列重大问题上有可能与其他的无政府主义者不相苟同并最后分道扬镳,也使他能够在一些基本点上和中国共产党人站在一起。(汪应果《巴金论》)

【赏析】

　　巴金曾经说过,他的作品"都是在讲自己想说的话,倾吐自己的感情"。《爱尔克的灯光》正是这样一篇直抒胸臆、以情动人的散文佳作。

　　强烈而真诚的情感抒发构成这篇散文最为鲜明的特征。开卷展读,扑面而来的是汹涌起伏的情感潮流。作者怀着复杂的心情,慢慢走近离别十八年的故居,展开联翩的思绪,如果说批判封建家庭的愤激和走向广大世界的召唤构成感情之河的主流,那么对故居的怀恋、失去姐姐的悲痛以及愧对姐姐的不安内疚,甚至还有对祖父创业的隐隐怜悯则构成感情之河的支流和浪花。

　　文章抒情真诚而强烈,主题鲜明而深刻。作者通过诅咒、抨击封建家庭,召唤年轻一代走出摧毁心灵的牢笼,走向广大的世界。而与之相辅相成的,则是作者匠心独运地用虚实两条线索作为全文的基本构架。本文出现过三种灯光,它们组成了一条象征意脉,使作者的思想感情层层推进,文章内容步步深化。第一种灯光是故居门内那微弱的灯光,它"不曾照亮什么,反而增加了我心上的黑暗"。这是封建家庭的象征。由这灯光作者看到了旧家庭、旧制度的黑暗腐朽,产生了失望乃至绝望的情绪。第二种灯光是爱尔克的灯光,这是生活悲剧和希望破灭的象征。作者由此进一步发现了旧家庭的罪恶,因为美好事物、美好愿望破灭而激起对旧家庭、旧制度的彻底否定和强烈诅咒的思想感情。最后第三种灯光则是作者心灵中的灯光。这是追求新生、追求理想的象征。它表现了作者与旧家庭彻底断绝的勇毅和决心,抒发了作者获得新生的欢欣鼓舞之情。如果说象征意脉组成了文章构架的虚线,且更多呈现为感情的汹涌澎湃的话,那么文中三次提到的"长宜子孙"四个字则构成了文章的实线,更多反映了作者思想的深刻性。作者正是借助于这四个字对人生道路进行逐层深入的思考。两条线索,一虚一实,交糅并合,不断推进,使盈实丰厚的内容得到充分的表现。

　　《爱尔克的灯光》贯穿了作者对于人生、生命问题的独特思考——"财富并不'长宜子孙',倘使不给他们一个生活技能,不向他们指示一条生活道路;'家'这个小圈子只能摧毁年轻心灵的发育成长,倘使不同时让他们睁起眼睛去看广大世界;财富只能毁灭崇高的理想和善良的气质,要是它只消耗在个人的利益上面。"这种独特思考使文章浓缩为一种诗情,升华为一种哲理,突破时空的局限,产生一种恒久和普遍的品格。

【思考题】

　　1. 故居门内的灯光、爱尔克的灯光和"我"的心灵的灯,三者有何意义和联系?
　　2. 怎样理解作者在文章中体现出来的复杂情感?

十、给我的孩子们

丰子恺

【作者简介】

丰子恺(1898—1975),原名丰润、丰仁。浙江崇德人。1914年入杭州浙江省第一师范学校,师从李叔同学习音乐和绘画。1918年秋,李叔同在杭州虎跑寺出家,对他的思想影响甚大。1919年师范学校毕业后,与同学数人在上海创办上海专科师范学校,并任图画教师。1921年东渡日本学习绘画、音乐和外语。1922年回国到浙江上虞春晖中学教授图画和音乐,与朱自清、朱光潜等人结为好友。

1924年,文艺刊物《我们的七月》4月号首次发表了丰子恺的画作《人散后,一钩新月天如水》。其后,他的画在《文学周报》上陆续发表,并冠以"漫画"的题头。自此中国才开始有"漫画"这一名称。

1929年,丰子恺被开明书店聘为编辑。1931年,他的第一本散文集《缘缘堂随笔》由开明书店出版。这些散文与其漫画一样,别具风格。他用平淡的手法,通过琐屑平凡的小事来阐述人生的哲理。其文艺理论著作及译著在这一时期相继问世。

新中国成立后,丰子恺曾任中国美术家协会主席、上海中国画院院长、上海对外文化协会副会长等职。

【原文】

我的孩子们!我憧憬于你们的生活,每天不止一次!我想委曲地说出来,使你们自己晓得。可惜到你们懂得我的话的意思的时候,你们将不复是可以使我憧憬的人了。这是何等可悲哀的事啊!

瞻瞻!你尤其可佩服。你是身心全部公开的真人。你什么事体都像拼命地用全副精力去对付。小小的失意,像花生米翻落地了,自己嚼了舌头了,小猫不肯吃糕了,你都要哭得嘴唇翻白,昏去一两分钟。外婆普陀去烧香买回来给你的泥人,你何等鞠躬尽瘁地抱他,喂他;有一天你自己失手把他打破了,你的号哭的悲哀,比大人们的破产,失恋,broken heart〔心碎〕,丧考妣,全军覆没的悲哀都要真切。两把芭蕉扇做的脚踏车,麻雀牌堆成的火车,汽车,你何等认真地看待,挺直了嗓子叫"汪——","咕咕咕……",来代替汽笛。宝姐姐讲故事给你听,说到"月亮姊姊挂下一只篮来,宝姊姊坐在篮里吊了上去,瞻瞻在下面看"的时候,你何等激昂地同她争,说"瞻瞻要上去,宝姊姊在下面看!"甚至哭到漫姑面前去求审判。我每次剃了头,你真心地疑我变了和尚,好几时不要我抱。最是今年夏天,你坐在我膝上发现了我腋下的长毛,当作黄鼠狼的时候,你何等伤心,你立刻从我身上爬下去,起初眼瞪瞪地对我端相,继而大失所望地号哭,看看,哭哭,如同对被判定了死罪的亲友一样。你要我抱你到车站里去,多多益善地要买香蕉,满满地擒了两手回来,回到门口时你已经熟睡在我的肩上,手里的香蕉不知落在哪里去了。这是何等可佩服的真率,自然,与热情!大人间的所谓"沉默","含蓄","深刻"的美德,比起你来,全是不自然的,病的,伪的!

你们每天做火车,做汽车,办酒,请菩萨,堆六面画,唱歌,全是自动的,创造创作的生活。大人们的呼号"归自然!""生活的艺术化!""劳动的艺术化!"在你们面前真是出丑得很了!依样画几笔画,写几篇文的人称为艺术家,创作家,对你们更要愧死!

你们的创作力,比大人真是强盛得多哩:瞻瞻!你的身体不及椅子的一半,却常常要搬动它,与它一同翻倒在地上;你又要把一杯茶横转来藏在抽斗里,要皮球停在壁上,要拉住火车的尾巴,要月亮出来,要天停止下雨。在这等小小的事件中,明明表示着你们的小弱的体力与智力不足以应付强盛的创作欲、表现欲的驱使,因而遭逢失败。然而你们是不受大自然的支配,不受人类社会的束缚的创造者,所以你的遭逢失败,例如火车尾巴拉不住,月亮呼不出来的时候,你们决不承认是事实的不可能,总以为是爹爹妈妈不肯帮你们办到,同不许你们弄自鸣钟同例,所以愤愤地哭了,你们的世界何等广大!

你们一定想:终天无聊地伏在案上弄笔的爸爸,终天闷闷地坐在窗下弄引线的妈妈,是何等无气性的奇怪的动物!你们所视为奇怪动物的我与你们的母亲,有时确实难为了你们,摧残了你们,回想起来,真是不安心得很!

阿宝!有一晚你拿软软的新鞋子,和自己脚上脱下来的鞋子,给凳子的脚穿了,划袜立在地上,得意地叫"阿宝两只脚,凳子四只脚"的时候,你母亲喊着"龌龊了袜子!"立刻擒你到藤榻上,动手毁坏你的创作。当你蹲在榻上注视你母亲动手毁坏的时候,你的小心里一定感到"母亲这种人,何等杀风景而野蛮"吧!

瞻瞻!有一天开明书店送了几册新出版的毛边的《音乐入门》来。我用小刀把书页一张一张地裁开来,你侧着头,站在桌边默默地看。后来我从学校回来,你已经在我的书架上拿了一本连史纸印的中国装的《楚辞》,把它裁破了十几页,得意地对我说:"爸爸!瞻瞻也会裁了!"瞻瞻!这在你原是何等成功的欢喜,何等得意的作品!却被我一个惊骇的"哼!"字喊得你哭了。那时候你也一定抱怨"爸爸何等不明"吧!

软软!你常常要弄我的长锋羊毫,我看见了总是无情地夺脱你。现在你一定轻视我,想道:"你终于要我画你的画集的封面!"

最不安心的,是有时我还要拉一个你们所最怕的陆露沙医生来,教他用他的大手来摸你们的肚子,甚至用刀来在你们臂上割几下,还要教妈妈和漫姑擒住了你们的手脚,捏住了你们的鼻子,把很苦的水灌到你们的嘴里去。这在你们一定认为太无人道的野蛮举动罢!

孩子们!你们真果抱怨我,我倒欢喜;到你们的抱怨变为感谢的时候,我的悲哀来了!

我在世间,永没有逢到像你们这样出肺肝相示的人。世间的人群结合,永没有像你们样的彻底地真实而纯洁。最是我到上海去干了无聊的所谓"事"回来,或者去同不相干的人们做了叫做"上课"的一种把戏回来,你们在门口或车站旁等我的时候,我心中何等惭愧又欢喜!惭愧我为什么去做这等无聊的事,欢喜我又得暂时放怀一切地加入你们的真生活的团体。

但是,你们的黄金时代有限,现实终于要暴露的。这是我经验过来的情形,也是大人们谁也经验过的情形。我眼看见儿时的伴侣中的英雄,好汉,一个个退缩,顺从,妥协,屈服起来,到像绵羊的地步。我自己也是如此。"后之视今,亦犹今之视昔",你们不久也要走这条路呢!

我的孩子们!憧憬于你们的生活的我,痴心要为你们永远挽留这黄金时代在这册子里。然这真不过像"蜘蛛网落花"略微保留一点春的痕迹而已。且到你们懂得我这片心情的时候,你们早已不是这样的人,我的画在世间已无可印证了!这是何等可悲哀的事啊!

【汇评】

《给我的孩子们》是丰子恺天赋童心体现无遗的典型代表作。……如果不是真正地理解了孩子的所思所想,是绝不会如此真实地表现出他们的"真率、自然与热情"的。(王泉根、王蕾《佛心·童心·诗心——丰子恺现代散文新论》)

他(丰子恺)赞美儿童,崇拜儿童,宽容、平等、民主,既能宏观地纳儿童初始心性于众相之首、人格之尊,又能具体地俯察儿童自然生活之微,在对儿童的心理、思维方式及文化意义的探讨上达到了一定深度。(王宜青《丰子恺儿童观探微》)

【赏析】

《给我的孩子们》写于1926年圣诞节,它是《子恺画集》的代序,散文以画集上的题材为内容,歌颂了纯洁的童心,可以说它是一首童真世界的赞歌。

作品一开头就以深沉而真挚的感情写道:"我的孩子们!我憧憬于你们的生活,每天不止一次!"这句肺腑之言,就是这首赞歌的主旋律。作者向往儿童生活,他要歌颂美好的童真世界:首先,他赞美了孩子们的直率、自然与热情的美德,佩服他们身心是全部公开的,说他们对待什么事情都像拼命似的用出全副精力,丝毫没有虚伪和做作。就以他的瞻瞻来说吧,小小的失意,都要哭得嘴唇翻白,昏去一两分钟,其悲哀是那么真切;用芭蕉做的脚踏车,麻雀牌堆成的火车、汽车,又玩得那么认真;在跟姐姐争辩谁该到月亮上去,谁在下面看时,显得何等激昂;当发现父亲腋下的长毛,以为是黄鼠狼时,他又何等伤心……虽然这些事情都发生在瞻瞻身上,但作者何止是对瞻瞻一个人的赞美呢?推而广之,一切天真无邪、纯净坦诚的孩子都具备这种美德。其次,作者赞美了孩子们的创造力,说他们是不受大自然支配,不受社会的束缚的创造者。文章也叙述了件件小事,表明孩子们具有强盛的创造力,他们天真的举动,显然都出自幼稚的幻想。可是幻想往往是创造力的源泉与动力,他们没有任何顾虑,没有任何束缚,因此,其创造力比大人要强盛得多。尽管小弱的体力与智力不足以应付强盛的创作欲,因而遭逢失败,但孩子们决不承认事实的不可能,总以为是爹爹妈妈不肯帮助他们办到。在屡遭大人的呵斥和阻拦后,他们的创造精神并没有因此而削弱,仍然时时表现出旺盛的创造力。

在尽情赞美儿童天性的同时,作者又以大人们的虚伪、恶浊来与孩子们的坦诚、纯真做对比。作者认为,"大人之间的所谓'沉默'、'含蓄'、'深刻'的美德",比起孩子们来,"全是不自然的,病的,伪的!""大人们的呼号'归自然!''生活的艺术化!''劳动的艺术化!'"与孩子们的创造精神相比,就显得那么贫乏与丑陋。这种对比有力地衬托了童心的高尚,因此,作者抑制不住内心的激动,写道:"我在世间,永没有逢到像你们这样出肺肝相示的人。世间的人群结合,永没有像你们样的彻底地真实而纯洁。"至此,作者已尽情地赞美了孩子们纯洁而真诚的心灵,一个美好而温馨的童真世界跃然纸上,作者为何如此向往、憧憬孩子们的生活,也已得到圆满的回答。

如果对这篇散文的认识仅仅停留于此,那还是不够的。作者对童真世界的歌颂,实际上表现的是他对理想社会的追求。他在1925年写的随笔《东京某晚的事》中,有这样一段话:"假如真能……有这样的一个世界:天下如一家,人们如家族,互相亲爱,互相帮助,共乐其生活,那时陌路就变成家庭……这是多么可憧憬的世界!"这表达了他对人类社会的美好期望。只是对这样的理想世界,他感到十分渺茫,只好把一切寄托于对童真世界的赞美上!

作者一方面竭力赞美童真世界,一方面不时地谴责大人们的虚伪无聊,这也不能不说明他对病态社会的厌恶和世俗的鞭挞。在他看来,大人们的一切言行都不能与儿童相比,即使儿时伴侣中的英雄好汉,一旦长大成人,就会失去儿童的天性,一个个变得像绵羊似的,丧失了率真、自然、热情的美德,失去了可贵的创造力,只会一味地退缩、顺从、妥协与屈服,这是因为,长大后步入这病态的社会,就被世俗的尘埃所蒙蔽,就被社会的桎梏所禁锢。所以,作者对童真世界的歌颂,实际上也是对病态社会的讨厌与憎恶。

虽然,这是一首童真世界的赞歌,但这首赞歌带着苦涩味。作者知道,这个黄金的儿童时代必将随着时间的推移,儿童的长大成人而消逝。为了挽留这黄金时代,他把孩子们的天真无邪、活泼可爱的生活作为他作画的题材,结集成册,企求略微保留一点"春的痕迹"。但是,到孩子们懂得他的"这片心情"时,都已丧失了童心。因此他一方面对童真世界加以赞美,一方面又为童真世界的终究要逝去感到悲哀。文章结尾时,作者无可奈何地叹道:"这是何等可悲哀的事啊!"所以,这又是一首悲怆的赞歌。

【思考题】

1. 作者是怎样赞美童真世界的?
2. 为什么说作者的这首赞歌中带有苦涩味?

第三章 信义友情篇

慕课资源

【总论】

人类出现之初,人与人之间就产生了千丝万缕的联系。在处理人与人之间的关系时,人们渐渐形成了一定的伦理规范,即注重友情、互相忠诚、讲信誉成为人与人交往所应遵守的伦理规范,这些在中国的文学作品里得到了清晰的体现。

中国的古典文学作品向我们展现了人与人之间丰富多彩的友情故事,生动地表现了人类对友谊诚信的各种解读,进而揭示出人与人之间交往的真正意义和价值。但是我们也需要注意的一点是,在实际的社会生活交往中,人与人之间的友情和诚信都不同程度地打上了各个时代的等级观念的烙印。中国人很早就将伦理关系解释得非常细致,而最有代表性的就是大家熟悉的三纲五常。从某种意义上说,人与人之间的友情是以等级关系为前提、为基础的。诚如当代学者魏英敏所指出的:"朋友之间的交往在一定意义上是对宗法等级道德的一种超越和否定,但构成朋友……关系的双方必然会打上家族化和政治性的烙印……在古代受社会等级因素的影响,不同等级的人很难交上朋友。换言之,朋友相处同样是要服从忠孝礼仪等伦理规则。"也正因为如此,中国文学作品中所展示的不单单只有纯粹的友情,人与人之间的关系更加复杂,人们的伦理意识也与善恶观念相交织。

但人们对真诚的友情始终保持着衷心的渴求,《礼记·中庸》中"君子诚之为贵"的说法,以及"一诺千金""言必信,行必果""一言既出,驷马难追"等话语,对后世的人们产生了深远的影响,时至今日,还依然是人们与朋友相处的行为准则。

一、管晏列传

《史记》

【作者简介】

司马迁(前145或前135—约前87),字子长,夏阳龙门(今陕西韩城)人。青年时期多次出游,足迹遍布大江南北,浓厚的乡土文化陶冶了司马迁的豪迈灵秀之气。他少年时期敏而好学,通晓古文,曾师从儒学大师孔安国学习《尚书》,向董仲舒学习《春秋》。这些经历大大拓展了他的视野,为后来撰写《史记》积累了丰富的资料。数年后,子承父业,继任太史令,于汉武帝太初元年(前104),开始了《太史公书》即后来称之为《史记》的写作。天汉二年(前99),因"李陵事件",得罪汉武帝,被处宫刑。出狱后,他于公元前92年完成了《史记》的创作,不久去世。

《史记》是我国纪传体史书的奠基之作,也是我国传记文学的开端,在史学和文学两个方面都对后世产生了深远的影响。它记叙了上自黄帝、下至汉武帝时期三千多年的历史,是我国第一部纪传体通史。共有一百三十篇,其中"本纪"十二篇,"世家"三十篇,"列传"七十篇,"表"十篇,"书"八篇。全书高扬人文精神的旗帜,真实反映了历史原貌,对统治阶级争权夺利和尔虞我诈的面目进行了揭露和批判,对被压迫者的遭际给予了关注与同情。书中人物栩栩如生,文章具有强烈的感染力,被鲁迅誉为"史家之绝唱,无韵之离骚"。

【原文】

管仲夷吾者,颍上人也。少时常与鲍叔牙游①,鲍叔知其贤。管仲贫困,常欺鲍叔②,鲍叔终善遇之,不以为言。已而鲍叔事齐公子小白,管仲事公子纠③。及小白立为桓公,公子纠死,管仲囚焉④。鲍叔遂进管仲⑤。管仲既用,任政于齐,齐桓公以霸⑥,九合诸侯⑦,一匡天下⑧,管仲之谋也。

管仲曰:"吾始困时,尝与鲍叔贾⑨,分财利多自与,鲍叔不以我为贪,知

---

①游:交游,来往。 ②欺:此意为占便宜。指下文"分财利多自与"。 ③"已而"二句:齐襄公立,政令无常,数欺大臣,又淫于妇人,诛杀屡不当,鲍叔担心齐国将大乱。为避难,管仲、召忽奉襄公弟公子纠出奔鲁国,鲍叔奉襄公弟小白出奔莒国。见《史记》卷三十二《齐太公世家》及《左传·庄公八年》。 ④"及小白"三句:公元前686年襄公被杀。前685年,鲁国派兵保护公子纠赶回齐国争夺王位,先由管仲领兵扼守莒、齐要道,以防小白先行入齐争位。两相遭遇,管仲射中小白带钩。小白佯死,使鲁国延误了公子纠的行程。小白率先入齐,立为桓公。桓公以军拒鲁,大败鲁军。鲁国被迫杀死公子纠,召忽自杀,管仲请囚。详见《史记》卷三十二《齐太公世家》。 ⑤进:保举,推荐。 ⑥霸:称霸。 ⑦合:会盟。 ⑧匡:匡正,纠正。 ⑨尝:曾经。贾:做买卖。

我贫也。吾尝为鲍叔谋事而更穷困①,鲍叔不以我为愚,知时有利不利也。吾尝三仕三见逐于君②,鲍叔不以我为不肖,知我不遭时也③。吾尝三战三走④,鲍叔不以我为怯,知我有老母也。公子纠败,召忽死之⑤,吾幽囚受辱,鲍叔不以我为无耻,知我不羞小节而耻功名不显于天下也⑥。生我者父母,知我者鲍子也。"

鲍叔既进管仲,以身下之。子孙世禄于齐⑦,有封邑者十余世,常为名大夫。天下不多管仲之贤而多鲍叔能知人也⑧。

管仲既任政相齐⑨,以区区之齐在海滨,通货积财,富国强兵,与俗同好恶⑩。故其称曰⑪:"仓廪实而知礼节,衣食足而知荣辱,上服度则六亲固⑫。四维不张⑬,国乃灭亡。下令如流水之原⑭,令顺民心。"故论卑而易行⑮。俗之所欲,因而予之;俗之所否,因而去之⑯。

其为政也,善因祸而为福,转败而为功。贵轻重⑰,慎权衡⑱。桓公实怒少姬,南袭蔡⑲。管仲因而伐楚,责包茅不入贡于周室⑳。桓公实北征山戎,而管仲因而令燕修召公之政㉑。于柯之会,桓公欲背曹沫之约,管仲因而信

---

①穷困:困厄,窘迫。 ②三:泛指多次。见:被。 ③遭:遇,逢。 ④走:逃跑。 ⑤死之:为公子纠而死。 ⑥羞:以……为羞。耻:以……为耻。 ⑦世禄:世代享受俸禄。 ⑧多:用作意动,"以……为多",即赞美。 ⑨相:出任国相。 ⑩俗:指百姓。 ⑪其称曰:他自己称述说。以下引语是对《管子·牧民》篇有关论述的节录。 ⑫上:国君。一说居上位者。服:行,施行。度:节度。或特指礼度、制度。六亲:《管子·牧民》有"六亲五法"一节,刘向注云:"'以家为家',一亲也。'以乡为乡',二亲也。'以国为国',三亲也。'以天下为天下',四亲也。'毋曰不同生,远者不听;毋曰不同乡,远者不行;毋曰不同国,远者不从。''如地如天,何私何亲',五亲也。'如月如日,唯君之节',六亲也;天地日月,取其耀临,言人君亲下,当如天地日月之无私也。"由此可知,这里所谓"六亲",非指一般意义的六亲,即非《正义》所云外祖父母、姊妹、妻兄弟之子、从母之子、女子,亦非王弼所云父、母、兄、弟、妻、子,或其他各种指谓。固:安固,稳固。 ⑬四维:《管子·牧民·四维》云:"国有四维,一维绝则倾,二维绝则危,三维绝则覆,四维绝则灭。倾可正也,危可安也,覆可起也,灭不可复错也。何谓四维?一曰礼,二曰义,三曰廉,四曰耻。"维,纲,即网上的总绳,此引申为纲要、原则。 ⑭原:同"源",水的源头。 ⑮论卑:指政令平易符合下边的民情。 ⑯去:废除。 ⑰轻重:"轻重"一语原是《管子》中的一个特殊经济概念,是管子经济思想、经济理论中的一个重要组成部分,其核心问题,是用货币和谷物来调节、控制国家经济。但从本段所举史实来看,太史公不是谈管子的经济思想。所以"轻重"一语还应理解为通常意义上的"轻重",即事物的轻重缓急。 ⑱权衡:比较利弊得失。 ⑲"桓公实怒"二句:少姬(即蔡姬)曾荡舟戏弄桓公,制止不听,因怒,遣送回国。蔡君将其改嫁,所以桓公怒而攻蔡。见《史记》卷三十二《齐太公世家》《左传·僖公三年》(伐蔡在"僖公四年")。 ⑳"管仲"二句:《左传·僖公四年》载:齐桓公伐楚,使管仲责之曰:"尔贡包茅不入,王祭不共,无以缩酒,寡人是征。"古代祭祀,用裹束成捆的菁茅过滤去渣。包,裹束。茅,菁茅。按:责楚包茅不入贡于周室,这是齐伐楚的借口。见《史记》卷三十二《齐太公世家》。 ㉑"桓公"二句:齐桓公二十三年(前663),山戎(北狄)伐燕,燕告急于齐,桓公因伐山戎,至于孤竹而还。燕庄公送桓公进入齐境。桓公说:"非天子,诸侯相送不出境,吾不可以无礼于燕。"于是分沟割燕君所至之地与燕,并让燕君重修召公之政,纳贡于周。召公,是燕国的始祖,周成王时为三公,"治西方,甚得兆民和"。见《史记》卷三十二《齐太公世家》、卷三十四《燕召公世家》。

之,诸侯由是归齐①。故曰:"知与之为取,政之宝也②。"

管仲富拟于公室③,有三归、反坫④,齐人不以为侈⑤。管仲卒,齐国遵其政,常强于诸侯。后百余年而有晏子焉。

晏平仲婴者,莱之夷维人也。事齐灵公、庄公、景公,以节俭力行重于齐⑥。既相齐,食不重肉⑦,妾不衣帛⑧。其在朝,君语及之⑨,即危言⑩;语不及之,即危行。国有道,即顺命⑪;无道,即衡命⑫。以此三世显名于诸侯。

越石父贤,在缧绁中⑬。晏子出,遭之涂⑭,解左骖赎之⑮,载归。弗谢⑯,入闺⑰。久之,越石父请绝。晏子戄然⑱,摄衣冠谢曰⑲:"婴虽不仁,免子于厄⑳,何子求绝之速也?"石父曰:"不然。吾闻君子诎于不知己而信于知己者㉑。方吾在缧绁中,彼不知我也。夫子既以感寤而赎我㉒,是知己;知己而无礼,固不如在缧绁之中。"晏子于是延入为上客。

晏子为齐相,出,其御之妻从门间而窥其夫㉓。其夫为相御㉔,拥大盖㉕,策驷马,意气扬扬,甚自得也。既而归,其妻请去㉖。夫问其故。妻曰:"晏子长不满六尺,身相齐国,名显诸侯。今者妾观其出,志念深矣㉗,常有以自下者。今子长八尺,乃为人仆御,然子之意自以为足,妾是以求去也。"其后夫自抑损㉘。晏子怪而问之㉙,御以实对。晏子荐以为大夫。

太史公曰:吾读管氏《牧民》《山高》《乘马》《轻重》《九府》㉚,及《晏子春秋》㉛,详哉,其言之也!既见其著书,欲观其行事,故次其传㉜。至其书,世多有之,是以不论,论其轶事。

管仲世所谓贤臣,然孔子小之㉝。岂以为周道衰微,桓公既贤,而不勉之

---

①"于柯之会"四句:齐桓公五年(前681),伐鲁,鲁将曹沫三战三败,鲁庄公请献遂邑求和,桓公许,与鲁会柯而盟。将盟,曹沫以匕首劫持桓公于坛上,威胁桓公归还"鲁之侵地",桓公先是被迫答应,继而"欲无与鲁地而杀曹沫"。这时,管仲劝桓公不要图一时"小快"而"弃信"于诸侯,失天下之援。于是尽"与曹沫三败所亡地于鲁","诸侯闻之,皆信齐而欲附焉"。见《史记》卷三十二《齐太公世家》、卷八十六《刺客列传》。 ②"知与之为取"二句:语出《管子·牧民》。与,给予。懂得给予就是获得的道理,是治理国家的法宝。 ③拟:比拟,类似。 ④三归:建筑华丽的台。另有多种说法,如三姓女子,三处家庭,采邑、府库等。反坫(diàn):堂屋两柱间放置供祭祀、宴会所有礼器和酒的土台。按"礼",只有诸侯才能设有三归和反坫。管仲是大夫,本不该享有。然而,齐以管仲而强,故下文说"齐人不以为侈"。 ⑤侈:放纵,放肆。这里有过分的意思。 ⑥力行:努力工作。重:重视。 ⑦重肉:两味肉食。 ⑧衣:穿。 ⑨语之:问到他。 ⑩危言:正直地陈述己见。危,高耸貌。引申为正直。 ⑪顺命:服从命令去做。 ⑫衡命:斟酌命令的情况去做。 ⑬缧绁:拘系犯人的绳子。引申为囚禁。 ⑭涂:同"途"。 ⑮骖:古代一车三马或四马,左右两旁的马叫骖。 ⑯谢:道歉。 ⑰闺:内室。 ⑱戄然:惶遽的样子。 ⑲摄:整理。 ⑳厄:灾难。 ㉑诎:同"屈",委屈。信:同"伸",伸展,伸张。 ㉒感寤:感动醒悟。寤,同"悟"。 ㉓御:车夫。门间:门缝。 ㉔御:驾车。 ㉕拥:遮、障。 ㉖去:离开。此指离婚。 ㉗志念:志向、抱负。 ㉘抑损:谦恭、退让。抑,谦下。损,退损。 ㉙怪:感到奇怪。 ㉚《牧民》《山高》《乘马》《轻重》《九府》:都是《管子》篇名。 ㉛《晏子春秋》:旧题春秋齐晏婴撰,实际上是后人采缀晏子言行而作。 ㉜次:编次、编列。 ㉝小之:认为他器量狭小。《论语·八佾》有"管仲之器小哉"之言。

至王,乃称霸哉?语曰①:"将顺其美②,匡救其恶③,故上下能相亲也④。"岂管仲之谓乎⑤?

方晏子伏庄公尸哭之,成礼然后去⑥,岂所谓"见义不为无勇"者邪⑦?至其谏说,犯君之颜⑧,此所谓"进思尽忠,退思补过"者哉⑨!假令晏子而在,余虽为之执鞭,所忻慕焉⑩。

【汇评】

通篇无一实笔,纯以清空一气运转。(傅德岷、赖云琪等编著《古文观止名篇赏析》)

《管晏列传》以逸胜。惊天事业,只以轻描淡写之笔出之,如神龙,然露一鳞一爪,而全神皆见,岂非绝大本领!传赞"是以不论,论其轶事"二句,是全篇用意。(李景星、韩兆琦、俞樟华《四史评议·史记评议》)

《管晏列传》近似文学作品,实涵哲学大义,为中国一历史家,又岂止于往事而已。(钱穆《现代中国学术论衡》)

【赏析】

本文是《史记》卷六十二的全篇,是管仲与晏婴两人的合传。在这篇列传中,作者对他们采取了赞美和褒扬的态度。管仲相齐,凭借海滨的有利条件,发展经济,聚集财物,使国富兵强,与百姓同好恶。他善于"因祸而为福,转败而为功。贵轻重,慎权衡",内政、外交功名垂著。他辅佐齐桓公,一匡天下,使桓公成为春秋时期第一个霸主。晏婴事齐三世,节俭力行,严于律己,三世显名于诸侯。二人虽隔百余年,但他们都是齐人,都是名相,又都为齐国做出了卓越的贡献,故合传为一。

全文共分三部分。第一部分写管仲(一至六自然段)。第一自然段主要写管仲的特点;第二自然段写鲍叔对管仲的知遇之恩;第三自然段写鲍叔进贤让贤;第四、五自然段写管仲内政、外交两个方面的功业;第六自然段间接写管仲对齐国的贡献及影响。第二部分(七至九自然段)写晏婴。第七自然段总写晏婴的经历和特点;第八、九自然段写两则晏婴识拔人才的轶事。当中用"后百余年而有晏子焉",连接一、二部分。第三部分写司马迁对管晏二人的评价。

本文通过鲍叔和晏子知贤、荐贤和让贤的故事,刻意探索和说明了如何对待贤才的问题。本文第一部分的内容虽然写管仲,但是给人突出印象的却是鲍叔牙的知人和荐人。管仲其人,经商多分财利,谋事反而更糟,做官被逐,打仗逃跑。鲍叔却不认为他

①语引自《孝经·事君》。 ②将顺:顺势助成。 ③匡救:纠正、挽救。 ④上下:指君臣百姓。 ⑤"岂管仲"句:大概说的是管仲吧! ⑥"方晏子伏庄公尸"二句:齐国大夫崔杼因齐庄公与他新娶棠公的寡妻私通,设谋杀死庄公。晏婴到崔家,伏庄公尸而哭之,完成君臣之礼而去。见《史记》卷三十二《齐太公世家》《左传·襄公二十五年》。 ⑦"岂所谓"句:难道是所谓"见义不为无勇"吗?见《论语·为政》。 ⑧犯:冒犯。颜:面容、脸色。 ⑨"进思尽忠"二句:上了朝就想尽忠心,退了朝就想弥补君王的过失。见《孝经·事君》。 ⑩忻(xīn):同"欣"。慕:羡慕、向往。

贪、愚、不肖、怯和无耻。反而从囚禁中把他解放出来,并推荐给桓公,使之有机会一展才能。本文第二部分的内容虽然写晏婴,但是他的重大政绩被泛泛地带过,却详细地记述了他以囚犯为知己和以车夫为贤能的两件小事,给人突出的印象也是晏子的知人和荐人。晏子贵为国相,却以越石父为知己,即使他在囚禁中,也要迫不及待地解放他、尊重他。一个地位卑贱的车夫,只要知过自改,便予以提拔,荐为大夫。全文的中心落在人才的发现与荐举之上。司马迁极力赞美鲍叔和晏子,正是慨叹自己未遇解骖赎罪的知己。所以,他在赞语中说:"假令晏子而在,余虽为之执鞭,所忻慕焉。"此实乃本传之真意。

  司马迁在文章中多次运用对比的手法,来突出人物的形象,并在对比中寄寓自己的褒贬,因而耐人寻味。例如,前写管仲"富拟于公室,有三归、反坫";后述晏婴"食不重肉,妾不衣帛",谁高谁低,不言自明。又如,晏子"身相齐国",却"常有以自下",车夫"意气扬扬,甚自得",却"为人仆御"。这两例是比较对象就在本文中的,也有比较对象不在文中的。例如,文中被荐为人才的三个人,一是贫民,一是囚犯,一是车夫,全都是下等贱民,读者虽然在文中找不到可做对比的人物,却可以在他们周围的现实社会中找出许多出身富贵的庸才来做对比。司马迁通过对比的手法,分出了人物的优劣,也审视了世态的炎凉,我们从字里行间不难品味出来。

  作者善于用特定人物的动作、个性化的语言刻画人物的内心世界。越石父虽贤,不幸而为囚犯。晏子遇到他解左骖把他赎出,载回家去,只因"弗谢,入闺",后来被越石父深责并要求绝交。行文到此,作者写道,"晏子憱然,摄衣冠谢曰:'婴虽不仁,免子于厄,何子求绝之速也?'……晏子于是延入为上客"。首句写出晏子心灵深处的震撼,以及由震撼而形于外在的惶惑之色;二句补写了由震撼而产生的严肃、敬畏、谦虚、惶惑的表情;晏子的问话又以谦虚的口吻写出他由解骖赎人的壮举而引发的自矜心理;末句晏子的转变也正是心理转变的结果。寥寥三十余字,把晏子由求贤到礼贤的整个过程和心灵深处的变化层次、完整的心态,形象地表现出来。

  通过典型细节,以借宾形主的手法刻画人物。作者抓住车夫妻子从门间窥视的细节,来揭示一个女子的内心隐秘。从瞬间的窥视到提出离婚,御妻的神色、姿态、心理已然活现,不仅闪耀着个性的光芒,也表现了她的心计、意念和独特的看人标准。然而写越石父、写御妻、写御者,又是为了写晏子。这种借宾形主的手法,使晏子的形象更加丰满了。

  文章详略得当,重点突出,比如对管、鲍之间的真挚友谊及晏子任用御者缘起的叙述极为详细,而对管仲生活的奢侈等不太重要的方面则一笔带过。传记之末"太史公曰"以后的简短议论与评价更是深化了对管、鲍二人的认识,起到了画龙点睛的作用。

  由于管、晏的事迹已见于《史记》卷三十二《齐太公世家》,故本传只"论其轶事"。此《史记》一书之互见法又一显例也。

【思考题】

1. 作者对于管、晏的评价,流露了其自身什么观点?
2. 该篇文章对于当下有什么样的作用和意义?

二、世说新语（节选）

刘义庆

【作者简介】

刘义庆(403—444)，字季伯，徐州彭城(今江苏省徐州市)人。南朝宋宗室、宰相、文学家，宋武帝刘裕之侄，长沙王刘道怜之子。13岁时被封为南郡公，后被过继给其叔父临川王刘道规为后，因此袭封为临川王。刘义庆自幼聪敏过人，深受刘裕的赏识。刘宋建立后，他以临川王身份历任侍中、中书令、荆州刺史等显要职务，后又改授散骑常侍、卫将军、江州刺史、南兖州刺史、开府仪同三司等一系列重要职务。元嘉二十一年，因身患疾病去世，获赠荆州都督，谥号为康。

刘义庆为人"性简素，寡嗜欲"，"受任历藩，无浮淫之过，唯晚节奉养沙门，颇致费损"。刘义庆性爱文艺，喜与文学之士交游。他的著作丰富，所著有《徐州先贤传》十卷，又曾仿班固《典引》作《典叙》，此外还有《集林》两百卷、《世说新语》十卷。

《世说新语》是我国魏晋南北朝时期"志人小说"的代表作，其内容分为"德行""言语""政事""文学"等三十六类，每类收有若干则故事，全书共一千多则，每则文字长短不一，有的数行，有的三言两语，由此可见笔记小说"随手而记"的特征。主要记载了汉末三国至两晋时期士族阶层的言行风貌和轶事琐语。此书不仅保留了大量反映当时社会生活的珍贵史料，而且语言简练、意味隽永、文字生动鲜活，是一部文学价值极高的古典名著。

【原文】

《世说新语·德行》一章

荀巨伯远看友人疾[1]，值胡贼攻郡[2]。友人语巨伯曰："吾今死矣，子可去。"巨伯曰："远来相视，子令吾去，败义以求生[3]，岂荀巨伯所行邪！"贼既至[4]，谓巨伯曰："大军至，一郡尽空。汝何男子，而敢独止？"巨伯曰："友人有疾，不忍委之，宁以我身代友人命。"贼相谓曰："我辈无义之人，而入有义之国。"遂班军而还[5]，一郡并获全。

《世说新语·伤逝》三章

孙子荆以有才，少所推服，唯雅敬王武子。武子丧时，名士无不至者。

---

[1] 荀巨伯：汉桓帝时许州(今河南省许昌市)人，生卒不详。 [2] 值：适逢，碰上。胡：我国古代对北方少数民族的蔑称。 [3] 败：毁弃。 [4] 既：已经。 [5] 班军：退兵，军队出征回来。

子荆后来,临尸恸哭,宾客莫不垂涕。哭毕,向灵床曰:"卿常好我作驴鸣,今我为卿作。"体似真声,宾客皆笑。孙举头曰:"使君辈存,令此人死!"

顾彦先平生好琴,及丧,家人常以琴置灵床上。张季鹰往哭之,不胜其恸,遂径上床,鼓琴作数曲竟,抚琴曰:"顾彦先颇复赏此不?"因又大恸,遂不执孝子手而出。

支道林丧法虔之后,精神霣丧[①],风味转坠。常谓人曰:"昔匠石废斤于郢人,牙生辍弦于钟子,推己外求,良不虚也。冥契既逝,发言莫赏,中心蕴结,余其亡矣!"却后一年,支遂殒。

【汇评】

晋世杂书,谅非一族,若《语林》《世说》《幽明录》《搜神记》之徒,其所载或恢谐小辩,或神鬼怪物。其事非圣,扬雄所不观;其言乱神,宣尼所不语。皇朝新撰晋史,多采以为书。夫以干、邓之所粪除,王、虞之所糠秕,持为逸史,用补前传,此何异魏朝之撰《皇览》,梁世之修《遍略》,务多为美,聚博为功,虽取说于小人,终见嗤于君子矣。(唐·刘知几《史通·采撰》)

读其语言,晋人面目气韵,恍惚生动,而简约玄澹,真致不穷。(明·胡应麟《少室山房笔丛》)

记言则玄远冷隽,记行则高简瑰奇。(鲁迅《中国小说史略》)

【赏析】

翻开《世说新语》,处处可见魏晋士人的深情,其中,"友情"可以说是魏晋士人深情中的重要组成部分。《世说新语》向我们展示了魏晋士人重友情的雪泥鸿爪。

在《荀巨伯远看友人疾》中,我们看到了为朋友两肋插刀、舍生取义的友情。胡贼围城,大敌当头,抛下朋友保全自己还是留下照顾朋友这个两难的抉择,荀巨伯毫不犹豫,宁可牺牲自己也不放弃病重的朋友。荀巨伯对朋友不弃不离,这种友情连敌人都被其所感化。

在《伤逝》中,孙子荆的朋友王武子去世,他"临尸恸哭,宾客莫不垂泪。哭毕,向灵床曰:'卿常好我作驴鸣,今我为卿作。'体似真声,宾客皆笑。"孙子荆情感过于投入,学驴叫声惟妙惟肖,以致众人忍俊不禁。人学动物叫声是不雅之举,但名士不惜放下身份,为的是对逝者的尊重与追思,这缕缕不绝的驴叫声中,飘荡着的是朋友之间的深情。顾彦先、张季鹰的故事,让我们想到了伯牙和钟子期,知音已死伯牙擗琴绝弦从此不复鼓琴,这种友情是精神上的交流,是真挚、自由的,是至情至真的。这种至情至真甚至在朋友离开时,导致自身因"哀"而亡。兴宁末年,法虔卒,支遁从此"精神霣丧,风味转坠",失去知音,忧心忡忡,愁肠百结。支遁在哀痛之中熬过一年的时光,不堪忍受哀痛的折磨,最终随着逝者而去……

在《世说新语》中,我们看到了魏晋名士对朋友的无限深情。与先秦两汉士人节制

---

① 霣丧:坠落丧失。霣,同"殒"。

情感不同,魏晋名士放任情感的宣泄,深情和纵情是其共性。

　　坚守真情对于每个在世的人都有重要的意义,温情创造了一个不同于物质世界的家园,让心灵可以栖居。魏晋士人们似乎无意中发现了这一点。在儒道合流的时代,他们固然也学礼,也想超脱,但最后生命所追寻的却是感情的轨迹。有情的人生便是极乐的人生;情不在了,生命也失去意义,这对于沉溺于物质文明而不能自拔的现代人来说也具有一定的现实意义。

【思考题】
1. 《世说新语》的艺术特点是什么?
2. 阅读《世说新语》的当代意义是什么?

三、春日忆李白

杜 甫

【作者简介】

杜甫(712—770),字子美。巩县(今河南巩义市)人。因远祖杜预为京兆杜陵(今陕西西安东南)人,遂自称杜陵布衣、杜陵野老、杜陵野客。青年时期曾漫游郇瑕(今山西临猗)、吴越、齐等地。追求功名,天宝三载(744)入京应试不第。天宝九载(750)冬,预献《三大礼赋》,得到唐玄宗赏识,命待制集贤院。十四载(755),授河西尉,不就,改右卫率府兵曹参军。困守长安十年,尝居城南少陵附近,自称少陵野老,世因称杜少陵。安史乱起,曾陷贼中。肃宗至德二载(757)四月,冒险从长安奔赴凤翔行在,授左拾遗,故世称杜拾遗。后因疏救宰相房琯,于乾元元年(758)六月,被贬华州司功参军。后弃官流寓陇、蜀、荆、湘等地,所谓"漂泊西南天地间"。代宗广德二年(764)六月,剑南节度使严武表荐杜甫为节度参谋、检校工部员外郎,故世又称杜工部。两《唐书》有传。杜甫生当李唐王朝由盛转衰的历史时期,他的诗广泛而深刻地反映了安史之乱前后的现实生活和社会矛盾,被誉为"诗史"。杜甫是我国古典诗歌艺术的集大成者,诸体兼擅,无体不工,沉郁顿挫,律切精深,其诗歌艺术达到了出神入化的完美境地,被后世尊为"诗圣"。现存诗1450余首。有《杜工部集》行世。

【原文】

白也诗无敌, 飘然思不群①。
清新庾开府②,俊逸鲍参军③。
渭北春天树④,江东日暮云⑤。
何时一樽酒, 重与细论文⑥。

【汇评】

公怀太白,欲与论文也。公与白同行同卧,论文旧矣;然于别后另有悟入,因忆向所与言,犹粗而未精,思重与论之。此公之笃于交谊也。(明·王嗣奭《杜臆》)

上四称白诗才,下乃春日有怀。才兼庾鲍,则思不群而当世无敌矣。杯酒论文,望其竿头更进也。

---

①不群:不平凡,高出于同辈。这句说明上句,思不群故诗无敌。 ②庾开府:指庾信(513—581),北周人。字子山,南阳新野人。官至骠骑大将军,开府仪同三司,世称庾开府。 ③鲍参军:指鲍照(约414—466),南朝宋东海人,字明远。曾做过临海王刘子顼的前军参军,工诗文,与谢朓齐名,世称"鲍谢"。鲍照诗文俊逸多姿。 ④渭北:渭水北岸,借指长安(今陕西西安)一带。其时杜甫大约正居此地。 ⑤江东:今江苏省南部和浙江省北部一带。当时李白在此地。 ⑥论文:论诗。六朝以来,通称诗为文。

公居渭北,白在江东,春树暮云,即景寓情,不言怀而怀在其中。(清·仇兆鳌《杜诗详注》)

少陵在渭北,太白在江东,写景而离情自见。(清·沈德潜《唐诗别裁集》)

【赏析】

杜甫与李白友谊甚笃,从他们的相互赠和中就可以看出,尤以此诗表达得最清楚。

从首联"白也诗无敌,飘然思不群"到颔联"清新庾开府,俊逸鲍参军"四句,全赞李白,从诗思到诗风,恰如其分。首联是对李白的人和诗的概括,颔联承之,进一步以比拟手法,加以具体说明。"诗无敌"是对李白在诗坛的地位给予全面的肯定。杜甫接着以"飘然思不群"一句回答了这一问题,之所以"诗无敌",就在于李白诗的思想卓异不凡,因而写出的诗,出尘拔俗,无人可比。

杜甫对庾信晚年作品很佩服,所谓"庾信平生最萧瑟,暮年诗赋动江关"(《咏怀古迹五首》其一)正是指此。鲍照与谢朓齐名,世称"鲍谢",杜甫"赋诗何必多,往往凌鲍谢"(《遣兴五首》其五),即是指此。杜甫对于前朝文人,十分崇拜庾信和鲍照,这里的清新、俊逸,不仅是对庾信、鲍照的评价,也是杜甫对李白诗风的赞扬。

"渭北春天树,江东日暮云",乃用比兴手法,以寄托作者对李白的怀念。其时大约杜甫正居渭北,而李白则浪迹江东。这里,渭北与江东只是二人行踪的一个泛指,不必斤斤考证其具体所指。这两句看似平淡,然而蕴含着丰富的内容。触景生情,睹物怀人,以景托情,因情见思,缠绵悱恻,感人肺腑,故成名句。

上面将离情写得极深极浓,这就自然引出了尾联的热切希望:什么时候才能再次欢聚,像过去那样,把酒论诗,这是作者最难忘怀、最为向往的事,以此作结,正与诗的开头呼应。言"重与",是说过去曾经如此,这就使眼前不得再次会晤的怅恨更为悠远,加深了对友人的怀念。用"何时"作诘问语气,把希望早日重聚的愿望表达得更加强烈,使结尾余意不尽,读完全诗后,作者的无限思情仍在心中回荡。

清代浦起龙说:"此篇纯于诗学结契上立意。"(《读杜心解》)道出了这首诗在内容和结构上的特点。全诗以赞诗起,以"论文"结,由诗转到人,由人又回到诗,转折过接,极其自然,通篇始终贯穿着一个"忆"字,把对人和对诗的倾慕怀念,结合得水乳交融。以景寓情的手法,更是出神入化,把作者的思念之情,写得深厚无比,情韵绵绵。

【思考题】

1. 试比较李白的赠友人诗,如《送友人入蜀》《送孟浩然之广陵》《送友人》等,谈谈李、杜诗歌风格的不同点。

2. 杜甫的诗歌被称为"诗史",谈谈你对于"诗史"的理解。

四、梦微之

白居易

【作者简介】

白居易(772—846),字乐天,晚年号香山居士,又号醉吟先生,卒谥文,下邽(在今陕西渭南境)人。先世太原(今山西太原)人。贞元进士,授秘书省校书郎。元和年间,为翰林学士、左拾遗,屡上奏章指摘弊政,直言无忌。自太子左赞善大夫贬为江州(今江西九江)司马,迁忠州(今重庆忠县)刺史,还朝任中书舍人。历杭州、苏州刺史。晚年居洛阳,以刑部尚书致仕。白居易与元稹并称"元白",又与刘禹锡并称"刘白",是中唐诗坛最为重要的诗人之一。他积极倡导新乐府运动,在诗歌思想上主张"文章合为时而著,歌诗合为事而做",注重诗歌"补察时政""泄导人情"的社会功能。白居易诗浅显平易,题材广泛,形式多样,语言通俗。他把自己的诗分为讽喻、闲适、感伤、杂律四类。其代表作有《新乐府》五十首、《琵琶行》《长恨歌》等。有《白氏长庆集》传世。

【原文】

夜来携手梦同游, 晨起盈巾泪莫收。
漳浦老身三度病①,咸阳宿草八回秋②。
君埋泉下泥销骨, 我寄人间雪满头。
阿卫韩郎相次去③,夜台茫昧得知不④?

【汇评】

缀玉联珠六十年,谁教冥路作诗仙?浮云不系名居易,造化无为字乐天。童子解吟《长恨》曲,胡儿能唱《琵琶》篇。文章已满行人耳,一度思卿一怆然。(唐·李忱《吊白居易》)

白诗善道人心中事,流易处近人。白傅讽喻诗有关世道,当别具只眼观之。(清·乔亿《剑溪说诗》)

白乐天歌行,平铺直叙而不嫌其拖踏者,气盛也。(清·方贞观《辍锻录》)

---

①"漳浦"句:以三国时刘桢卧病漳浦自比。刘桢《赠五官中郎将》其二:"余婴沉痼疾,窜身清漳滨。"漳浦,指漳河。今山西省东部有清漳、浊漳二河,东南流至河北、河南两省边境,合为漳河。 ②"咸阳"句:指元稹已死多年。元稹死于大和五年(831)七月,次年七月葬咸阳县(治所在今陕西咸阳)。宿草,指墓地上隔年的草,用为悼念亡友之辞。《礼记·檀弓上》:"朋友之墓,有宿草而不哭焉。" ③阿卫:微之的小儿子。韩郎:微之的爱婿。但据作者所作元稹墓志铭:"今夫人河东裴氏,贤明知礼。……生三女:曰小迎,未笄,道卫、道扶,韶龀。一子曰道护,三岁。"可知阿卫即道卫,自注中"小男"或为"小女"之误。又韩郎疑是韩泰的儿子。 ④夜台:指坟墓,因为闭于坟墓,不见光明,所以称为夜台,后来也用来指代阴间。茫昧:模糊不清。

【赏析】

　　这首《梦微之》是白居易在元稹离世九年后所做的一首七言律诗。其中颈联"君埋泉下泥销骨,我寄人间雪满头",古往今来不知有多少人为它而伤怀。

　　"夜来携手梦同游,晨起盈巾泪莫收。"梦中二人携手同游,他们可能意气风发地畅谈天下大事、黎民苍生;可能痛斥那宦海风波、官场污浊;可能耻笑那魑魅小人、假义君子……可是梦总有醒来的时候,泪水打湿了绢帕,老泪纵横也无心擦拭了。白居易想起了元稹当年还和过他的一首诗,诗中有这么两句:"我今因病魂颠倒,惟梦闲人不梦君。"确实,生时不能相见,梦见还可以慰藉相思,梦不见是悲痛的。可是,死后故人梦更是痛彻心扉。明知此生不能再见,却又一遍遍回忆着逝去的时光,每每回忆一次,都是一遍强于一遍的无奈忧伤。死亡,切断了所有一切可能的念想。

　　"漳浦老身三度病,咸阳宿草八回秋。"时间蹉跎了芳华,元稹死后,白居易的一把老骨头也不得安生,只是淡漠地看着长安城的草生草长。白居易与元稹一别已是九年,而且还会有好几个九年,直到自己也身赴黄泉。而自己的生老病死,已经没有了元稹的参与。

　　"君埋泉下泥销骨,我寄人间雪满头。"白居易是一位"深入浅出"型的沉思者:孤高、正直、磊落、坦荡。这句话正是白诗在字面、形式上看似浅显,而情意、内涵甚深的表现。在时隔九年后,诗人的这份思友之情才显得弥足珍贵。

　　"阿卫韩郎相次去,夜台茫昧得知不?"高寿的诗人目睹了后辈们的离去。一方面,活着的人想要知道死去的人的情况;另一方面,活着的人总是念念不忘地将人世间的新鲜事儿祷告给死者,纵然知道是徒劳,还是怀着这份希望。《古诗十九首》中有言:"来者日以亲,去者日以疏。"当诗人看着去者已去经年,而来者亦已成去者,这是很大的内心荒凉。

　　人生得一知己足矣,斯世当以同怀视之!浅品《梦微之》,使我们品味到了这世间有一种真情——相濡以沫!

【思考题】

　　1. 将本诗和杜甫的《春日忆李白》进行对比,试比较两者之间的主要异同之处。
　　2. 中唐诗何以能够在盛唐之后再一次焕发生命力?

五、寄黄几复

黄庭坚

【作者简介】

黄庭坚(1045—1105),字鲁直,号山谷道人,晚号涪翁,洪州分宁(今江西省九江市修水县)人。治平四年(1067)进士及第,任叶县县尉。熙宁五年(1072)除国子监教授。元丰三年(1080)改知太和县。宋元祐元年(1086),哲宗召黄庭坚为校书郎、《神宗实录》检讨官,迁著作佐郎,集贤校理。宋绍圣初,黄庭坚出任宣州知州,改知鄂州,被劾修《神宗实录》多诬陷不实之词,因此被贬为涪州别驾、黔州安置。宋元符元年(1100),徽宗即位,起任黄庭坚为太平州知州,上任九天就被罢免。后因与宰执赵挺之有隙,除名编管宜州而卒。黄庭坚在文学上深受苏轼影响,与张耒、晁补之、秦观合称为"苏门四学士"。他在诗歌创作上注重对艺术技巧的探寻,推崇杜甫,提出"点铁成金""夺胎换骨"的诗学主张,诗风瘦硬奇峭,法度严谨,说理细密,开创了江西诗派,为后学所法,影响极大,与杜甫、陈师道和陈与义素有"一祖三宗"(黄庭坚为其中一宗)之称。生前与苏轼齐名,世称"苏黄"。

【原文】

我居北海君南海①,寄雁传书谢不能。
桃李春风一杯酒, 江湖夜雨十年灯。
持家但有四立壁②,治病不蕲三折肱③。
想得读书头已白, 隔溪猿哭瘴溪藤④。

【汇评】

豫章之学博矣,而得法于杜少陵,其学少陵而不为者也。故其诗近之,而其进则未也。(宋·陈师道《答秦觏书》)

黄山谷词,用意深至,自非小才所能办。惟故以生字、俚语侮弄世俗,若为金、元曲家滥觞。(清·刘熙载《艺概》)

(黄庭坚)是第一个有意的讲究诗的技巧的人。(朱自清《经典常谈》)

---

① "我居"句:《左传·僖公四年》:"君处北海,寡人处南海,唯是风马牛不相及也。"作者在"跋"中说:"几复在广州四会,予在德州德平镇,皆海滨也。" ② 四立壁:见《史记·司马相如列传》:"文君夜奔相如,相如驰归成都,家徒四壁立。" ③ 蕲(qí):祈求。肱:上臂,手臂由肘到肩的部分,古代有三折肱而为良医的说法。 ④ 瘴(zhàng)溪:旧传岭南边远之地多瘴气。

【赏析】

该诗写于宋神宗元丰八年（1085），黄庭坚在山东德平为官，他的同乡挚友黄几复在广东四会为县令。在此十年前神宗熙宁九年（1076），他们曾在京同科及第，随后相别。此诗就是写于他们分别十年之际。

首联和颔联为第一层：主要写别后的思念深情。首联"我居北海君南海，寄雁传书谢不能"，从地理位置相隔之远和客观联系条件之难两方面写思念。德平靠近渤海，四会在南海滨，恰是一南一北，南北之遥，两个"海"字重用，也给人天涯海角之感。把本来用于形容两国距离很远的话用来形容与友人相距之远，不仅气势雄健有力，而且通过这种空间上的极度遥远也反衬出对友人的思念情深。第二句指出不但相隔远，而且难以联系。"寄雁传书谢不能"引用《汉书·苏武传》鸿雁传书的典故，一般用来表达相思之情，此处用想托鸿雁捎信被谢绝极言与友人相距之远，连鸿雁都飞不到。

颔联以对比的手法写思念。主要表达昔日的快意乐情，两人春试成功，在春风和煦、桃李争艳的良辰美景中举杯庆祝。"江湖夜雨十年灯"化用杜甫《梦李白》中"江湖多风波，舟楫恐失坠"和李商隐《夜雨寄北》中"君问归期未有期，巴山夜雨涨秋池"的句子，表达别离之后却是浪迹江湖、孤灯听夜雨的萧条冷落的环境。"一杯酒"表示短暂欢聚，"十年灯"表示长久分离，这一"乐"一"哀"的对比，把仕途失意之情、思念对方之意表现得淋漓尽致。这两句句式特殊，构思新颖，连续并列六个名词和两个数量词，来表达深厚的别情离意，给人以强烈的感染。

颈联和尾联为第二层：作者主要从三个方面赞誉了友人的品德和才能。"持家但有四立壁"化用《史记·司马相如列传》："文君夜奔相如，相如驰归成都，家徒四壁立"，身为县令家境却如此贫寒，主要赞誉友人清正廉洁，守正不阿的品德。"治病不蕲三折肱"化用《左传·定公十三年》："三折肱，知为良医。"意为有了三次折断胳膊的经历，才能成为一个好医生，强调实践和阅历的重要性。"蕲"表示"祈求"。表示黄几复无须三折肱就成为替民治疾的良医，赞誉他具备治国安民的卓越才能。"想得读书头已白"是作者猜测友人满头霜发时还在坚持勤奋苦读，精心钻研，赞誉他具有学而不倦的精神。"隔溪猿哭瘴溪藤"写友人所处环境之荒僻凄苦，相伴的是弥漫着瘴气的山溪，丛林密布的藤萝，悲哀啼叫的猿猴。结句寄寓了深刻丰富的情感，作者将友人所处的环境与前面所述的卓越才干相对比，表达了自己对友人目前处境的深切同情和惋惜，同时也是为友人的这种处境而鸣不平。

黄庭坚作为江西诗派的得力主将，诗歌创作工于炼字、重视句法、喜用拗句，讲究"无一字无来处""点铁成金""夺胎换骨"，过多的典故造成生新瘦硬的风格。但这首诗却比较平易，字面较为平常，典故也是常见的，经过作者巧妙的艺术构思，以故为新，整体上达到让人耳目一新的艺术效果。

【思考题】

1. 黄庭坚提出"夺胎换骨""点铁成金"的诗学理论，这一理论主张在该诗中是如何体现的？

2. "江西诗派"在中国诗歌的历史长河中具有什么样的地位和作用？

六、玉蝴蝶(望处雨收云断)

柳 永

【作者简介】

柳永(约984—约1053),原名三变,字景庄,后改名柳永,字耆卿,因排行第七,又称柳七,崇安(今福建武夷山)人。景祐元年(1034),柳永暮年及第,历任睦州团练推官、余杭县令、晓峰盐监、泗州判官等职,以屯田员外郎致仕,故世称柳屯田。

柳永是第一位对宋词进行全面革新的词人,也是宋代词坛上创用词调最多的词人。柳永大力创作慢词,将敷陈其事的赋法移植于词,同时充分运用俚词俗语,以适俗的意象、淋漓尽致的铺叙、平淡无华的白描等艺术特质,对宋词的发展产生了深远影响。

【原文】

望处雨收云断[1],凭阑悄悄,目送秋光。晚景萧疏[2],堪动宋玉悲凉[3]。水风轻,蘋花渐老[4],月露冷、梧叶飘黄。遣情伤[5]。故人何在,烟水茫茫。

难忘,文期酒会[6],几孤风月[7],屡变星霜[8]。海阔山遥,未知何处是潇湘[9]!念双燕、难凭远信,指暮天[10]、空识归航[11]。黯相望。断鸿声里,立尽斜阳[12]。

【汇评】

东坡云:"世言柳耆卿曲俗,非也。如《八声甘州》云:'霜风凄紧,关河冷落,残照当楼',此语于诗句不减唐人高处。"(宋·赵令畤《侯鲭录》)

予观柳氏乐章,喜其能道嘉祐中太平气象,如观杜甫诗,典雅文华,无所不有。是时予方为儿,犹想见其风俗,欢声和气,洋溢道路之间,动植咸若。令人歌柳词,闻其声,听其词,如丁斯时,使人慨然有感。呜呼,太平气象,柳能一写于乐章,所谓词人盛事之黼藻,其可废耶。(宋·黄裳《演山集》)

"水风"二句善状萧疏晚景,且引起下文离思。"情伤"以下至结句黯然魂消,可抵江淹《别赋》,令人增《蒹葭》怀友之思。(俞陛云《唐五代两宋词选释》)

---

[1] 雨收云断:雨停云散。 [2] 萧疏:清冷疏散,稀稀落落。 [3] 堪:可以。宋玉悲凉:指宋玉《九辩》,引申为悲秋。宋玉《九辩》有"悲哉!秋之为气也,萧瑟兮,草木摇落而变衰!"句。 [4] 蘋花:一种夏秋间开小白花的浮萍。 [5] 遣情伤:令人伤感。遣,使得。 [6] 文期酒会:文人们相约饮酒赋诗的聚会。期,约。 [7] 几孤风月:辜负了多少美好的风光景色。几,多回。孤,同"辜",辜负。风月,美好的风光景色。 [8] 屡变星霜:经过了好几年。星霜,星一年一周天,霜每年而降,因称一年为一星霜,亦以之喻年月也。 [9] 潇湘:湘江的别称。这里指所思念的人居住的地方。 [10] 暮天:傍晚时分。 [11] 空:白白地。归航:返航的船。 [12] 立尽斜阳:在傍晚西斜的太阳下立了很久,直到太阳落山。

【赏析】

　　伤秋怀人,是柳永多数词作的共同主题。这首《玉蝴蝶》也是这个题材,在艺术风格上更是体现了他"铺叙展衍,备足无余"的"尽"的特色,用白描手法,状景抒情,层次明晰,情景俱胜,相互交融辉映。

　　词的上片抒写了眼前的秋景,触景生情,引发了对故人的怀念。这是个深秋季节的傍晚,刚刚雨收云散了,独自悄悄凭栏远眺,眼睛把老去的秋光送得很远。像这样肃杀凄清的秋晚景色,怎能不勾起自己像宋玉那样的悲秋感慨呢?宋玉《九辩》中有这样的句子:"悲哉!秋之为气也,萧瑟兮,草木摇落而变衰。"后人提到悲秋,都首先提到宋玉的名句,而宋玉也就成了抒悲秋之情的鼻祖。以上是从宏观角度着眼看秋光而心生感慨。接下来作者又从微观的角度描写了水、花、月、叶四种具体的秋色,用轻、老、冷、黄这样的凄凉落寞字眼加以渲染,使这些景色立即披上了一层愁云惨雾,构成了极强烈的悲情氛围。经过宏观、微观的情景交融、渲染,然后用"遣情伤"三个沉甸甸的字,戛然做了总结,便觉气势顺畅,节奏上又有顿挫,非常有力。同时这三字又顺流而下地带出了上片结尾的句子"故人何在,烟水茫茫",点出了思念故人的题旨,非常自然。"烟水茫茫"是指故人渺然不知何处去,也象征了词人思念故人的惆怅和悲哀。

　　下片用"难忘"二字有力地承上启下,把上片对故人的无限思念深情,导转到对故人的回忆,回忆那时与朋友们的乐事。但柳永并没有无休止地回忆下去,而是戛然而止,转入自己强烈情感的抒发和升华,多少值得怀念的往事,都随着风月星霜的移转、嬗变而一起流逝了,一去不复返了。"潇湘"此句与上片"故人何在,烟水茫茫"相呼应。下面又是细写自己思念之情的强烈,极力写自己情之深,见景都能触发种种联想,寄托更深的怀念。

　　末端,仍然用一个黯然伤怀的诗人形象作为全词的结尾,给读者留下深刻具体的印象,言犹未尽的余韵,反复思考的暗示。"立尽斜阳"就能起到这样的效果。

【思考题】

　　1. 柳永的词对后世的影响主要体现在哪些方面?
　　2. 柳词的表现手法有哪些?

七、三国演义·刘备北海救孔融

罗贯中

【作者简介】

　　罗贯中(约1330—约1400),名本,字贯中,号湖海散人,元末明初小说家,《三国志通俗演义》的作者。罗贯中的其他主要作品有小说《隋唐两朝志传》《残唐五代史演义》《三遂平妖传》《水浒全传》。《三国志通俗演义》(简称《三国演义》)是罗贯中的力作,这部长篇小说对后世文学创作影响深远。除小说创作外,尚存杂剧《宋太祖龙虎风云会》。罗贯中被称为中国章回小说的鼻祖,他的章回小说特色是分章叙事,分回标目,每回故事相对独立,段落整齐,但又前后勾连、首尾相接,将全书构成统一的整体。且已经分卷分目,目录文字也很讲究。今见最早的嘉靖壬午(1522)刻本《三国志通俗演义》,每回标题都是单句七字。罗贯中与施耐庵合著的《水浒传》每回的标题已是双句,大致对偶。除分回立目之外,他的章回小说还保存了宋元话本中开头引开场诗,结尾用散场诗的体制。正文常以"话说"两字起首,往往在情节开展的紧要关头煞尾,用一句"欲知后事如何,且听下回分解"的套语,中间又多引诗词曲赋来做场景描写或人物评赞等。

【原文】

　　却说献计之人,乃东海朐县人,姓糜,名竺,字子仲。此人家世富豪,尝往洛阳买卖,乘车而回,路遇一美妇人,来求同载,竺乃下车步行,让车与妇人坐。妇人请竺同载。竺上车端坐,目不邪视。行及数里,妇人辞去;临别对竺曰:"我乃南方火德星君也,奉上帝教,往烧汝家。感君相待以礼,故明告君。君可速归,搬出财物。吾当夜来。"言讫不见。竺大惊,飞奔到家,将家中所有,疾忙搬出。是晚果然厨中火起,尽烧其屋。竺因此广舍家财,济贫拔苦。后陶谦聘为别驾从事。当日献计曰:"某愿亲往北海郡,求孔融起兵救援;更得一人往青州田楷处求救:若二处军马齐来,操必退兵矣。"谦从之,遂写书二封,问帐下谁人敢去青州求救。一人应声愿往。众视之,乃广陵人,姓陈,名登,字元龙。陶谦先打发陈元龙往青州去讫,然后命糜竺赍书赴北海,自己率众守城,以备攻击。

　　却说北海孔融,字文举,鲁国曲阜人也,孔子二十世孙,泰山都尉孔宙之子。自小聪明,年十岁时,往谒河南尹李膺,阍人难之,融曰:"我系李相通家。"及入见,膺问曰:"汝祖与吾祖何亲?"融曰:"昔孔子曾问礼于老子,融与君岂非累世通家?"膺大奇之。少顷,太中大夫陈炜至。膺指融曰:"此奇童也。"炜曰:"小时聪明,大时未必聪明。"融即应声曰:"如君所言,幼时必聪明者。"炜等皆笑曰:"此子长成,必当代之伟器也。"自此得名。后为中郎将,累迁北海太守。极好宾客,常曰:"座上客常满,樽中酒不空:吾之愿也。"在北海六年,甚得民心。当日正与客坐,人报徐州糜竺至。融请入见,问其来意,竺出陶谦书,言:"曹操攻围甚急,望明公垂救。"融曰:"吾与陶恭祖交厚,子仲又亲到此,如何不去?只是曹孟德与我无仇,当先遣人送书解和。如其不从,然后起兵。"竺曰:"曹操倚仗兵威,决不肯和。"融教一面点兵,一面差人送书。正商议间,忽报黄巾贼党管亥部领群寇数万杀奔前来。孔融大惊,急点本部人马,出城与贼迎战。管亥出马曰:"吾知北海粮广,可借一万石,即便退兵;不然,打破城池,老幼不留!"孔融叱曰:"吾乃大汉之臣,守大汉之地,岂有粮米与贼耶!"管亥大怒,拍马舞刀,直取孔融,融将宗宝挺枪出马;战不数合,被管亥一刀,砍宗宝于马下。孔融兵大乱,奔入城中。管亥分兵四面围城,孔融心中郁闷。糜竺怀愁,更不可言。次日,孔融登城遥望,贼势浩大,倍添忧恼。忽见城外一人挺枪跃马杀入贼阵,左冲右突,如入无人之境,直到城下,大叫"开门"。孔融不识其人,不敢开门。贼众赶到壕边,那人回身连搠十数人下马,贼众倒退,融急命开门引入。其人下马弃枪,径到城上,拜见孔融。融问其姓名,对曰:"某东莱黄县人也,覆姓太史,名慈,字子义。老母重蒙恩顾。某昨自辽东回家省亲,知贼寇城。老母说:'屡受府君深恩,汝当往救。'某故单马而来。"孔融大喜。原来孔融与太史慈虽未识面,却晓得他是个英雄。因他远出,有老母住在离城二十里之外,融常使人遗以粟帛;母感融德,故特使慈来救。

　　当下孔融重待太史慈,赠与衣甲鞍马。慈曰:"某愿借精兵一千,出城杀贼。"融曰:"君虽英勇,然贼势甚盛,不可轻出。"慈曰:"老母感君厚德,特遣慈来;如不能解围,慈亦无颜见母矣。愿决一死战!"融曰:"吾闻刘玄德乃当世英雄,若请得他来相救,此围自解。只无人可使耳。"慈曰:"府君修书,某当急往。"融喜,修书付慈,慈擐甲上马,腰带弓矢,手持铁枪,饱食严装,城门开处,一骑飞出。近壕,贼将率众来战。慈连搠死数人,透围而出。管亥知有人出城,料必是请救兵的,便自引数百骑赶来,八面围定。慈倚住枪,拈弓搭箭,八面射之,无不应弦落马。贼众不敢来追。

　　太史慈得脱,星夜投平原来见刘玄德。施礼罢,具言孔北海被围求救之事,呈上书札。玄德看毕,问慈曰:"足下何人?"慈曰:"某太史慈,东海之鄙人也。与孔融亲非骨肉,比非乡党,特以气谊相投,有分忧共患之意。今管亥暴乱,北海被围,孤穷无告,危在旦夕。闻君仁义素著,能救人危急,故特令某冒锋突围,前来求救。"玄德敛容答曰:"孔北海知世间有刘备耶?"乃同云长、翼德点精兵三千,往北海郡进发。

管亥望见救军来到,亲自引兵迎敌;因见玄德兵少,不以为意。玄德与关、张、太史慈立马阵前,管亥忿怒直出。太史慈却待向前,云长早出,直取管亥。两马相交,众军大喊。量管亥怎敌得云长,数十合之间,青龙刀起,劈管亥于马下。太史慈、张飞两骑齐出,双枪并举,杀入贼阵。玄德驱兵掩杀。城上孔融望见太史慈与关、张赶杀贼众,如虎入羊群,纵横莫当,便驱兵出城。两下夹攻,大败群贼,降者无数,余党溃散。孔融迎接玄德入城,叙礼毕,大设筵宴庆贺。又引糜竺来见玄德,具言张闿杀曹嵩之事:"今曹操纵兵大掠,围住徐州,特来求救。"玄德曰:"陶恭祖乃仁人君子,不意受此无辜之冤。"孔融曰:"公乃汉室宗亲。今曹操残害百姓,倚强欺弱,何不与融同往救之?"玄德曰:"备非敢推辞,奈兵微将寡,恐难轻动。"孔融曰:"融之欲救陶恭祖,虽因旧谊,亦为大义。公岂独无仗义之心耶?"玄德曰:"既如此,请文举先行,容备去公孙瓒处,借三五千人马,随后便来。"融曰:"公切勿失信。"玄德曰:"公以备为何如人也?圣人云:自古皆有死,人无信不立。刘备借得军、或借不得军,必然亲至。"孔融应允,教糜竺先回徐州去报,融便收拾起程。太史慈拜谢曰:"慈奉母命前来相助,今幸无虞。有扬州刺史刘繇,与慈同郡,有书来唤,不敢不去。容图再见。"融以金帛相酬,慈不肯受而归。其母见之,喜曰:"我喜汝有以报北海也!"遂遣慈往扬州去了。不说孔融起兵。且说玄德离北海来见公孙瓒,具说欲救徐州之事。瓒曰:"曹操与君无仇,何苦替人出力?"玄德曰:"备已许人,不敢失信。"瓒曰:"我借与君马步军二千。"玄德曰:"更望借赵子龙一行。"瓒许之。玄德遂与关、张引本部三千人为前部,子龙引二千人随后,往徐州来。

却说糜竺回报陶谦,言北海又请得刘玄德来助;陈元龙也回报青州田楷欣然领兵来救;陶谦心安。原来孔融、田楷两路军马,惧怕曹兵势猛,远远依山下寨,未敢轻进。曹操见两路军到,亦分了军势,不敢向前攻城。

却说刘玄德军到,见孔融。融曰:"曹兵势大,操又善于用兵,未可轻战。且观其动静,然后进兵。"玄德曰:"但恐城中无粮,难以久持。备令云长、子龙领军四千，在公部下相助；备与张飞杀奔曹营，径投徐州去见陶使君商议。"融大喜，会合田楷，为掎角之势；云长、子龙领兵两边接应。是日玄德、张飞引一千人马杀入曹兵寨边。正行之间，寨内一声鼓响，马军步军，如潮似浪，拥将出来。当头一员大将，乃是于禁，勒马大叫："何处狂徒！往那里去！"张飞见了，更不打话，直取于禁。两马相交，战到数合，玄德掣双股剑麾兵大进，于禁败走。张飞当前追杀，直到徐州城下。

城上望见红旗白字，大书"平原刘玄德"，陶谦急令开门。玄德入城，陶谦接着，共到府衙。礼毕，设宴相待，一壁劳军。陶谦见玄德仪表轩昂，语言豁达，心中大喜，便命糜竺取徐州牌印，让与玄德。玄德愕然曰："公何意也？"谦曰："今天下扰乱，王纲不振；公乃汉室宗亲，正宜力扶社稷。老夫年迈无能，情愿将徐州相让。公勿推辞。谦当自写表文，申奏朝廷。"玄德离席再拜曰："刘备虽汉朝苗裔，功微德薄，为平原相犹恐不称职。今为大义，故来相助。公出此言，莫非疑刘备有吞并之心耶？若举此念，皇天不佑！"谦曰："此老夫之实情也。"再三相让，玄德那里肯受。糜竺进曰："今兵临城下，且当商议退敌之策。待事平之日，再当相让可也。"玄德曰："备当遗书于曹操，劝令解和。操若不从，厮杀未迟。"于是传檄三寨，且按兵不动；遣人赍书以达曹操。

却说曹操正在军中，与诸将议事，人报徐州有战书到。操拆而观之，乃刘备书也。书略曰："备自关外得拜君颜，嗣后天各一方，不及趋侍。向者，尊父曹侯，实因张闿不仁，以致被害，非陶恭祖之罪也。目今黄巾遗孽，扰乱于外；董卓余党，盘踞于内。愿明公先朝廷之急，而后私仇；撤徐州之兵，以救国难：则徐州幸甚，天下幸甚！"曹操看书，大骂："刘备何人，敢以书来劝我！且中间有讥讽之意！"命斩来使，一面竭力攻城。郭嘉谏曰："刘备远来救援，先礼后兵，主公当用好言答之，以慢备心；然后进兵攻城，城可破也。"操从其言，款留来使，候发回书。

正商议间，忽流星马飞报祸事。操问其故，报说吕布已袭破兖州，进据濮阳。原来吕布自遭李、郭之乱，逃出武关，去投袁术；术怪吕布反覆不定，拒而不纳。投袁绍，绍纳之，与布共破张燕于常山。布自以为得志，傲慢袁绍手下将士。绍欲杀之。布乃去投张杨，杨纳之。时庞舒在长安城中，私藏吕布妻小，送还吕布。李傕、郭汜知之，遂斩庞舒，写书与张杨，教杀吕布。布因弃张杨去投张邈。恰好张邈弟张超引陈宫来见张邈。宫说邈曰："今天下分崩,英雄并起;君以千里之众,而反受制于人,不亦鄙乎!今曹操征东,兖州空虚;而吕布乃当世勇士,若与之共取兖州,霸业可图也。"张邈大喜,便令吕布袭破兖州,随据濮阳。止有鄄城、东阿、范县三处,被荀彧、程昱设计死守得全,其余俱破。曹仁屡战,皆不能胜,特此告急。操闻报大惊曰:"兖州有失,使吾无家可归矣,不可不亟图之!"郭嘉曰:"主公正好卖个人情与刘备,退军去复兖州。"操然之,即时答书与刘备,拔寨退兵。

且说来使回徐州,入城见陶谦,呈上书札,言曹兵已退。谦大喜,差人请孔融、田楷、云长、子龙等赴城大会。饮宴既毕,谦延玄德于上座,拱手对众曰:"老夫年迈,二子不才,不堪国家重任。刘公乃帝室之胄,德广才高,可领徐州。老夫情愿乞闲养病。"玄德曰:"孔文举令备来救徐州,为义也。今无端据而有之,天下将以备为无义人矣。"糜竺曰:"今汉室陵迟,海宇颠覆,树功立业,正在此时。徐州殷富,户口百万,刘使君领此,不可辞也。"玄德曰:"此事决不敢应命。"陈登曰:"陶府君多病,不能视事,明公勿辞。"玄德曰:"袁公路四世三公,海内所归,近在寿春,何不以州让之?"孔融曰:"袁公路冢中枯骨,何足挂齿!今日之事,天与不取,悔不可追。"玄德坚执不肯。陶谦泣下曰:"君若舍我而去,我死不瞑目矣!"云长曰:"既承陶公相让,兄且权领州事。"张飞曰:"又不是我强要他的州郡;他好意相让,何必苦苦推辞!"玄德曰:"汝等欲陷我于不义耶?"陶谦推让再三,玄德只是不受。陶谦曰:"如玄德必不肯从,此间近邑,名曰小沛,足可屯军,请玄德暂驻军此邑,以保徐州。何如?"众皆劝玄德留小沛,玄德从之。陶谦劳军已毕,赵云辞去,玄德执手挥泪而别。孔融、田楷亦各相别,引军自回。玄德与关、张引本部军来至小沛,修葺城垣,抚谕居民。

【汇评】

世人鲜有读三国史者,惟于罗贯中演义得其梗概耳。(清·魏裔介《三国问答序》)

《三国》叙事之佳,直与《史记》相仿佛,而其叙事之难则有倍难于《史记》者。(清·毛宗岗《三国演义读法》)

至于写人,亦颇有失,以致欲显刘备之长厚而似伪,状诸葛之多智而近妖;惟于关羽,特多好语,义勇之概,时时如见矣。(鲁迅《中国小说史略》)

【赏析】

《三国演义》是中国第一部长篇章回体历史演义小说,以描写战争为主,反映了吴、蜀、魏三个政治集团之间的政治和军事斗争。分为黄巾之乱、董卓之乱、群雄逐鹿、三国鼎立、三国归晋五大部分。在广阔的背景上,上演了一幕幕气势磅礴的战争场面。罗贯中将兵法三十六计融于字里行间,既有情节,也有兵法韬略。《三国演义》反映了丰富的历史内容,人物名称、地理名称、主要事件与《三国志》基本相同。人物性格也是在《三国志》留下的固定形象基础上,进行再发挥,予以夸张、美化、丑化等等,这也是历史演义小说的套路。《三国演义》一方面反映了真实的三国历史,照顾到读者希望了解真实历史的需要;另一方面,根据明朝社会的实际情况对三国人物进行了夸张、美化、丑化等等。

《三国演义》在创作上的一个重要特点是依史以演义,作者的创作目的是描绘一部形象化的三国兴亡史,其间总结历史经验教训的意图十分鲜明。小说借鉴了编年体史书的编著模式,以三国纷争的历史进程为主线,以王业兴废为焦点,把近百年的历史故事有机地组织在一起。主要写了三国时期的政治和军事斗争,而作者的兴趣则在于揭示这个时期的各个军事集团如何兴、如何亡。通过汉末的群雄争霸,对历史兴亡教训进行总结,顺民心、得人才、有谋略者得天下,这是作者表达的主要思想。

在创作上,《三国演义》继承了传统史学的实录精神,"七实三虚"可以说是该书取材的基本原则,小说中虽有不少虚构成分,但大的历史事件皆取之于史册,主要人物的性格、经历也基本符合史实。这样的精神和叙事方式同样体现在本回中,面对丰富、复杂的史料和民间故事,作者主要进行了两个方面的工作:

首先,以史实为依据,剔除民间文化中过于荒诞、鄙俗的成分以及不符合人物性格的情节。《三国志平话》是民间三国故事的集大成者,同时也是《三国演义》创作时最为重要的参考资料之一,该书的情节大多撷自民间传闻,所以有一些离奇的情节,但罗贯中有意识地进行删减,淡化了封建迷信色彩,使小说成为蕴涵更为丰富的历史悲剧。所以,第十一回虽然设计了糜竺遇到火德星君的情节,但着墨不多,而是为了突出其人"仁义"的特点,从而为其亲往北海郡,求孔融起兵救援的故事情节做了很好的铺垫。

其次,精心提炼情节,增强小说的文学性。《三国志》《资治通鉴》等史著为《三国演义》的创作提供了丰富的素材,作者的主要任务就是对这些杂乱、原始的材料进行重新组合,《三国演义》的成功之处就在于,在尊重历史,使情节框架合乎史实的前提下,充分发挥想象,将这些来自史书、民间的各种素材整理、提炼成一个又一个生动的故事情节,从而使小说的艺术性大大提高。在本回中,对来自民间的各种传说的情节,作者做了大量删削,比如关于孔融的聪慧、糜竺遇到火德星君等,但是并未进行大肆渲染,而是着重描述孔融立刻派太史慈去平原求援,于是刘备立即来救,解决了北海的危机这一事件,突出主题,使它们成为小说中十分重要的构成部分。

罗贯中将来自雅、俗两个不同层面的文化融为一体,并按自己的主体认识、价值观念和艺术好恶加以扭合,从而使作品及人物具有十分丰富的文化蕴涵。在《三国演义》中,既有上层统治阶级意识形态的折光,又沉淀着广大、深沉的民间思想。它是一部形象化的三国兴亡史,同时也是一部民众眼中的政治、军事史。

总的来看,本回虽然保留了许多虚构的故事,在一定程度上注重故事的生动有趣,但同时又尽可能地向历史靠拢,而在处理两方面不可避免的矛盾冲突时,它基本遵守的是史实优先的原则,这也是与《三国演义》的总体艺术创作原则一致的。章学诚称《三国演义》的特点是"七实三虚",不论这个说法是否准确,都道出了《三国演义》成功的一个秘诀——"实"是史官文化的成分,"虚"则多与民间文化有瓜葛,只有容纳各种文化,才能丰富小说的内容。同时,只有经过精心整合,才能使各种异质文化水乳交融,才能提升小说的艺术品位。

【思考题】

1. 通过该篇文章,简单分析《三国演义》的艺术特色。
2. 对照本篇课文内容,选择其中的一个人物写一篇人物短评,不少于600字。

八、喻世明言·范巨卿鸡黍死生交

冯梦龙

【作者简介】

冯梦龙(1574—1646),字犹龙,号墨憨斋主人,别署顾曲散人、姑苏词奴等。中国古代文学家、思想家。明朝南直隶苏州府长洲县(今江苏苏州)人,系苏州蔚溪冯氏的后代。

冯梦龙出身士大夫家庭,与兄冯梦桂、弟冯梦熊并称"吴下三冯"。明崇祯贡生。崇祯七年(1634),任福建寿宁知县。后回乡从事著述。清顺治初,著《中兴伟略》,记唐王朱聿键监国福州事。家富藏书,辑著《三遂平妖传》《智囊》《广笑府》《墨憨斋传奇》等。所辑话本《喻世明言》(又名《古今小说》)《警世通言》《醒世恒言》(合称"三言")是中国白话短篇小说的经典代表作。

【原文】

种树莫种垂杨枝,结交莫结轻薄儿。杨枝不耐秋风吹,轻薄易结还易离。君不见、昨日书来两相忆,今日相逢不相识!不如杨枝犹可久,一度春风一回首。

这篇言语是《结交行》,言结交最难。今日说一个秀才,乃汉明帝时人,姓张名劭,字元伯,是汝州南城人氏。家本农业,苦志读书;年二十五岁,不曾婚娶。其老母年近六旬,并弟张勤努力耕种,以供二膳。时汉帝求贤。劭辞老母,别兄弟,自负书囊,来到东都洛阳应举。在路非只一日。到洛阳不远,当日天晚,投店宿歇。是夜,常闻邻房有人声唤。劭至晚问店小二:"间壁声唤的是谁?"小二答道:"是一个秀才,害时症,在此将死。"劭曰:"既是斯文,当以看视之。"小二曰:"瘟病过人,我们尚自不去看他;秀才,你休去!"劭曰:"死生有命,安有病能过人之理?吾须视之。"小二劝不住。劭乃推门而入,见一人仰面卧于土榻之上,面黄肌瘦,口内只叫:"救人!"劭见房中书囊、衣冠,都是应举的行动,遂扣头边而言曰:"君子勿忧,张劭亦是赴选之人。今见汝病至笃,吾竭力救之。药饵粥食,吾自供奉,且自宽心。"其人曰:"若君子救得我病,容当厚报。"劭随即挽人请医用药调治。早晚汤水粥食,劭自供给。

　　数日之后,汗出病减,渐渐将息,能起行立。劭问之,乃是楚州山阳人氏,姓范,名式,字巨卿,年四十岁。世本商贾,幼亡父母,有妻小。近弃商贾,来洛阳应举。比及范巨卿将息得无事了,误了试期。范曰:"今因式病,有误足下功名,甚不自安。"劭曰:"大丈夫以义气为重,功名富贵,乃微末耳,已有分定。何误之有?"范式自此与张劭情如骨肉,结为兄弟。式年长五岁,张劭拜范式为兄。

　　结义后,朝暮相随,不觉半年。范式思归,张劭与计算房钱,还了店家。二人同行。数日,到分路之处,张劭欲送范式。范式曰:"若如此,某又送回。不如就此一别,约再相会。"二人酒肆共饮,见黄花红叶,妆点秋光,以助别离之兴。酒座间杯泛茱萸,问酒家,方知是重阳佳节。范式曰:"吾幼亡父母,屈在商贾。经书虽则留心,亲为妻子所累。幸贤弟有老母在堂,汝母即吾母也。来年今日,必到贤弟家中,登堂拜母,以表通家之谊。"张劭曰:"但村落无可为款,倘蒙兄长不弃,当设鸡黍以持,幸勿失信。"范式曰:"焉肯失信于贤弟耶?"二人饮了数杯,不忍相舍。张劭拜别范式。范式去后,劭凝望堕泪;式亦回顾泪下,两各悒怏而去。有诗为证:

　　　　手采黄花泛酒卮,殷勤先订隔年期。
　　　　临歧不忍轻分别,执手依依各泪垂。

　　且说张元伯到家,参见老母。母曰:"吾儿一去,音信不闻,令我悬望,如饥似渴。"张劭曰:"不孝男于途中遇山阳范巨卿,结为兄弟,以此逗留多时。"母曰:"巨卿何人也?"张劭备述详细。母曰:"功名事,皆分定。既逢信义之人结交,甚快我心。"少刻,弟归,亦以此事从头说知,各各欢喜。自此张劭在家,再攻书史,以度岁月。光阴迅速,渐近重阳。劭乃预先畜养肥鸡一只,杜酝浊酒。是日早起,洒扫草堂;中设母座,旁列范巨卿位;遍插菊花于瓶中,焚信香于座上。呼弟宰鸡炊饭,以待巨卿。母曰:"山阳至此,迢递千里,恐巨卿未必应期而至。待其来,杀鸡未迟。"劭曰:"巨卿,信士也,必然今日至矣,安肯误鸡黍之约?入门便见所许之物,足见我之待久。如候巨卿来,而后宰之,不见我惓惓之意。"母曰:"吾儿之友,必是端士。"遂烹焦以待。是日,天晴日朗,万里无云。劭整其衣冠,独立庄门而望。看看近午,不见到来。母恐误了农桑,令张勤自去田头收割。张劭听得前村犬吠,又往望之,如此六七遭。因看红日西沉，观出半轮新月，母出户令弟唤劭曰："儿久立倦矣！今日莫非巨卿不来？且自晚膳。"劭谓弟曰："汝岂知巨卿不至耶？若范兄不至，吾誓不归。汝农劳矣，可自歇息。"母弟再三劝归，劭终不许。

　　候至更深，各自歇息，劭倚门如醉如痴，风吹草木之声，莫是范来，皆自惊讶。看见银河耿耿，玉宇澄澄，渐至三更时分，月光都没了。隐隐见黑影中，一人随风而至。劭视之，乃巨卿也。再拜踊跃而大喜曰："小弟自早直候至今，知兄非爽信也，兄果至矣。旧岁所约鸡黍之物，备之已久。路远风尘，别不曾有人同来？"便请至草堂，与老母相见。范式并不答话，径入草堂。张劭指座榻曰："特设此位，专待兄来，兄当高座。"张劭笑容满面，再拜于地曰："兄既远来，路途劳困，且未可与老母相见，杜酿鸡黍，聊且充饥。"言讫又拜。范式僵立不语，但以衫袖反掩其面。劭乃自奔入厨下，取鸡黍并酒，列于面前，再拜以进。曰："酒肴虽微，劭之心也，幸兄勿责。"但见范于影中，以手绰其气而不食。劭曰："兄意莫不怪老母并弟不曾远接，不肯食之？容请母出与同伏罪。"范摇手止之。劭曰："唤舍弟拜兄，若何？"范亦摇手而止之。劭曰："兄食鸡黍后进酒，若何？"范蹙其眉，似教张退后之意。劭曰："鸡黍不足以奉长者，乃劭当日之约，幸勿见嫌。"范曰："弟稍退后，吾当尽情诉之。吾非阳世之人，乃阴魂也。"劭大惊曰："兄何故出此言？"范曰："自与兄弟相别之后，回家为妻子口腹之累，溺身商贾中，尘世滚滚，岁月匆匆，不觉又是一年。向日鸡黍之约，非不挂心；近被蝇利所牵，忘其日期。今早邻右送茱萸酒至，方知是重阳。忽记贤弟之约，此心如醉。山阳至此，千里之隔，非一日可到。若不如期，贤弟以我为何物？鸡黍之约，尚自爽信，何况大事乎？寻思无计。常闻古人有云：人不能行千里，魂能日行千里。遂嘱咐妻子曰：'吾死之后，且勿下葬，待吾弟张元伯至，方可入土。'嘱罢，自刎而死。魂驾阴风，特来赴鸡黍之约。万望贤弟怜悯愚兄，恕其轻忽之过，鉴其凶暴之诚，不以千里之程，肯为辞亲，到山阳一见吾尸，死亦瞑目无憾矣。"言讫，泪如迸泉，急离坐榻，下阶砌。劭乃趋步逐之，不觉忽踏了苍苔，颠倒于地。阴风拂面，不知巨卿所在。有诗为证：

　　　　风吹落月夜三更，千里幽魂叙旧盟。
　　　　只恨世人多负约，故将一死见平生。

　　张劭如梦如醉，放声大哭。那哭声，惊动母亲并弟，急起视之，见堂上陈列鸡黍酒果,张元伯昏倒于地。用水救醒,扶到堂上,半晌不能言,又哭至死。母问曰:"汝兄巨卿不来,有甚利害?何苦自哭如此!"劭曰:"巨卿以鸡黍之约,已死于非命矣。"母曰:"何以知之?"劭曰:"适间亲见巨卿到来,邀迎入坐,具鸡黍以迎。但见其不食,再三恳之。巨卿曰:为商贾用心,失忘了日期。今早方醒,恐负所约,遂自刎而死。阴魂千里,特来一见。母可容儿亲到山阳葬兄之尸,儿明早收拾行李便行。"母哭曰:"古人有云:因人梦赦,渴人梦浆。此是吾儿念念在心,故有此梦警耳。"劭曰:"非梦也,儿亲见来,酒食见在;逐之不得,忽然颠倒,岂是梦乎?巨卿乃诚信之士,岂妄报耶!"弟曰:"此未可信。如有人到山阳去,当问其虚实。"劭曰:"人禀天地而生,天地有五行,金、木、水、火、土,人则有五常,仁、义、礼、智、信以配之,惟信非同小可。仁所以配木,取其生意也。义所以配金,取其刚断也。礼所以配水,取其谦下也。智所以配火,取其明达也。信所以配土,取其重厚也。圣人云:'大车无輗,小车无軏,其何以行之哉?'又云:'自古皆有死,民无信不立。'巨卿既已为信而死,吾安可不信而不去哉?弟专务农业,足可以奉老母。吾去之后,倍加恭敬;晨昏甘旨,勿使有失。"遂拜辞其母曰:"不孝男张劭,今为义兄范巨卿为信义而亡,须当往吊。已再三叮咛张勤,令侍养老母。母须早晚勉强饮食,勿以忧愁,自当善保尊体。劭于国不能尽忠,于家不能尽孝,徒生于天地之间耳。今当辞去,以全大信。"母曰:"吾儿去山阳,千里之遥,月余便回,何放出不利之语?"劭曰:"生如浮沤,死生之事,旦夕难保。"恸哭而拜。弟曰:"勤与兄同去,若何?"元伯曰:"母亲无人侍奉,汝当尽力事母,勿令吾忧。"洒泪别弟,背一个小书囊,来早便行。有诗为证:

辞亲别弟到山阳,千里迢迢客梦长。
岂为友朋轻骨肉?只因信义迫中肠。

沿路上饥不择食,寒不思衣。夜宿店舍,虽梦中亦哭。每日早起赶程,恨不得身生两翼。行了数日,到了山阳。问巨卿何处住,径奔至其家门首。见门户锁着,问及邻人。邻人曰:"巨卿死已过二七,其妻扶灵柩,往郭外去下葬。送葬之人,尚自未回。"劭问了去处,奔至郭外,望见山林前新筑一所土墙,墙外有数十人,面面相觑,各有惊异之状。劭汗流如雨,走往观之。见一妇人,身披重孝。一子约有十七八岁,伏棺而哭。元伯大叫曰:"此处莫非范巨卿灵柩乎?"其妇曰:"来者莫非张元伯乎?"张曰:"张劭自来不曾到此,何以知名姓耶?"妇泣曰:"此夫主再三之遗言也。夫主范巨卿,自洛阳回,常谈贤叔盛德。前者重阳日,夫主忽举止失措。对妾曰:我失却元伯之大信,徒生何益!常闻人不能行千里,吾宁死,不敢有误鸡黍之约。死后且不可葬,待元伯来见我尸,方可入土。今日已及二七,人劝云:'元伯不知何日得来,先葬讫,后报知未晚。'因此扶柩到此。众人拽棺入金井,并不能动,因此停住坟前,众都惊怪。见叔叔远来如此慌速,必然是也。"元伯乃哭倒于地。妇亦大恸,送殡之人,无不下泪。

元伯于囊中取钱,令买祭物,香烛纸帛,陈列于前。取出祭文,酹酒再拜,号泣而读。文曰:

> 维某年月日,契弟张劭,谨以炙鸡絮酒,致祭于仁兄巨卿范君之灵曰:於维巨卿,气贯虹霓,义高云汉。幸倾盖于穷途,缔盍簪于荒店。黄花九日,肝膈相盟;青剑三秋,头颅可断。堪怜月下凄凉,恍似日间眷恋。弟今辞母,来寻碧水青松;兄亦嘱妻,伫望素车白练。故友那堪死别,谁将金石盟寒?大夫自是生轻,欲把昆吾锷按。历千古而不磨,期一言之必践。倘灵爽之犹存,料冥途之长伴。呜呼哀哉!尚飨。

元伯发棺视之,哭声恸地。回顾嫂曰:"兄为弟亡,岂能独生耶?囊中已具棺椁之费,愿嫂垂怜,不弃鄙贱,将劭葬于兄侧,平生之大幸也。"嫂曰:"叔何故出此言也?"劭曰:"吾志已决,请勿惊疑。"言讫,掣佩刀自刎而死。众皆惊愕,为之设祭,具衣棺营葬于巨卿墓中。

本州太守闻知,将此事表奏。明帝怜其信义深重,两生虽不登第,亦可褒赠,以励后人。范巨卿赠山阳伯,张元伯赠汝南伯。墓前建庙,号"信义之祠",墓号"信义之墓"。旌表门闾。官给衣粮,以膳其子。巨卿子范纯绶,及第进士,官鸿胪寺卿。至今山阳古迹犹存,题咏极多。惟有无名氏《踏莎行》一词最好,词云:

> 千里途遥,隔年期远,片言相许心无变。宁将信义托游魂,堂中鸡黍空劳劝。　　月暗灯昏,泪痕如线,死生虽隔情何限。灵輀若候故人来,黄泉一笑重相见。

【汇评】

龙子犹氏所辑《喻世》等诸言，颇存雅道。时著良规，一破今时陋习。（明·凌濛初《拍案惊奇序》）

卜伽丘……来自旧世界，却面向一个新时代……冯梦龙……来自旧世界，却没有迎来一个新世界。因此"三言"便没有取得《十日谈》那样令人瞩目的世界地位。这究竟是历史的过错，还是冯梦龙本人的失误，抑或是前者决定了后者？（潜明兹《潜明兹自选集》）

冯梦龙的言论离经叛道，一副笑傲历史、卓尔不群的狂士形象。（聂付声《冯梦龙研究》）

【赏析】

"范张故事"是我国古代著名的关于信义的生死不渝的友情故事。这个故事题材的流变主要经历了三个阶段，即南朝范晔《后汉书》中的《范式列传》、元代官天挺的杂剧《死生交范张鸡黍》、明代冯梦龙《喻世明言》中的拟话本《范巨卿鸡黍死生交》，三部作品内容因作者个人经历、所处时代背景以及创作目的的不同而有所不同，故事的主题从盛赞贤士到抒发对黑暗现实的愤懑再到推崇超越生死的人间至情，但不管如何，朋友之间的信义观念一直贯穿其中。

在冯梦龙的《范巨卿鸡黍死生交》中，着重宣扬的便是两人重真情、尚信义、超越生死的真诚友情，一种交友之道。这篇作品花了很多笔墨刻画细节，特别是有关双方感情的细节，非常详细地叙述了范式与张劭相识相知的过程，人物形象也非常鲜明。张劭的形象塑造得尤其出色，他是一个热情、善良、重情义、讲信用、真诚的青年形象。两人在应举途中相识，张劭在洛阳应举投宿客店时，遇到病重而无人照管的范式，他怜其同为士人，为他请医治病，并且亲自服侍，悉心照顾。待范式病愈时，试期过了，张劭却不以为意，说道："大丈夫以义气为重，功名富贵，乃微末耳，已有分定。何误之有？"对他来说，情义比功名富贵更重要，可见他绝非贪图名利之人。范式对此感激不尽，两人成为挚友，简直情同骨肉，并结义为兄弟。相处半年后，两人不得不面临离别。分手时的那天正是重阳佳节，文中有一番简洁而富于诗意的描绘，这样诗意优美的情境很好地衬托出范式和张劭之间的深情厚谊以及这份纯真友情的美好。

《范巨卿鸡黍死生交》把范式和张劭这段崇尚信义、生死不渝的友情故事描写得具体生动、感人肺腑。同时，在此基础上添加的几首诗词则把这个故事中两人的感情渲染得更加浓烈动人，并且带有一种诗意的朦胧美感。文中结尾的那首词，生动地讲述了两人之间的故事，以一种浪漫的又近似开放式的方式来收尾，给读者留下想象空间，回味无穷。

为何冯梦龙笔下的人物如此重情呢？这和当时的社会环境有紧密的关系。明代自嘉靖、万历之后，商品经济迅速发展，市民阶层空前壮大，人们的价值观亦随之发生了重大变化，反映到文学领域，就是"情"的观念取得了越来越重要的地位，明代中后期更广泛地兴起了一股尊情思潮。文人们关于"情"的论述非常多，主要有李梦阳的情真说，李贽的童心说，汤显祖的至情说，袁宏道的性灵说，张琦的情痴说，冯梦龙的情教说等等。冯梦龙在《〈情史〉序》中说："我欲立情教，教诲诸众生。"何谓"情教"？简单说，"情教"就是冯梦龙的"教化"论，即以"情"来对人进行教化。冯梦龙认为，"情"是万能的，它不仅是维系人类社会关系的总纽带,而且还超越人类社会关系,又是维系天地万物的总线索。因此冯梦龙所倡立的"情教"不仅包括兄弟之情、友朋之情,还包括夫妇之情、父子之情、君臣之情等,是一种具有普遍意义的真善美的情感。人的一切活动均应服从于"情",在冯梦龙看来,"情"是比生命更重要的东西,人之所以为人,首先是有"情",有生命而无情之人,仅是一具躯壳而已,不能算真正意义上的人。从某种方面来看,这篇小说也是冯梦龙把"情教"说的思想付诸实践的结果。

【思考题】

1. 冯梦龙提出"世俗但知理为情之范,孰知情为理之维乎?"体现了他的什么思想?这种思想观点体现在"三言"文学创作的哪些方面?

2. 浅析拟话本和话本之间的异同点。

九、七律·和柳亚子先生

毛泽东

【作者简介】

毛泽东(1893—1976),字润之,笔名子任。湖南湘潭人。中国人民的领袖,伟大的马克思主义者,无产阶级革命家、战略家和理论家,中国共产党、中国人民解放军和中华人民共和国的主要缔造者和领导人,政治家、军事家、诗人、书法家。

毛泽东古典诗词造诣颇高,其诗词创作与其振兴中华、创建人民政权和为了中国的强盛而奋斗终身的崇高理想结合为一体,成为中华民族漫长发展史上一段特定历史变迁过程及其个人艰辛奋斗的艺术记载和见证,具有独特、珍贵的历史文献价值。

【原文】

饮茶粤海未能忘①,索句渝州叶正黄②。
三十一年还旧国, 落花时节读华章。
牢骚太盛防肠断③,风物长宜放眼量④。
莫道昆明池水浅⑤,观鱼胜过富春江⑥。

【汇评】

推翻历史三千载,自铸雄奇瑰丽词。(柳亚子《颐和园益寿堂夜宴》)

毛泽东诗词以前无古人的崇高优美的革命情操,遒劲伟美的创造力量,超越奇美的艺术想象,高华精美的韵调辞采,形成了中国悠久的诗史上风格殊绝的新形态的诗美。这种瑰奇的诗美熔铸了毛泽东的思想和实践、人格和个性。(贺敬之《中华文化的瑰宝 诗歌史上的丰碑》)

细检诗坛李杜,词苑苏辛佳什,未有此奇雄。(高亨《水调歌头·读毛主席诗词》)

【赏析】

这是毛主席于建国前夕写给柳亚子先生的诗。柳亚子是我国著名的民主人士,杰出的爱国诗人。他一生拥护并积极参加中国共产党领导下的新民主主义革命和社会主义建设。柳亚子与毛主席有着几十年的革命友谊,在毛主席的诗词中,因柳亚子而写的

---

① 饮茶粤海:指柳亚子和毛泽东于1925年至1926年间在广州的交往。粤海,广州。 ② 索句渝州:指1945年在重庆柳亚子索讨诗作,毛泽东书《沁园春·雪》以赠。渝州,重庆。叶正黄,秋天。 ③ 牢骚:1949年3月28日夜柳亚子作《感事呈毛主席一首》,也就是诗中的"华章",称要回家乡分湖隐居。 ④ 长:同"常"。放眼:放宽眼界。 ⑤ 昆明池:指北京颐和园昆明湖。昆明湖取名于汉武帝在长安凿的昆明池。 ⑥ 富春江:东汉初年,严光不愿出来做官,隐居在浙江富春江边钓鱼。

就有两首,其中《七律·和柳亚子先生》最能表达他们的革命情谊,体现了革命领袖对待党外民主人士风雨同舟、肝胆相照的革命襟怀,感人至深。

1949年春,柳亚子以诗代柬,给毛主席写了一首题为《感事呈毛主席》的七律,表白心迹:

> 开天辟地君真健,说项依刘我大难。
> 夺席谈经非五鹿,无车弹铗怨冯驩。
> 头颅早悔平生贱,肝胆宁忘一寸丹。
> 安得南征驰捷报,分湖便是子陵滩。

这首诗表现了柳亚子在心情上的困扰和不满。一个月后,毛主席写了这首和诗,用诗的形式回答了柳亚子。

诗一开始就从几十年前的革命交往着墨。"饮茶粤海未能忘,索句渝州叶正黄",两句叙述了自己与柳亚子两次会晤的情景。粤海,广东简称粤,辛亥革命后曾署粤海道,治所在广州,这里以"粤海"代指广州。"饮茶粤海",是指毛主席与柳亚子第一次在广州的交往因共同的政治追求所结下的深厚友情。柳的呈诗颈联对句中用了"宁忘"一词,毛诗以"未能忘"三字回应,自"饮茶粤海"始之交谊至今没忘,含不能忘和永不会忘之意。同样,首联对句"索句渝州叶正黄"也蕴含着丰富的特定历史时代的政治内容和思想感情。渝州,指重庆市。叶正黄,点出了会见的时间,是黄叶满天的秋天。"索句渝州"是在"饮茶粤海"后彼此久别19年后的两人第二次重逢。毛主席在诗中首联,特别提出"饮茶粤海"和"索句渝州"这两次交往,不单是追忆友情,而且是共温风雨同舟的革命斗争,而立足点则是借以激发柳的革命热情,希望他能像过去一样积极参加革命斗争,跟上时代的步伐。

颔联"三十一年还旧国,落花时节读华章",着重写彼此在"旧国"的第三次交谊。毛泽东曾批注说:"三十一年:一九一九年离开北京,一九四九年还到北京。"(毛泽东在文物出版社1985年9月刊印的《毛主席诗词十九首》的书眉上的批注),这表明"三十一年"是从他首次到北京算起的。"落花时节"点出"读华章"的时间。华章,这是对别人作品的美称,这里指柳亚子到北京后写的《感事呈毛主席》。这里虽然有赞美柳诗辞藻工巧的一面,也是肯定、称赞柳诗中所呈现的积极的政治因素的一面,是对柳亚子的政治态度和行动的赞扬。但是"华章"中也流露出一些消极情绪和襟怀欠广的问题,因此和诗颈联自然而然地转到热忱地帮助其克服消极因素的一面,起着承前启后,转入回答柳诗的作用。

"牢骚太盛防肠断,风物长宜放眼量",肠断,形容忧伤过度。风物,原意是指风光景物,这里引申为社会上的各种事物。这两句诗,是针对柳在诗中所暴露的思想和牢骚而发的,对症下药,针对性很强,也是诗的主题所在。毛泽东认为"牢骚"过于强烈而超出合理限度则会造成"断肠"的严重后果。如何消除"牢骚"? 毛泽东借自然界的景物、景象泛指人世间的一切事物,以此来进行劝告:眼界要宽阔,目光要远大,着眼长远,立得高才能看得远;胸襟要博大,看待事物、考虑问题要从大局、全局着眼。总之,对待一切事物要用宽阔的胸怀和远大的目光,而不要羁绊于狭隘的心胸和眼前。在这两句诗中,既可领悟到政治的严肃性,同时更可感受到真诚的诤友之情。

尾联"莫道昆明池水浅,观鱼胜过富春江",是针对柳诗尾句而和的。"昆明池"代指京城,"富春江"代指柳亚子的家乡"分湖",以"观鱼"暗喻议政、参政与从政,含有规劝、挽留柳留下为建国大业贡献力量之意。

该诗把热忱的叙旧和严肃的劝勉紧密结合,前二联着重于叙旧,深情地回忆了二人在较长的历史过程中所结下的深刻友谊;后二联着重于劝导,针对朋友在新的政治背景下的"思想苗头"进行规劝和勉励,将深挚情谊和诚邀共事融于一体,可谓是艺术地体现了当年与民主党派、民主人士长期合作的团结、教育的政策,具有丰富的历史含义。全诗语意热忱,语气委婉,态度诚恳,刚柔交融,富于肝胆相照、团结合作的原则精神,将真诚交谊、严肃劝导、热情劝勉和委婉含蓄、幽默风趣的情调融汇于一,可谓独放艺术辩证思维异彩之佳作。

【思考题】
1. 浅谈毛泽东诗词和中国传统诗歌之间的关系。
2. 毛泽东诗词的艺术特点是什么?

十、谈友谊

梁实秋

【作者简介】

梁实秋(1903—1987),原名梁治华,字实秋,笔名子佳、秋郎、程淑等,浙江杭县(今杭州)人,出生于北京,中国著名的现当代散文家、学者、文学批评家、翻译家,国内第一个研究莎士比亚的权威。曾与鲁迅等左翼作家笔战不断。一生给中国文坛留下了两千多万字的著作,其散文集创造了中国现代散文著作出版的纪录。代表作有《莎士比亚全集》(译作)《雅舍小品》《秋室杂忆》等。

【原文】

朋友居五伦之末,其实朋友是极重要的一伦。所谓友谊实即人与人之间的一种良好的关系,其中包括了解、欣赏、信任、容忍、牺牲……诸多美德。如果以友谊作基础,则其他的各种关系如父子、夫妇、兄弟之类均可圆满地建立起来。当然父子兄弟是无可选择的永久关系,夫妇虽有选择余地,但一经结合便以不再仳离为原则,而朋友则是有聚有散可合可分的。不过,说穿了,父子、夫妇、兄弟都是朋友关系,不过形式性质稍有不同罢了。严格地讲,凡是充分具备一个好朋友的条件的人,他一定也是一个好父亲、好儿子、好丈夫、好妻子、好哥哥、好弟弟。反过来亦然。

我们的古圣先贤对于交友一端是甚为注重的。《论语》里面关于交友的话很多,在西方亦是如此。罗马的西塞罗有一篇著名的《论友谊》,法国的蒙田、英国的培根、美国的爱默生,都有论友谊的文章。我觉得近代的作家在这个问题上似乎不大肯费笔墨了。这是不是叔季之世友谊没落的征象呢?我不敢说。

古之所谓"刎颈交",陈义过高,非常人所能企及。如 Damon 与 Pythias,David 与 Jonathan,怕也只是传说中的美谈罢。就是把友谊的标准降低一些,真正能称得起朋友的还是很难得。试想一想,如果银钱经手的事,你信得过的朋友能有几人?在你蹭蹬失意或疾病患难之中还肯登门拜访乃至雪中送炭的朋友又有几人?你出门在外之际对于你的妻室弱媳肯加照顾而又不照顾得太多者又有几人?再退一步,平素投桃报李,莫逆于心,能维持长久于不坠者,又有几人?总角之交,如无特别利害关系以为维系,恐怕很难在若干年后不变成为路人。富兰克林说:"有三个朋友是忠实可靠的——老妻、老狗与现款。"妙的是这三个朋友都不是朋友。倒是亚里士多德的一句话最干脆:"我的朋友们呀!世界上根本没有朋友。"这些话近于愤世嫉俗,事实上世界里还是有朋友的,不过虽然无须打着灯笼去找,却是像沙里淘金而且还需要长时间的洗炼。一旦真铸成了友谊,便会金石同坚,永不退转。

大抵物以类聚,人以群分。臭味相投,方能永以为好。交朋友也讲究门当户对,纵不必像九品中正那么严格,也自然有个界线。"同学少年多不贱,五陵裘马自轻肥",于"自轻肥"之余还能对着往日的旧游而不把眼睛移到眉毛上边去么?汉光武帝容许严子陵把他的大腿压在自己的肚子上,固然是雅量可风,但是严子陵毅然决然地归隐富春山,则尤知趣。朱洪武写信给他的一位朋友说:"朱元璋做了皇帝,朱元璋还是朱元璋……"话自管说得很漂亮,看看他后来诛戮功臣,也就不免令人心悸。人的身心构造原是一样的,但是一入宦途,可能发生突变。孔子说:"无友不如己者。"我想一来只是指品学而言,二来只是说不要结交比自己坏的,并没有说一定要我们去高攀。友谊需要两造,假如双方都想结交比自己好的,那便永远交不起来。

好像是王尔德说过,"一个男人与一个女人之间是不可能有友谊存在的。"就一般而论,这句话是对的,因为男女之间如有深厚的友谊,那么友谊容易变质,如果不是心心相印,那又算不得是友谊。过犹不及,那分际是难以把握的。忘年交倒是可能的。祢衡年未二十,孔融年已五十,便相交友,这样的例子史不绝书。但似乎是也以同性为限。并且以我所知,忘年交之形成固有赖于兴趣之相近与互相器赏,但年长的一方多少需要保持一点童心,年幼的一方面多少需要几分老成。老气横秋则令人望而生畏,轻薄儇佻则人且避之若浼。单身的人容易交朋友,因为他的情感无所寄托,漂泊流离之中最需要一个一倾积愫的对象,可是等到有红袖添香稚子候门的时候,心境便不同了。

"君子之交淡如水",因为淡所以不腻,才能持久。"与朋友交,久而敬之。"敬也就是保持距离,也就是防止过分亲昵。不过"狎而敬之",敬也就是保持距离,也就是防止过分的亲昵。不过"狎而敬之"是很难的。最要注意的是,友谊不可透支,总要保留几分。Mark Twain 说:"神圣的友谊之情,其性质是如此的甜蜜、稳定、忠实、持久,可以终生不渝,如果不开口向你借钱。"这真是慨乎言之,朋友本有通财之谊,但这是何等微妙的一件事!世上最难忘的事是借出的钱,一般认为最倒霉的事又莫过于还钱。一牵涉到钱,恩怨便很难清算得清楚,多少成长中的友谊都被这阿堵物所戕害!

规劝乃是朋友中间应有之义,但是谈何容易。名利场中,沆瀣一气,自己都难以明辨是非,哪有余力规劝别人?而在对方则又良药苦口忠言逆耳,谁又愿意让人批评他的逆鳞?规劝不可当着第三者的面行之,以免伤他的颜面,不可在他情绪不宁时行之,以免逢彼之怒。孔子说:"忠告则善道之,不可则止。"我总以为劝善规过是友谊之消极的作用。友谊之乐是积极的。只有神仙与野兽才喜欢孤独,人是要朋友的。"假如一个人独自升天,看见宇宙的大观,群星的美丽,他并不能感到快乐,他必要找到一个人向他述说他所见到的奇景,他才能快乐。"共享快乐,比共受患难,应该是更正常的友谊中的趣味。

【汇评】

冰心:"一个人应当像一朵花,不论男人或女人。花有色、香、味,人有才、情、趣,三者缺一,便不能做人家的一个好朋友。我的朋友之中,男人中只有实秋最像一朵花。"(梁实秋《方令孺其人》)

他的学术文章,功在人民,海峡两岸,有目共睹,谁也不会有什么异辞。(季羡林《回忆梁实秋先生》)

温柔敦厚,谑而不虐,谈言微中,发人深省。(关国煊《梁实秋先生传略》)

【赏析】

梁实秋的《谈友谊》是一篇说理散文。它是具有形散神聚的散文特点,又有一定议论说理特色的散文形式。说理散文往往拥有一个或多个中心思想,以抒情、记叙、论理等方式来表达自己的某个观点。在这篇文章中,作者旁征博引,援引了大量名人对友谊的看法,表达了自己对朋友的见解。

第一段讲友谊的重要性且下了定义。作者首先指出:"朋友居五伦(五伦指君臣、父子、夫妇、兄弟、朋友)之末,其实朋友是极重要的一伦。"接着给友谊下了定义:"所谓友谊实即人与人之间的一种良好的关系,其中包括了解、欣赏、信任、容忍、牺牲……诸多美德。""凡是充分具备一个好朋友的条件的人,他一定也是一个好父亲、好兄弟、好丈夫、好妻子、好哥哥、好弟弟。"

第二段讲叔季之世(古时长少顺序按伯、仲、叔、季排列,叔、季在兄弟中排行最后,比喻末世将乱的时代。《左传》云:"政衰为叔世","将亡为季世"。)友谊没落。

第三段讲友谊的标准。"如果银钱经手的事,你信得过的朋友能有几人?在你蹭蹬失意或疾病患难之中还肯登门拜访乃至雪中送炭的朋友又有几人?你出门在外之际对于你的妻室弱媳肯加照顾而又不照顾得太多者又有几人?再退一步,平素投桃报李,莫逆于心,能维持长久于不坠者,又有几人?"所以富兰克林说:"有三个朋友是忠实可靠的——老妻、老狗与现款。"亚里士多德也说:"我的朋友们呀!世界上根本没有朋友",没有永恒的敌人,也没有永恒的朋友,只有永恒的利益。在作者看来,友谊像沙里淘金要长时间地洗炼，一旦铸成便会金石同坚，永不退转。

第四段写交朋友的前提。作者认为"物以类聚，人以群分，臭味相投，方能永以为好。交朋友也讲究门当户对"。并引用了杜甫、光武帝、朱洪武的历史事件作为例证。

第五段讲友谊的类型及其看法。作者首先引王尔德的话"一个男人与一个女人之间是不可能有友谊存在的"。作者说："友谊实即人与人之间的一种良好的关系，其中包括了解、欣赏、信任、容忍、牺牲……诸多美德。"那么男女之间可以有良好关系，且更易了解、欣赏、信任，也能容忍、牺牲，为什么不可能有友谊存在呢？从而引出自己的观点，"如有深厚的友谊，那友谊容易变质"，要是变成了心心相印还叫不叫友谊呢？然后作者以祢衡与孔融的忘年交为例，指出："老气横秋则令人望而生畏，轻薄儇佻则人且避之若浼。"并认为"单身的人容易交朋友，因为他的情感无所寄托，漂泊流离之中最需要一个一倾积愫的对象，可是等到有红袖添香稚子候门的时候，心境就不同了"。

最后一段讲朋友之间的规劝。"名利场中，沉瀣一气，自己都难以明辨是非，哪有余力规劝别人？""良药苦口忠言逆耳，谁又愿意让人批评他的逆鳞？"故作者认为"劝善规过是友谊之消极的作用"，最后用"友谊之乐是积极的"总结全文。

本文从内容方面讲多运用纵贯古今、横亘中外的典故与论说阐明自己对于友谊及交友原则的种种看法；从表现手法上讲，它以种种生动的形象来阐释生命的真理，揭示友谊的内在含义及原则，具有一种透过现象看本质，通过小事观大象，经过小节明大理的审美效果；从语言运用上讲，它简约而又丰盈，运用多种修辞手法，娓娓而谈，浸润心田又鞭辟入里。

【思考题】
1. 梁实秋的文学创作主张是什么？这一主张对当下有什么意义？
2. 浅析梁实秋散文的艺术特点。

第四章　闺怨爱情篇

【总论】

"问世间,情是何物,直教生死相许",何为爱情?爱情指的是男女之间相互爱慕的情感,可以说两性之间以感情为基础的关系是自有人类以来就存在的。自古以来,爱情这一主题频频出现在文学作品中。文学作品中的爱情抒写千姿百态:或是圆满,或是凄婉,或是悲壮,或是凡俗,或是轰轰烈烈……写尽了爱情生活的各个方面。闺怨诗是中国古典诗歌中一个很独特的门类,闺怨诗写少妇、少女在闺阁中的忧愁和哀怨。闺怨题材作品源于先秦,发展于汉魏晋南北朝,唐代为发展鼎盛期。唐人读书漫游、唐代社会商业经济发达以及战争等因素使得闺怨诗创作数量多、质量高。有些闺怨诗表面写相思怨别的女子的闺怨,表现的却是更深远的意思,或是放逐臣子的感慨,或是怀才不遇不被任用、不被欣赏的愤慨。

文学作品中演绎着纷繁复杂的爱情故事,本章中的闺怨爱情作品中有动人的思念,有对爱情的超越生死的追求,有震撼人心的爱情悲剧,有爱的过程中的试探与了解。让我们穿越时空隧道,在文学的世界中品味爱情的各种滋味。

一、卫风·伯兮

《诗经》

【作品简介】

《诗经》是我国最早的一部诗歌总集,收集了从西周初年(约公元前11世纪)至春秋中叶(约公元前6世纪)大约500年间的305篇作品。《诗经》到汉代时被儒家尊为经典,始称《诗经》,并沿用至今。《诗经》的内容包含三个方面:《风》是土风、风谣,是周代各地的歌谣,有15国风,共160篇。《雅》是周人的正声雅乐,又分《小雅》和《大雅》,共105篇,多为统治阶级朝会、宴飨时使用的乐歌。《颂》是周王朝和贵族宗庙祭祀的歌舞乐曲,共40篇,又分为《周颂》《鲁颂》和《商颂》。《诗经》的题材十分广泛,从各个方面反映了当时的社会生活、社会各阶层的风貌。《诗经》以四言为主,常用重章叠句,起着充分抒情达意的作用,有一种回旋跌宕的艺术效果。赋、比、兴是《诗经》的基本艺术表现手法,《诗经》对后世文学产生了巨大影响。

【原文】

伯兮朅兮①,邦之桀兮②。
伯也执殳③,为王前驱。
自伯之东④,首如飞蓬⑤。
岂无膏沐⑥,谁适为容⑦?
其雨其雨,杲杲出日⑧。
愿言思伯⑨,甘心首疾⑩。
焉得谖草⑪,言树之背⑫。
愿言思伯,使我心痗⑬。

【汇评】

《伯兮》,廊人有从武庚而伐卫者,室家忧而作。一章、二章赋也,三章比而后赋也。四章赋也。

---

①伯:兄弟姐妹中年长者称伯,此处是妻子对丈夫的称谓。朅:雄健威武的样子。 ②桀:同"杰",杰出的人才。 ③殳(shū):古代棁杖类的长兵器,竹制或木制,以当时尺度,长一丈二尺,无刃。 ④之:到。 ⑤首如飞蓬:头上的乱发如飞散的蓬草。蓬,一种野生植物。枯后常在近根处折断,遇风飞旋,故称飞蓬。 ⑥膏沐:面膏、发油之类。 ⑦适:悦。容:容饰。这句是说:修饰容貌是为了取悦谁呢? ⑧"其雨"二句:其,维。杲杲(gǎogǎo),日出明亮貌。 ⑨言:我。 ⑩甘心首疾:犹言苦心疾首,甘与苦以相反为义。一说为疾、痛。这句意为虽头痛也心甘情愿。 ⑪焉得:安得,哪得。谖草:即萱草,古人以为此草可以使人忘忧,故又名忘忧草。 ⑫言树之背:把它种到北堂去。背,指北堂,即后庭。 ⑬心痗(mèi):心痛而病。痗,病。

(汉·申培《诗说》)

"首如飞蓬",则发已乱矣,而未至于痛也。"甘心首疾",则头已痛矣,而心则无恙也。至于"使我心痗",则心又病矣,其忧思之苦亦已甚矣。所以然者,以其君子之未归也。(明·季本《诗说解颐》)

通篇以"思伯"二字为主,一章念夫之才,二章明己之志,三、四章则极其忧思之苦而言之。(清·陈百先《诗经备旨啫凤详解》)

【赏析】

《伯兮》是春秋时期卫国的一首民歌。卫本是西周时期康叔的封地,原先建都于河南朝歌一带(今河南淇县),紧傍淇水。《毛诗序》:"《伯兮》,刺时也。言君子行役,为王前驱,过时而不反焉。"郑玄《毛诗传笺》:"卫宣公之时,蔡人、卫人、陈人从王伐郑伯也。为王前驱久,故家人思之。"所以这是一首女子思念行役丈夫的爱情诗。第一节写女子追想丈夫,直叙丈夫英武威猛的豪杰气概。第二节写出女子现状,因为思念无心梳洗打扮,以致首如飞蓬的典型形象,女为悦己者容,悦己者不在,谁适为容?写出女子对爱的痴迷。第三节写出思夫之切,此节运用了对比的手法。"其雨其雨,杲杲出日"短句连用恰当描绘出女子心底的渴望,然而虔诚祈祷愿望并不能实现,因此只有对丈夫每时每刻的思念,乃至"甘心首疾"。第四节写思夫之痛,写女子对丈夫的思念之痛,乃至祈望有忘忧草的存在,且希望能把它种在自己的屋旁。可世上本没有忘忧草,任什么也解不了女子的相思病痛,结果相思成疾。《伯兮》采用层层递进的手法,表现女子的怨思之深,又以赋比兴手法的穿插运用,富有感染力。

【思考题】

1. 说说《伯兮》的艺术特色。
2. 赋比兴手法是如何在《伯兮》一诗中体现的?

二、饮马长城窟行

汉乐府

【作者简介】

　　汉乐府,原是汉初采诗制乐的音乐机构,后来将乐府采集来的歌谣和其他经乐府配曲入乐的诗歌称为乐府诗。保存乐府诗最完备的总集是宋人郭茂倩的《乐府诗集》,共计100卷,将自汉到唐的乐府诗分为12类,主要保存于郊庙歌辞、鼓吹曲辞、相和歌辞、杂曲歌辞之中。汉乐府深受《诗经》、楚辞的影响,"感于哀乐,缘事而发",真实深刻地反映着当时广阔的社会现实生活和人民的爱憎情感,有极其鲜明的现实主义倾向。艺术上,以叙事为主,标志着中国古代叙事诗的成熟,语言朴实,表现手法丰富。形式上,汉乐府实现了由四言诗向杂言诗和五言诗的过渡。特别是五言诗为汉代民间首创,后来经过文人加工,成为中国诗歌的主要形式之一。

【原文】

青青河畔草①,绵绵思远道②。
远道不可思③,宿昔梦见之④。
梦见在我旁,忽觉在他乡⑤。
他乡各异县,展转不相见⑥。
枯桑知天风,海水知天寒⑦。
入门各自媚⑧,谁肯相为言⑨。
客从远方来,遗我双鲤鱼⑩。
呼儿烹鲤鱼⑪,中有尺素书⑫。
长跪读素书⑬,书中竟何如?
上言加餐饭⑭,下言长相忆⑮。

---

　　①青青:野草盛时的颜色。　②绵绵:细密绵延的野草引起了缠绵不断的思念。　③"远道"句:这句是无可奈何的反话,言人在远方,相思徒然无益,所以说"不可思"。　④宿昔:昨晚。　⑤觉:醒。这句是说,忽然醒来,梦中人仍在他乡。　⑥展转:亦作辗转,不定。这句是说,他乡做客的人行踪不定。一说,展转,犹反复,指自己反复思量。　⑦"枯桑"二句:无叶的枯桑也能感到风吹,不冻的海水也能感到天寒,难道我不知道自己的孤凄、相思之苦吗? 这是民歌中常用的比兴手法。　⑧媚:爱、悦。　⑨言:问讯。以上两句说,从远方回家的邻人,各爱自家的人,有谁肯替我捎个信呢?　⑩遗(wèi):赠予。双鲤鱼:放书信的函,用两块木板做成,一底一盖,刻成鱼形。　⑪烹鲤鱼:指打开书函。"烹"本作"煮"讲,用在此处是为了造语生动。　⑫尺素书:即书简。素,生绢,古人在生绢上写字。　⑬长跪:伸直了腰跪着。古人席地而坐,坐时两膝着地,坐在脚后跟上,跪时将腰挺直,上身就显得长了。　⑭上言:前边讲。　⑮下言:后边说。

【汇评】

　　……有代、赵之讴,秦、楚之风,皆感于哀乐,缘事而发,亦可以观风俗,知薄厚云。(汉·班固《汉书·艺文志》)

　　纵横使韵,无曲不圆,即此一端,已足衿带千古。 或兴或比,一远一近,谓止而流,谓流而止,神龙之兴云雾驭,以人情准之,徒有浩叹而已。 神理略从《东山》来,而以《东山》为鹄,关弓向之,则其差千里。此以天遇,非以意中者。熟吟"入门各自媚",一荡或侥幸得之。(清·王夫之《古诗评选》)

　　此诗只作闺怨解。首八句,先叙我之思彼而不得见。首句比兴兼有。以草况思,比也;即草引思,兴也。旋即撇思入梦,由梦转觉,既觉复思,八句四转,就不可见顿住,惝恍迷离,极其曲折。"枯桑"四句,顶上"各异县"来,言独居之苦,惟独居者知之,收上我之思彼,即为下彼之思我引端。却不用正说,突插"枯桑""海水"二喻,凭空指点,更以有耦者之入门各媚,不肯相慰以言,显出莫可告诉神理,即反挑下文彼边寄书。后八句,顶上"相为言"来,将己欲寄书慰彼之意,在彼寄书慰我中显出。然从客来遗鱼,烹鱼有书,闲闲叙入,是急脉缓受法。"长跪"两语,写出郑重惊疑,竟括彼书怀己之意,阙然而止。而我思彼愈不能已之意,不缀一辞,已可想见,又是意到笔不到之妙境。一诗中能开无数法门,斯为杰构。(清·张玉谷《古诗欣赏》)

【赏析】

　　《饮马长城窟行》为汉代乐府古题,相传古长城边有水窟,可供饮马,曲名即由此而来。秦、汉时人以远戍长城为苦,后随之成为艰苦行役生活的象征。秦人修筑长城需要大量征用男夫,内地便有很多的思妇,所以这一乐府诗题,常写征夫思妇,本诗用女子第一人称口吻抒写思妇思念远出不归的丈夫,诗中细致描述了女子苦楚的心情和迫切的愿望。

　　诗歌开头至"展转不相见"写的是思妇梦见征夫的情景:由青草绵绵而"思远道"之人;紧接着却说"远道不可思",要在梦中相见更为真切;"梦见在我傍",却又忽然感到梦境是虚的,于是又回到相思难见上。八句之中,几个转折,情思恍惚,亦喜亦悲,变化难测,充分写出了她怀人之情的缠绵殷切。后八句写思妇梦后收到的书信,自己接到"双鲤鱼""中有尺素书"的情节,可能是真的,也可能是一种极度思念时产生的臆想。剖鱼见书,有着浓厚的传奇色彩,而游子投书,又是极合情理的事。作者把二者糅合在一起,以虚写实,虚实难辨。诗句结尾,好不容易收到来信,"上言加餐饭,下言长相忆",却偏偏没有一个字提到归期。归家无期,如此作结,余味无尽。这首乐府民歌的语言非常质朴,没有华丽的辞藻,却真切感人。

【思考题】

1. 这首诗的艺术构思有何特点?
2. "青青河畔草,绵绵思远道"两句对全诗的叙事抒情有何作用?
3. 分析本诗景物描写和心理描写对塑造思妇形象的作用。
4. 请将此诗同陈琳《饮马长城窟行》进行比较。

三、月夜

杜 甫

【原文】

今夜鄜州月，闺中只独看①。
遥怜小儿女②，未解忆长安③。
香雾云鬟湿，清辉玉臂寒④。
何时倚虚幌⑤，双照泪痕干？

【汇评】

"只独看"正忆长安，儿女无知，未解忆长安者苦衷也。反复曲折，寻味不尽。五、六语丽情悲，非寻常秾艳。（清·沈德潜《唐诗别裁集》）

心已驰神到彼，诗从对面飞来，悲婉微至，精丽绝伦，又妙在无一字不从月色照出也。（清·浦起龙《读杜心解》）

怀远诗说我忆彼，意只一层；即说彼忆我，意亦只两层。唯说我遥揣彼忆我，意便三层。又遥揣彼不知忆我，则层折无限矣。此公陷贼中，本写长安之月，却偏徒写鄜州之月；本写自己独看，却偏写闺中独看，已得遥揣神情。三、四又脱开一笔，以儿女之不解忆，衬出空闺之独忆，故"云鬟湿""玉臂寒"而不知也。沉郁顿挫，写尽闺中深情苦境。（清·吴瞻泰《杜诗提要》）

【赏析】

天宝十五载（756）六月，安史叛军攻进长安，杜甫携家逃难，住在鄜州（今陕西省富县）。七月，肃宗即位于灵武（今宁夏回族自治区灵武市）。八月，杜甫闻讯只身奔赴行在，中途为叛军所俘，拘于长安，因官卑职小，未被囚禁。此诗即被禁长安望月思家而作。此诗借助想象，抒写月夜思家的心情。首联想象妻子在鄜州望月思念自己，说透诗人在长安的思亲心情；颔联说儿女随母望月而不理解其母思念亲人之情，表现诗人悬念儿女、体贴妻子之情；颈联写想象中的妻子望月长思，充满悲伤的情绪；尾联寄托希望，以将来相聚共同望月，反衬今日相思之苦。全诗构思新奇，章法紧密，明白如话，情真意切，深婉动人。这首诗借看月而抒离情，但抒发的不是一般情况下的夫妇离别之情。字

---

①闺中：闺中人，指妻子。看：读平声。 ②怜：想。 ③未解：尚不懂得。 ④"香雾"二句：写想象中妻独自久立，望月怀人的形象。香，指云鬟里流溢出来的膏泽的芬芳。云，形容鬟的稠密蓬松。因为云鬟在夜雾笼罩之下，所以把雾说成香雾。望月已久，雾深露重，故云鬟沾湿，玉臂生寒。 ⑤虚幌：轻薄透明的帷幕。

里行间,表现出时代的特征,离乱之痛和内心之忧熔于一炉,对月惆怅,忧叹愁思,而希望则寄托于不知"何时"的未来。

【思考题】
    1.《月夜》从对方写起有何妙处?
    2.体会本诗的写作特色。

四、长恨歌

白居易

【原文】

汉皇重色思倾国①,御宇多年求不得②。
杨家有女初长成,养在深闺人未识。
天生丽质难自弃,一朝选在君王侧③。
回眸一笑百媚生,六宫粉黛无颜色④。
春寒赐浴华清池⑤,温泉水滑洗凝脂⑥。
侍儿扶起娇无力⑦,始是新承恩泽时。
云鬓花颜金步摇⑧,芙蓉帐暖度春宵。
春宵苦短日高起,从此君王不早朝。
承欢侍宴无闲暇,春从春游夜专夜。
后宫佳丽三千人,三千宠爱在一身。
金屋妆成娇侍夜⑨,玉楼宴罢醉和春。
姊妹弟兄皆列土,可怜光彩生门户。
遂令天下父母心,不重生男重生女⑩。

---

①汉皇:汉武帝。汉武帝宠幸李夫人,这里借以指玄宗和杨贵妃之间的关系。李夫人出身倡家,未入宫前,其兄李延年在武帝面前唱的歌词中有"北方有佳人,绝世而独立,一顾倾人城,再顾倾人国"的话,这样就引起武帝的注意,李夫人因而入宫。事见《汉书·外戚传》。"倾城""倾国",本来是夸张形容美色的迷人,后来一般用作美女的代称。 ②御宇:驾御宇内,即治理天下。 ③"杨家有女"四句:《新唐书·杨贵妃传》载玄宗贵妃杨氏:"幼养叔父家。始为寿王妃。开元二十四年(当作二十五年)武惠妃薨,后廷无当帝意者。或言妃姿质天挺,宜充掖廷。遂召内(纳)禁中,异之,即为自出妃意者,丐籍女官(请求出家入道士籍),号太真。更为寿王聘韦昭训女,而太真得幸。"《新唐书·玄宗纪》载天宝四载(745)八月壬寅,"立太真为贵妃"。 ④六宫粉黛:指宫内所有妃嫔。无颜色:意谓相形之下,失去了她们的美色。 ⑤华清池:在今陕西临潼东南骊山上。其地有温泉,唐开元中,建温泉宫,天宝时,改名华清宫。玄宗常往避寒,有浴池十余处。 ⑥凝脂:指白嫩而润滑的皮肤。《诗经·卫风·硕人》:"肤如凝脂。" ⑦侍儿:婢女。 ⑧金步摇:首饰,钗的一种。《新唐书·五行志》:"天宝初……妇人则簪步摇钗,衿袖窄小。"《释名·释首饰》:"步摇,上有垂珠,步则摇也。" ⑨金屋:《汉武故事》记载,武帝幼时,他姑妈将他抱在膝上,问他要不要她的女儿阿娇做妻子。他笑着回答说:"若得阿娇作妇,当作金屋贮之。" ⑩"姊妹弟兄"四句:《新唐书·杨贵妃传》:"天宝初,进册贵妃。追赠父玄琰太尉、齐国公,擢叔玄珪光禄卿,宗兄铦鸿胪卿,锜侍御史,尚太华公主。……而钊亦浸显。钊,国忠也。三姊皆美劭,帝呼为姨,封韩、虢、秦三国为夫人。出入宫掖,恩宠声焰震天下。"《长恨歌传》:"故当时谣咏有云'生女勿悲酸,生男勿喜欢。'又云:'男不封侯女作妃,看女却为门上楣。'其为人心羡慕如此。"

骊宫高处入青云①,仙乐风飘处处闻。
缓歌慢舞凝丝竹,尽日君王看不足②。
渔阳鼙鼓动地来③,惊破霓裳羽衣曲④。
九重城阙烟尘生⑤,千乘万骑西南行。
翠华摇摇行复止⑥,西出都门百余里⑦。
六军不发无奈何,宛转蛾眉马前死⑧。
花钿委地无人收,翠翘金雀玉搔头⑨。
君王掩面救不得,回看血泪相和流。
黄埃散漫风萧索,云栈萦纡登剑阁⑩。
峨嵋山下少人行⑪,旌旗无光日色薄⑫。
蜀江水碧蜀山青,圣主朝朝暮暮情。
行宫见月伤心色⑬,夜雨闻铃肠断声⑭。
天旋日转回龙驭⑮,到此踌躇不能去。
马嵬坡下泥土中,不见玉颜空死处⑯。
君臣相顾尽沾衣,东望都门信马归⑰。
归来池苑皆依旧,太液芙蓉未央柳⑱。
芙蓉如面柳如眉,对此如何不泪垂?
春风桃李花开日⑲,秋雨梧桐叶落时。
西宫南苑多秋草⑳,落叶满阶红不扫。

---

①骊宫:即华清宫。因为在骊山之上,故称骊宫。 ②看不足:看不厌。 ③"渔阳"句:指安禄山反叛。《旧唐书·安禄山传》:"天宝十四载(755)十一月,反于范阳。" ④霓(ní)裳羽衣曲:舞曲名。本名《婆罗门》,是西域乐舞的一种。开元中,西凉节度使杨敬述依曲创声,才流入中国。 ⑤九重城阙:指京城。京城为皇宫所在,皇宫门有九重,故云九重城。 ⑥翠华:指皇帝的车驾。 ⑦"西出都门"句:百余里,指马嵬驿。马嵬故址在今陕西兴平西北二十三里,兴平东至长安九十里,马嵬距长安为百余里。 ⑧"六军不发"二句:六军,古代天子六军,这里指护卫皇帝的羽林军。蛾眉,美貌的女子。《诗经·卫风·硕人》:"螓首蛾眉"。这里指杨贵妃。 ⑨"花钿"二句:意谓花钿、翠翘、金雀、玉搔头都委地无人收。 ⑩云栈:高入云霄的栈道。 ⑪"峨嵋山"句:由长安到成都,并不经过峨嵋山,这里泛指蜀中的山。 ⑫日色薄:日光黯淡。 ⑬行宫:皇帝出行时住的地方。 ⑭"夜雨"句:郑处海《明皇杂录》补遗:"明皇既幸蜀,西南行,初入斜谷,霖雨涉旬,于栈道雨中闻铃音,与山相应。上既悼念贵妃,采其声为《雨霖铃曲》以寄恨焉。"这句暗咏其事。 ⑮"天旋日转"句:肃宗至德二载(757)十月,郭子仪军收复长安,肃宗派太子太师韦见素奉迎玄宗于蜀郡。同年十二月,玄宗还京。天旋日转,谓大局转变。龙驭,皇帝的车驾。 ⑯空死处:空见死处。见字省略,意承上半句"不见玉颜"的"见"。 ⑰信马归:无心鞭马,任马前进。 ⑱太液:汉建章宫北的池名。未央:汉宫名。汉朝开国时丞相萧何所营建。此借"太液""未央"泛指宫廷池苑,并非实叙。 ⑲日:原作"夜"。 ⑳"西宫南苑"句:西宫,太极宫。南苑,兴庆宫。苑,一作"内"。兴庆宫在东内之南,故称南内。玄宗还京后,初居兴庆宫,因临近大街,时常和外界接触,肃宗左右的人唯恐他有复辟的野心,将他迁入太极宫的甘露殿,加以变相的软禁。这句以下,所写的是玄宗居西宫时的情况。

梨园弟子白发新①,椒房阿监青娥老②。
夕殿萤飞思悄然,孤灯挑尽未成眠③。
迟迟钟鼓初长夜,耿耿星河欲曙天④。
鸳鸯瓦冷霜华重⑤,翡翠衾寒谁与共⑥?
悠悠生死别经年,魂魄不曾来入梦。
临邛道士鸿都客⑦,能以精诚致魂魄。
为感君王展转思,遂教方士殷勤觅。
排空驭气奔如电,升天入地求之遍。
上穷碧落下黄泉⑧,两处茫茫皆不见。
忽闻海上有仙山,山在虚无缥缈间。
楼阁玲珑五云起⑨,其中绰约多仙子⑩。
中有一人字太真⑪,雪肤花貌参差是⑫。
金阙西厢叩玉扃⑬,转教小玉报双成⑭。
闻道汉家天子使,九华帐里梦魂惊⑮。
揽衣推枕起徘徊,珠箔银屏迤逦开⑯。
云鬓半偏新睡觉,花冠不整下堂来。
风吹仙袂飘飖举,犹似霓裳羽衣舞。
玉容寂寞泪阑干⑰,梨花一枝春带雨。
含情凝睇谢君王⑱,一别音容两渺茫。
昭阳殿里恩爱绝⑲,蓬莱宫中日月长⑳。

---

①梨园弟子:指玄宗当年训练的乐工舞女。梨园,唐玄宗时宫中教习音乐的机构,曾选"坐部伎"三百人教练歌舞,随时应诏表演,号称"皇帝梨园弟子"。 ②椒房:后妃居住之所,因以花椒和泥抹墙,故称椒房。阿监:宫中的侍从女官。青娥:年轻的宫女。据《新唐书·百官志》,内官宫正有阿监、副监,视七品。 ③"孤灯"句:古代宫廷及豪门贵族,夜间燃烛,不点油灯,这里用以形容玄宗晚年生活环境的凄苦。 ④耿耿:微明的样子。 ⑤鸳鸯瓦:两片嵌合在一起的瓦。简称鸳瓦。 ⑥翡翠衾:布面绣有翡翠鸟的被子。《楚辞·招魂》:"翡翠珠被,烂齐光些。"言其珍贵。谁与共:与谁共。 ⑦"临邛(qióng)道士"句:意谓一个临邛道士,来到京城做客。临邛,县名,唐属剑南道,今四川邛崃。鸿都,后汉首都洛阳宫门名,这里借指长安。 ⑧碧落:道家称天界为碧落。 ⑨五云起:耸立在五色的彩云之中。 ⑩绰约:美好轻盈貌。 ⑪太真:杨贵妃原名玉环,被度为女道士时叫太真,住在太真宫,所以这里用作仙号。 ⑫参差:仿佛。 ⑬金阙:金碧辉煌的神仙宫殿。扃(jiōng):门户。 ⑭"转教"句:意谓仙府庭院重重,须经辗转通报的手续。小玉和双成都是古代神话中的女子。小玉是吴王夫差女,双成是传说中西王母的侍女。这里皆借指杨贵妃在仙山的侍女。 ⑮九华帐:绣饰华美的帐子。九华,重重花饰的图案。言帐之精美。张华《博物志》卷三:"汉武帝好神仙道,祭祀名山大泽,以求神仙之道。时西王母遣使乘白鹿告帝当来,乃供帐九华殿以待之。" ⑯珠箔(bó):用珍珠穿成的珠帘。银屏:镶嵌银丝花纹的屏风。迤(yǐ)逦(lǐ):接连不断地。 ⑰阑干:纵横貌。 ⑱含情凝睇(dì):无限深情地注视着。 ⑲昭阳殿:汉殿名,赵飞燕姊妹所居,这里借指贵妃生前的寝宫。 ⑳蓬莱宫:泛指仙境。蓬莱是神话中海外三山之一。

回头下望人寰处,不见长安见尘雾。
惟将旧物表深情①,钿合金钗寄将去②。
钗留一股合一扇,钗擘黄金合分钿③。
但令心似金钿坚,天上人间会相见。
临别殷勤重寄词,词中有誓两心知。
七月七日长生殿④,夜半无人私语时。
在天愿作比翼鸟⑤,在地愿为连理枝⑥。
天长地久有时尽,此恨绵绵无绝期。

【汇评】

白乐天《长恨歌》有"夕殿萤飞思悄然,孤灯挑尽未成眠"之句,宁有兴庆宫中夜不烧蜡油,明皇帝自挑尽者乎? 书生之见可笑耳。(宋·邵博《邵氏闻见后录》)

"夕殿萤飞思悄然,孤灯挑尽未成眠",此尤可笑,南内虽凄凉,何至挑孤灯耶?(宋·张戒《岁寒堂诗话》)

收纵得宜,调度合拍,譬如跳狮子,锣也好,鼓也好,狮子也跳得好,三回九转,周身本事,全副精神俱显出来。(清·徐增《而庵诗话》)

古来诗人,及身得名,未有如是之速且广者。盖其得名,在《长恨歌》一篇。其事本易传,以易传之事,为绝妙之词,有声有情,可歌可泣,文人学士既叹为不可及,妇人女子亦喜闻而乐诵之。是以不胫而走,传遍天下。又有《琵琶行》一首助之。此即全无集,而二诗已自不朽,况又有三千八百四十首之工且多哉! (清·赵翼《瓯北诗话》)

如此长篇,一气舒卷,时复风华掩映,非有绝世才力未易到也。(高步瀛《唐宋诗举要》)

【赏析】

《长恨歌》是白居易诗作中脍炙人口的名篇,作于元和元年(806),当时诗人正在盩厔县(今陕西周至)任县尉。这首诗是他和友人陈鸿、王质夫同游马嵬驿附近的仙游寺,有感于唐玄宗、杨贵妃的故事而创作的。白居易在这首长篇叙事诗里,以精练的语言,优美的形象,叙事和抒情结合的手法,叙述了唐玄宗、杨贵妃的爱情悲剧。

全诗分为四个层次:第一层从开头至"尽日君王看不足",叙述了安史之乱前,唐玄宗宠爱杨贵妃,完全沉湎于歌舞酒色。第二层从"渔阳鼙鼓动地来"至"夜雨闻铃肠断声",写安史之乱,玄宗逃难,被迫赐死贵妃和唐玄宗在流亡途中的悲伤。第三层从"天

---

①旧物:指杨贵妃生前与玄宗定情的信物。 ②钿合:用珠宝镶嵌的一种首饰,用两片合成。一说,是用珠宝镶嵌的金盒。 ③"钗擘黄金"句:伸足上句的意思。钗擘黄金,即上句所说的"钗留一股";合分钿,即上句所说的"合一扇"。上句的"一股""一扇",指自己留下的一半,这里是寄给对方的一半。擘(bò),用手分开。 ④长生殿:《唐会要》卷三十"华清宫"条:"天宝元年十月造长生殿,名为集灵台,以祀神。"唐代后妃所居寝宫,又可通称为长生殿。这里可能是指华清宫内贵妃的寝殿,不一定是祀神的集灵台。 ⑤比翼鸟:《尔雅·释地》:"南方有比翼鸟,不比不飞,其名谓之鹣鹣。" ⑥连理枝:异本草木,枝或干连生在一起。

旋日转回龙驭"至"魂魄不曾来入梦",描述了杨贵妃死后,唐玄宗在蜀中的寂寞悲伤、还都路上的追怀忆旧,行宫见月,夜雨闻铃,是一片"伤心色"和"断肠声"。长安收复以后回朝时,重过马嵬,"不见玉颜空死处"。回官后,池苑依旧,物是人非,抒发唐玄宗对杨贵妃缠绵悱恻的相思之情;第四层从"临邛道士鸿都客"至末句,写玄宗派方士觅杨贵妃之魂魄,使二人得以互通信息,重在表现唐玄宗的孤寂和对往日爱情生活的忧伤追忆。诗人运用浪漫主义手法,上天入地,后终在虚无缥缈的仙山上让贵妃以"玉容寂寞泪阑干,梨花一枝春带雨"的形象再现于仙境。结尾"天长地久有时尽,此恨绵绵无绝期"二句,表现了爱情的长存,亦即点明全诗的主题。《长恨歌》全诗以写实为主,将叙事与抒情、写景紧密结合,写得缠绵感人,韵律优美,词采绚丽,读来流畅悦耳。

【思考题】

1. 你认为《长恨歌》的主题到底是什么?
2. 《长恨歌》的艺术特色有哪些?
3. 你如何理解"天长地久有时尽,此恨绵绵无绝期"?

五、霍小玉传

蒋 防

【作者简介】

蒋防(792—835),字子征,一作子微。出身于义兴(江苏宜兴)蒋氏望族。年少时聪慧好学。青年时才名播扬。与李绅交好。长庆二年(822),在牛僧儒、李德裕党争中站在牛僧儒一边的李逢吉担任宰相,排挤李党。李绅与李德裕知交甚厚,亦遭排斥,蒋防自然不能幸免。被调出京师任汀州刺史,后又改任连州刺史。郁郁不得志。有诗集一卷,今存诗12首,传奇《霍小玉传》是其成名作。

【原文】

大历中①,陇西李生名益②,年二十,以进士擢第。其明年,拔萃③,俟试于天官④。夏六月,至长安,舍于新昌里。生门族清华⑤,少有才思,丽词嘉句,时谓无双。先达丈人⑥,翕然推伏⑦。每自矜风调⑧,思得佳偶,博求名妓,久而未谐。长安有媒鲍十一娘者,故薛驸马家青衣也⑨,折券从良⑩,十余年矣。性便辟⑪,巧言语,豪家戚里,无不经过,追风挟策⑫,推为渠帅⑬。常受生诚托厚赂,意颇德之⑭。经数月,李方闲居舍之南亭。申未间⑮,忽闻扣门甚急,云是鲍十一娘至。摄衣从之⑯,迎问曰:"鲍卿⑰,今日何故忽然而来?"鲍笑曰:"苏姑子作好梦也未⑱?有一仙人,谪在下界,不邀财货⑲,但慕风流。如此色目⑳,共十郎相当矣㉑。"生闻之惊跃,神飞体轻,引鲍手且拜且谢曰:"一生作奴,死亦不惮㉒。"因问其名居。鲍具说曰:"故霍王小女㉓,字小玉,王甚爱之。

---

① 大历:唐代宗李豫年号(766—779)。 ② 李益(748—827):字君虞,郑州(今河南郑州)人,郡望陇西姑臧(今甘肃武威市)人,唐代著名诗人,大历四年进士及第,曾任侍御史、河南少尹、秘书监、礼部尚书等职。 ③ 拔萃:唐制,选人期未满,以试判授官,称拔萃。 ④ 俟试于天官:等候吏部的考试。天官,天官冢宰的简称,《周礼》六官,称冢宰为天官,为百官之长。唐代武则天时曾一度改吏部为天官,后世也把天官作为吏部的通称。 ⑤ 清华:古代清贵的官品,也指这种官员和他的门第。 ⑥ 先达:德行高、学问好的先辈。丈人:古代对老人的尊称。 ⑦ 翕然:一致的样子。推伏:同"推服"。 ⑧ 自矜风调:意思是以自己的品格情调而自负。 ⑨ 青衣:古代地位低下者所穿的服装。婢女多穿青衣,后来因用为婢女的代称。 ⑩ 折券从良:指毁弃契约,赎身嫁人。 ⑪ 便(pián)辟:逢迎谄媚。 ⑫ 追风挟策:扬鞭赶马,马行如飞。这里指撮合男女情事。追风,形容马行之速。挟策,扬鞭、持鞭,亦用以比喻奔走、行动。 ⑬ 渠帅:也写作"渠率",首领,古代称武装反抗者的首领或部落酋长,也指某一行业的出头人物。 ⑭ 德:恩德,这里作动词用,感激……的恩德的意思。 ⑮ 申未间:下午三时左右。申,十二时辰之一,下午三时到五时。未,下午一时到三时。 ⑯ 摄:引持、牵着。 ⑰ 卿:对朋友的爱称。 ⑱ 苏姑子:南齐名妓苏小小。 ⑲ 邀:希求。 ⑳ 色目:人品、身份。 ㉑ 十郎:即李益,他在兄弟间排行第十,故称十郎。 ㉒ 惮:怕、畏惧。 ㉓ 霍王:唐高祖之子李元轨封霍王。

母曰净持。净持即王之宠婢也。王之初薨,诸弟兄以其出自贱庶,不甚收录①。因分与资财,遣居于外,易姓为郑氏,人亦不知其王女。资质秾艳,一生未见;高情逸态,事事过人;音乐诗书,无不通解。昨遣某求一好儿郎,格调相称者②。某具说十郎。他亦知有李十郎名字,非常欢惬。住在胜业坊古寺曲③,甫上车门宅是也④。已与他作期约,明日午时,但至曲头觅桂子⑤,即得矣。"

鲍既去,生便备行计。遂令家僮秋鸿,于从兄京兆参军尚公处假青骊驹⑥,黄金勒⑦。其夕,生浣衣沐浴,修饰容仪,喜跃交并,通夕不寐。迟明⑧,巾帻⑨,引镜自照,惟惧不谐也。徘徊之间,至于亭午⑩。遂命驾疾驱,直抵胜业。至约之所,果见青衣立候,迎问曰:"莫是李十郎否?"即下马,令牵入屋底,急急锁门。见鲍果从内出来,遥笑曰:"何等儿郎,造次入此?"生调诮未毕⑪,引入中门。庭间有四樱桃树。西北悬一鹦鹉笼,见生入来,即语曰:"有人入来,急下帘者!"生本性雅淡,心犹疑惧,忽见鸟语,愕然不敢进。逡巡⑫,鲍引净持下阶相迎,延入对坐。年可四十余,绰约多姿,谈笑甚媚。因谓生曰:"素闻十郎才调风流,今又见仪容雅秀,名下固无虚士⑬。某有一女子,虽拙教训,颜色不至丑陋,得配君子,颇为相宜。频见鲍十一娘说意旨,今亦便令永奉箕帚⑭。"生谢曰:"鄙拙庸愚,不意顾盼,倘垂采录,生死为荣。"遂命酒馔,即令小玉自堂东阁子中而出⑮。生即拜迎。但觉一室之中,若琼林玉树⑯,互相照曜,转盼精彩射人。既而遂坐母侧。母谓曰:"汝尝爱念'开帘风动竹,疑是故人来⑰'。即此十郎诗也。尔终日吟想,何如一见。"玉乃低鬟微笑,细语曰:"见面不如闻名。才子岂能无貌?"生遂连起拜曰:"小娘子爱才,鄙夫重色。两好相映,才貌相兼。"母女相顾而笑,遂举酒数巡⑱。生起,请玉唱歌。初不肯,母固强之。发声清亮,曲度精奇⑲。

酒阑⑳,及暝㉑,鲍引生就西院憩息。闲庭邃宇,帘幕甚华。鲍令侍儿桂子、浣沙与生脱靴解带。须臾,玉至,言叙温和,辞气宛媚。解罗衣之际,态

---

① 收录:收纳,接纳。　② 格调:风度、品质。　③ 胜业坊:唐代长安城里坊名。曲:偏僻的地方,这里指小巷。　④ 甫:开始。上车门:左边的大门。　⑤ 曲头:巷头、街头。　⑥ 假:借。青骊驹:毛色青黑相杂的骏马。　⑦ 勒:套在马头上带嚼口的笼头。　⑧ 迟(zhì)明:侵晨,将近天明。　⑨ 巾帻:包发的头巾,这里做动词用,系上头巾。　⑩ 亭午:正午,中午。　⑪ 调诮:调笑,开玩笑。　⑫ 逡巡:退却,欲进不进,迟疑不决的样子。　⑬ "名下"句:意思是名不虚传。　⑭ 奉箕帚:女家自谦之辞,意思是嫁与为妻。　⑮ 阁子:侧门。　⑯ 琼林玉树:指精美华丽的陈设。琼,美玉。这里指霍小玉之美貌。　⑰ "开帘风动竹"二句:出自李益《竹窗闻风早发寄司空曙》一诗。　⑱ 巡:遍。　⑲ 曲度:歌词的节拍、音调。　⑳ 酒阑:酒筵将近结束。　㉑ 暝:日暮、夜晚。

有余妍。低帏昵枕，极其欢爱。生自以为巫山、洛浦不过也①。中宵之夜②，玉忽流涕视生曰："妾本倡家，自知非匹③。今以色爱，托其仁贤。但虑一旦色衰，恩移情替，使女萝无托④，秋扇见捐⑤。极欢之际，不觉悲至。"生闻之，不胜感叹。乃引臂替枕，徐谓玉曰："平生志愿，今日获从，粉骨碎身，誓不相舍。夫人何发此言！请以素缣，着之盟约。"玉因收泪，命侍儿樱桃褰幄执烛⑥，授生笔研⑦。玉管弦之暇，雅好诗书，筐箱笔研，皆王家之旧物。遂取绣囊，出越姬乌丝栏素缣三尺以授生⑧。生素多才思，援笔成章，引谕山河⑨，指诚日月⑩，句句恳切，闻之动人。染毕⑪，命藏于宝箧之内。自尔婉娈相得⑫，若翡翠之在云路也⑬。如此二岁，日夜相从。

其后年春，生以书判拔萃登科⑭，授郑县主簿⑮。至四月，将之官，便拜庆于东洛⑯。长安亲戚，多就筵饯。时春物尚余，夏景初丽，酒阑宾散，离思萦怀。玉谓生曰："以君才地名声，人多景慕，愿结婚媾，固亦众矣。况堂有严亲，室无冢妇⑰，君之此去，必就佳姻。盟约之言，徒虚语耳。然妾有短愿⑱，欲辄指陈⑲。永委君心⑳，复能听否？"生惊怪曰："有何罪过，忽发此辞？试说所言，必当敬奉。"玉曰："妾年始十八，君才二十有二，迨君壮室之秋㉑，犹有八岁。一生欢爱，愿毕此期。然后妙选高门，以谐秦晋㉒，亦未为晚。妾便舍弃人事，剪发披缁㉓，夙昔之愿，于此足矣。"生且愧且感，不觉涕流。因谓玉曰："皎日之誓，死生以之㉔。与卿偕老，犹恐未惬素志，岂敢辄有二三？固请不疑，但端居相待。至八月，必当却到华州，寻使奉迎，相见非远。"更数日，生遂诀别东去。

到任旬日，求假往东都觐亲㉕。未至家日，太夫人已与商量表妹卢氏，言约已定。太夫人素严毅，生逡巡不敢辞让，遂就礼谢㉖，便有迎期。卢亦甲族

---

①巫山：出自战国时楚国宋玉《高唐赋》，楚王游高唐，与巫山神女相会遇，神女辞别时声称："旦为朝云，暮为行雨。"洛浦：出自曹植《洛神赋》，指曹植遇到洛水女神宓妃。浦，水滨。　②中宵：夜半。　③匹：相当，相配。　④女萝无托：比喻女子失去依靠。女萝，植物名，多依松柏而生。　⑤秋扇见捐：入秋以后，天气凉爽，扇子就被抛在一旁。古代比喻妇女遭到丈夫的遗弃。　⑥褰幄：揭开帷帐。　⑦笔研：同"笔砚"。　⑧乌丝栏素缣：指织有红黑界栏的白色缣帛。　⑨引谕山河：比喻爱情像高山、河流一样深厚、长远。　⑩指诚日月：比喻爱情真挚，像日月一样永恒。　⑪染毕：写完。因为是在缣帛上写字，故称染。　⑫婉娈：缠绵、缱绻。　⑬"若翡翠"句：就像翡翠鸟在天空中自由地翱翔。翡翠，鸟名。　⑭书判：指书法和文理。《新唐书·选举志》记载，唐代根据身、言、书、判四个标准选拔官员。　⑮主簿：官名，典领文书，办理事务。　⑯拜庆：即拜家庆的简称，久别回家省亲。　⑰冢妇：嫡长子之妻，这里指妻子。　⑱短：小。　⑲辄：立即、就。指陈：指明、陈述。　⑳永委君心：让您永远记住。　㉑迨：等到。壮室：古代男子三十岁称壮，又值应当娶妻室之时，故称"壮室"。　㉒秦晋：春秋时，秦、晋两国世为婚姻，后来因此称两姓联姻为秦晋之好。　㉓剪发披缁：指出家为尼。缁，黑色。　㉔"皎日之誓"二句：曾经对日发誓，到死不变心。　㉕觐亲：看望父母。　㉖遂就礼谢：于是到女方家就婚礼的事表示感谢。

也①,嫁女于他门,聘财必以百万为约,不满此数,义在不行。生家素贫,事须求贷,便托假故,远投亲知,涉历江淮,自秋及夏。生自以孤负盟约,大愆回期②,寂不知闻,欲断期望,遥托亲故,不遗漏言。

玉自生逾期,数访音信。虚词诡说,日日不同。博求师巫③,遍询卜筮④,怀忧抱恨,周岁有余。羸卧空闺⑤,遂成沉疾⑥。虽生之书题竟绝,而玉之想望不移,赂遗亲知,使通消息。寻求既切,资用屡空,往往私令侍婢潜卖箧中服玩之物,多托于西市寄附铺侯景先家货卖⑦。曾令侍婢浣沙将紫玉钗一只,诣景先家货之。路逢内作老玉工⑧,见浣沙所执,前来认之曰:"此钗,吾所作也。昔岁霍王小女将欲上鬟⑨,令我作此,酬我万钱。我尝不忘。汝是何人,从何而得?"浣沙曰:"我小娘子,即霍王女也。家事破散,失身于人。夫婿昨向东都,更无消息。悒怏成疾⑩,今欲二年。令我卖此,赂遗于人,使求音信。"玉工凄然下泣曰:"贵人男女,失机落节⑪,一至于此!我残年向尽,见此盛衰,不胜伤感。"遂引至延先公主宅⑫,具言前事,公主亦为之悲叹良久,给钱十二万焉。

时生所定卢氏女在长安,生既毕于聘财,还归郑县。其年腊月,又请假入城就亲⑬。潜卜静居⑭,不令人知。有明经崔允明者⑮,生之中表弟也。性甚长厚,昔岁常与生同欢于郑氏之室,杯盘笑语,曾不相间。每得生信,必诚告于玉。玉常以薪刍衣服⑯,资给于崔。崔颇感之。生既至,崔具以诚告玉。玉恨叹曰:"天下岂有是事乎!"遍请亲朋,多方招致。生自以愆期负约,又知玉疾候沉绵⑰,惭耻忍割,终不肯往。晨出暮归,欲以回避。玉日夜涕泣,都忘寝食,期一相见,竟无因由。冤愤益深,委顿床枕⑱。自是长安中稍有知者。风流之士,共感玉之多情;豪侠之伦,皆怒生之薄行。

时已三月,人多春游。生与同辈五六人诣崇敬寺玩牡丹花,步于西廊,递吟诗句。有京兆韦夏卿者⑲,生之密友,时亦同行。谓生曰:"风光甚丽,草木荣华。伤哉郑卿,衔冤空室!足下终能弃置,实是忍人。丈夫之心,不宜

---

①甲族:世家大族。 ②愆:耽误。 ③博求:广求。师巫:巫师。 ④卜筮:指用龟甲、筮草等预测吉凶。 ⑤羸:瘦、弱。 ⑥沉疾:重病。 ⑦西市:唐代长安城商业区之一。寄附铺:唐宋时期寄售货物的商铺,类似于近代的寄售商行。 ⑧内作:宫廷内制造器物的作坊。 ⑨上鬟:古时女子十五岁结发上鬟,到了可以出嫁的年龄。 ⑩悒怏:忧郁不快。 ⑪失机落节:家道衰落,失意落魄。 ⑫延先公主:当为延光公主之误,唐肃宗李亨第七女。 ⑬就亲:完婚、成亲。 ⑭潜卜静居:悄悄找到僻静的地方安顿下来。 ⑮明经:唐代科举考试中科目之一,与进士科并列,主要考试经义。 ⑯薪刍:薪柴和牧草。 ⑰沉绵:指疾病历久不愈。 ⑱委顿:衰弱,病困。 ⑲韦夏卿(743—806):字云客,京兆万年(今陕西省西安市)人。大历二年茂才异行科及第,曾任奉天令、长安令、常州刺史、苏州刺史、吏部侍郎、京兆尹、太子少保诸职。

如此。足下宜为思之!"叹让之际①,忽有一豪士,衣轻黄纻衫,挟弓弹,丰神隽美,衣服轻华②,唯有一剪头胡雏从后③,潜行而听之。俄而前揖生曰:"公非李十郎者乎?某族本山东④,姻连外戚。虽乏文藻,心尝乐贤。仰公声华,常思觏止⑤。今日幸会,得睹清扬⑥。某之敝居,去此不远,亦有声乐,足以娱情。妖姬八九人,骏马十数匹,唯公所欲。但愿一过。"生之侪辈⑦,共聆斯语,更相叹美。因与豪士策马同行,疾转数坊,遂至胜业。生以近郑之所止,意不欲过,便托事故,欲回马首。豪士曰:"敝居咫尺,忍相弃乎?"乃挽挟其马,牵引而行。迁延之间⑧,已及郑曲。生神情恍惚,鞭马欲回。豪士遽命奴仆数人,抱持而进。疾走推入车门,便令锁却,报云:"李十郎至也!"一家惊喜,声闻于外。

先此一夕,玉梦黄衫丈夫抱生来,至席,使玉脱鞋。惊寤而告母。因自解曰:"'鞋'者,'谐'也。夫妇再合。'脱'者,'解'也。既合而解,亦当永诀。由此征之⑨,必遂相见,相见之后,当死矣。"凌晨,请母妆梳。母以其久病,心意惑乱,不甚信之。黾勉之间⑩,强为妆梳。妆梳才必,而生果至。玉沉绵日久,转侧须人。忽闻生来,欻然自起⑪,更衣而出,恍若有神。遂与生相见,含怒凝视,不复有言,羸质娇姿,如不胜致,时复掩袂,返顾李生。感物伤人,坐皆歔欷⑫。顷之,有酒肴数十盘,自外而来。一座惊视,遽问其故,悉是豪士之所致也。因遂陈设,相就而坐。玉乃侧身转面,斜视生良久,遂举杯酒酬地曰⑬:"我为女子,薄命如斯!君是丈夫,负心若此!韶颜稚齿⑭,饮恨而终。慈母在堂,不能供养。绮罗弦管,从此永休。衔痛黄泉⑮,皆君所致。李君李君,今当永诀!我死之后,必为厉鬼,使君妻妾,终日不安!"乃引左手握生臂,掷杯于地,长恸号哭数声而绝。母乃举尸,置于生怀,令唤之,遂不复苏矣。生为之缟素⑯,旦夕哭泣甚哀。

将葬之夕。生忽见玉緫帷之中⑰,容貌妍丽,宛若平生。著石榴裙⑱,紫褙裆⑲,红绿帔子⑳。斜身倚帷,手引绣带,顾谓生曰:"愧君相送,尚有余情。幽冥之中,能不感叹。"言毕,遂不复见。明日,葬于长安御宿原。生至墓所,

---

①让:责备。 ②轻华:指衣着飘逸华贵。 ③剪头胡雏:留着短发的胡人青年。 ④山东:太行山以东地区,是传统的世家大族居住地。 ⑤觏止:相遇。 ⑥清扬:指眉清目秀,泛指人美好的仪容、风采。 ⑦侪辈:同伴。 ⑧迁延:退却。 ⑨征:证验,证明。 ⑩黾勉:勉强。 ⑪欻然:如火光一现,迅速的样子。 ⑫歔欷:叹气、抽噎声。 ⑬酬:酒洒于地表示祭奠或立誓。 ⑭韶颜:美好的容貌。稚齿:年少。 ⑮衔痛黄泉:招致死亡的痛苦。 ⑯缟素:白色的衣服。指丧服。 ⑰緫帷:灵帐。緫,古代丧服所用的一种稀疏细布。 ⑱石榴裙:唐代青年女子青睐的一种服饰款式,裙子颜色红如石榴。 ⑲褙裆:妇人袍。 ⑳帔:披肩。

尽哀而返。

后月余，就礼于卢氏。伤情感物，郁郁不乐。夏五月，与卢氏偕行，归于郑县。至县旬日，生方与卢氏寝，忽帐外叱叱作声。生惊视之，则见一男子，年可二十余，姿状温美，藏身映幔①，连招卢氏。生惶遽走起，绕幔数匝，倏然不见。生自此心怀疑恶，猜忌万端，夫妻之间，无聊生矣。或有亲情，曲相劝喻，生意稍解。后旬日，生复自外归，卢氏方鼓琴于床，忽见自门抛一斑犀钿花合子②，方圆一寸余，中有轻绢，作同心结，坠于卢氏怀中。生开而视之，见相思子二③，叩头虫一④，发杀觜一⑤，驴驹媚少许⑥。生当时愤怒叫吼，声如豺虎，引琴撞击其妻，诘令实告。卢氏亦终不自明。尔后往往暴加捶楚⑦，备诸毒虐，竟讼于公庭而遣之。卢氏既出，生或侍婢媵妾之属⑧，暂同枕席，便加妒忌。或有因而杀之者。生尝游广陵，得名姬曰营十一娘者，容态润媚，生甚悦之。每相对坐，尝谓营曰："我尝于某处得某姬，犯某事，我以某法杀之。"日日陈说，欲令惧己，以肃清闺门。出则以浴斛复营于床⑨，周回封署⑩，归必详视，然后乃开。又畜一短剑⑪，甚利，顾谓侍婢曰："此信州葛溪铁⑫，唯断作罪过头！"大凡生所见妇人，辄加猜忌，至于三娶，率皆如初焉。

【汇评】

胡应麟曰："唐人小说纪闺阁事，绰有情致。此篇尤为唐人最精彩动人之传奇，故传诵弗衰。"……李益，字君虞。系出陇西，姑臧人。肃宗朝宰相李揆之族子。长于诗歌。贞元末，与宗人贺相埒。每一篇成，乐工争以赂求取之，被声歌，供奉天子。至《征人》《早行》等篇，天下皆施之图绘。累迁右散骑常侍。大和初，以礼部尚书致仕。见《唐书·李华传》（二百三）。其友韦夏卿，字云客，京兆万年人。《两唐书》并有传（旧书一百六十五，新书一百六十二）。惟同时有两李益，而同出于姑臧。《因话录》云："李尚书益，与宗人庶子李益同名，俱出于姑臧。时人谓尚书为文章李益，庶子为门户李益。"本传李十郎，当为君虞。李肇《国史补》卷中云："散骑常侍李益少有疑病。"《唐书》亦云："益少痴而忌克，防闲妻妾苛严，世谓妒痴为李益疾。"据此，则是本传所称，猜忌万端，夫妇之间无聊生者，或为当日流传之事实。小说多喜附会，复举薄幸之事以实之，而十郎薄行之名，永垂千古矣。（汪辟疆校录《唐人小说》）

【赏析】

《霍小玉传》叙述的是陇西书生李益和长安名妓霍小玉的爱情悲剧。小说刻画霍小

---

①映幔：幕帐。　②斑犀钿花合子：斑白分明的犀牛角制成的嵌花首饰盒。　③相思子：红豆，可入药，古代用以表示相思。　④叩头虫：又称磕头虫，被人捉住后，就会不停地叩头。　⑤发杀觜：媚药的一种。　⑥驴驹媚：媚药。　⑦捶楚：同"棰楚"，杖刑。　⑧媵：古代指随嫁，也指随嫁的人，这里指婢女。　⑨浴斛：澡盆。　⑩周回：周围。封署：封缄后加上印记。　⑪畜：同"蓄"，保存、收藏。　⑫信州：州名，治所在今江西上饶市。葛溪铁：上饶葛溪所产的铁，以精工细密著称。

玉、李益二人的人物形象，主要是以霍、李二人三次相见为主要情节铺叙开来的，从李益与霍小玉的初会、两次立誓到李的背约、二人的最后相见，无不婉曲深细，妙笔传神。

霍小玉是霍王小女，因庶出而流落教坊。她美丽、纯洁、机敏、聪慧，敢爱敢恨，极具见识，更有强烈的反抗性格。初见李益时，"言叙温和，辞气宛媚"，温婉贤淑、娇美无比。霍小玉在欢娱中仍保持了清醒头脑，"极欢之际，不觉悲至"，流露出内心的凄苦。在李益辞别时，已有不祥的预感；李益一去无消息，她忧思成疾，委顿床枕；黄衫客愤而挟李益来，小玉悲愤交集，怒斥李益，表现了一个备受欺凌的弱女子临终前最大程度的愤怒和反抗。至此，小玉性格中的温柔多情、清醒冷静已为坚韧刚烈所取代，但坚韧刚烈中却渗透了无比的凄怨。她"乃引左手握生臂，掷杯于地，长恸号哭数声而绝"。足见她用情之深、用情之专。小玉化为厉鬼给李益以惩罚，更见她勇敢坚强、爱憎分明的一面。

李益高贵，富有才华，但庸俗自私，虚浮不实。他"自矜风流，思得佳偶，博求名妓"；闻说小玉，"闻之惊跃，神飞体轻"，"浣衣沐浴，修饰容仪，通夕不寐"；初见小玉，只觉"若琼林玉树"，"以为巫山、洛浦不过也"，闻小玉身世之悲愿"粉骨碎身，誓不相舍"；相别之时"且愧且感"。然而，在议娶卢氏时却"逡巡不敢辞让"，对小玉"欲断其望，不遗漏言"。他感情脆弱，屈从母命，对封建制度不敢有半点反抗，采取拖延蒙混的态度，背盟负义，绝情寡义，辜负了小玉一片痴心。李益之薄行惹众人之怒，被豪士奴仆抱持而入，受小玉痛斥，遭小玉冤魂报复，皆是咎由自取。诚然，李益背信弃义有其社会原因，揭露封建门阀制度的腐朽和黑暗，正是此传得以千古流传的原因所在。这是一篇妙于叙述和描写的优秀作品，作者善于选择能反映人物性格和心态的典型场景，用饱含感情色彩的语言加以精细的描写和刻画。即使对李益这一负心人物，作者也没做简单化处理，而是通过对具体情节的叙述描写，着力于揭示他在个人意志和家长权威对立中的内心矛盾和痛苦，写出他由重情到薄情、绝情，绝情后仍复有情的两重性格，既令人感到真实可信，又增强了作品的艺术感染力。小说在语言的运用、气氛的渲染、枝节的穿插等方面都颇有独到之处，如小玉的出场、小玉的誓词等。作者运用烘托手法，描写了一连串的陪衬人物。他们身份不同、地位各异，都一致同情小玉，谴责李益。化鬼报仇的结局带有因果报应的迷信色彩，但也表现出作者鲜明的爱憎。

《霍小玉传》在反映唐代封建社会妇女悲苦命运的同时，揭示了豪门士族和市井细民间的矛盾对立；并且能够联系比较广阔的社会生活来描写爱情，刻画人物，通过性格冲突推动情节发展，因此结构谨严，形象完美，富有典型意义。

【思考题】

1. 你如何看待霍小玉的爱情悲剧？
2. 分析霍小玉这一人物形象。
3. 本篇传奇在结构上有何特点？

六、临江仙（梦后楼台高锁）

晏几道

【作者简介】

晏几道(约1030—约1106)，字叔原，号小山，晏殊的幼子。生平在仕途上不得意，历任颍昌府许田镇(今河南省许昌市西南)监、乾宁军通判、开封府判官等，职位低微。性孤傲，晚年家境中落。能文善词，其词与其父齐名，时称"二晏"，风格更接近花间词。其词多写四时景物、男女爱情，受五代艳词影响而又兼花间之长。善于写景抒情，语言和婉秾丽、精雕细琢，情感深沉、真挚，有一定的社会意义。较之其父，更工于言情，词风较为沉郁悲凉，为后世喜工丽词语的文人所激赏。有《小山词》。

【原文】

梦后楼台高锁，酒醒帘幕低垂[①]。去年春恨却来时[②]，落花人独立，微雨燕双飞[③]。　　记得小蘋初见，两重心字罗衣[④]，琵琶弦上说相思。当时明月在，曾照彩云归[⑤]。

【汇评】

晏叔原云："落花人独立，微雨燕双飞。"可谓好色而不淫矣。（宋·杨万里《诚斋诗话》）

叔原词在诸名胜中，独可追逼《花间》，高处或过之。（宋·陈振孙《直斋书录解题》）

晏氏父子，仍步温、韦，小晏精力尤胜。（清·周济《介存斋论词杂著》）

淮海、小山，古之伤心人也。其淡语皆有味，浅语皆有致，求之两宋词人，实罕其匹，子晋欲以晏氏父子追配李氏父子，诚为知言。（清·冯煦《宋六十一家词选例言》）

小山矜贵有余，但可方驾子野、方回，未可抗衡淮海。（王国维《人间词话》）

此首感旧怀人，精美绝伦。一起即写楼台高锁，帘幕低垂，其凄寂无人可知。而梦后酒醒，骤见此境，尤难为怀。盖昔日之歌舞豪华，一何欢乐，今则人去楼空，音尘断绝矣。即此两句，已似一篇《芜城赋》。（唐圭璋《唐宋词简释》）

[①]"梦后"二句：写梦觉酒醒时孤独愁闷的心情。楼台高锁、帘幕低垂，都用以表示所想念的人已经远去。[②]"去年"句：去年春天的离恨恰巧这时候又涌上心头。[③]"落花"二句：唐翁宏《春残》诗："又是春残也，如何出翠帷？落花人独立，微雨燕双飞。"燕双飞，用以反衬人的孤独。[④]心字罗衣：杨慎《词品》卷二"心字香"条："所谓心字香者，以香末萦篆成心字也。'心字罗衣'则谓心字香薰之尔。或谓女人衣曲领如心字，又与此别。"这里"心字"似还含有深情蜜意的双关之意。[⑤]"当时"二句：谓当时映照小蘋归去的明月如今还在。彩云，比喻小蘋。李白《宫中行乐词》："只愁歌舞散，化作彩云飞。"

【赏析】

　　据晏几道在《小山词·自跋》里说,沈廉叔、陈君宠家有莲、鸿、蘋、云几个歌女。晏每填一词就交给她们演唱,晏与陈、沈"持酒听之,为一笑乐"。晏几道写的词就是通过两家"歌儿酒使,俱流传人间",可见晏跟这些歌女结下了不解之缘。他的《破阵子》(柳下笙歌庭院)有"记得青楼当日事,写向红窗夜月前,凭伊寄小莲"之句,写的就是歌女。这首《临江仙》(梦后楼台高锁)不过是他好多怀念歌女词作中的一首。此词写作者与恋人别后故地重游,引起对恋人的无限怀念,抒发对歌女小蘋的挚爱之情。上片描写人去楼空的寂寞景象,以及年年伤春伤别的凄凉怀抱。"落花"二句套用前人成句而更见出色。下片追忆初见小蘋温馨动人的一幕,末二句化用李白诗句,另造新境,表现作者对往日情事的回忆及明月依旧、人事全非的怅惘之情。全词不是表现拥有爱情的欢乐,而是追忆已失落的往日爱情和表现刻骨铭心的相思,并把爱情当作一种纯精神性的追求,这是晏几道恋情词的一大特色。小山恋情词结构严谨,情景交融,堪称佳作。

【思考题】

　　1. 北宋词(尤其是小令)在结构上往往是上片写景、叙事,下片抒情,试举几例说明。

　　2. 比较晏殊、晏几道二人词作创作。

七、无题

李商隐

【作者简介】

李商隐(812——约858),字义山,号玉溪生,怀州河内(今河南沁阳)人。唐文宗开成二年(837),李商隐登进士第,授秘书省校书郎,补弘农尉。因卷入"牛李党争"的政治漩涡而备受排挤,一生困顿不得志。李商隐与杜牧齐名,是晚唐重要诗人之一,他的诗多抒写对于时代的感慨,个人的失意的心情,其中有不少借古讽今的咏史诗和缠绵悱恻的爱情诗。其诗在诗歌艺术上构思新奇,风格秾丽,语言优美,各体中尤其擅长七言律、绝。有《李义山诗集》三卷。

【原文】

来是空言去绝踪, 月斜楼上五更钟。
梦为远别啼难唤, 书被催成墨未浓。
蜡照半笼金翡翠, 麝熏微度绣芙蓉①。
刘郎已恨蓬山远②,更隔蓬山一万重。

【汇评】

王荆公晚年亦喜称义山诗,以为唐人知学老杜而得其藩篱,唯义山一人而已。(宋·蔡居厚《蔡宽夫诗话》)

诗家总爱西昆好,独恨无人作郑笺。(元·元好问《论诗三十首·其十二》)

论义山诗,每云善学老杜,固已。然以杜学杜,必不善学杜也。义山远追汉魏,近仿六朝,而后诣力所成,直于浣花翁可称具体,细玩全集自见,毋专以七律为言。其终不如杜者,十之三学为之,十之七时为之也。(清·冯浩《玉溪生诗笺注·发凡》)

李玉溪全法杜,文字血脉却与齐梁人相接。(清·冯班《钝吟杂录》)

通篇一意反覆,只发挥得"来是空言去绝踪"七字耳。言我一夜之间,辗转反侧,而因见夫月之斜,因闻夫钟之动,思之亦云至矣!乃通之梦寐,而梦为远别,何踪迹之可寻乎?味其音书,而书被催成,宁空言之足据乎?蜡照半笼,言灯光已淡,麝熏微度,言香气渐消,夜将尽而天欲明之时也,言我之凄清寂寞至此,较之蓬山迢隔,不啻倍蓰,则信乎"来是空言去绝踪"。(清·陆昆曾《李义山诗解》)

---

①麝熏:麝香熏染。此二句是对所思女子香闺的描写。 ②"刘郎已恨"句:相传东汉时刘晨与阮肇一同入天台山采药,遇仙女,邀至家中居留半年乃还,后复求仙女,已不可寻。蓬山,传说中东海仙山之一的蓬莱山,此处指情人所居之处。

【赏析】

这首诗是李商隐无题组诗中的第一首,写对远别情人的思念。

首句写出主人公梦醒后的叹息感慨。远别时的约定成为空言,离去之后杳无踪影,但见朦胧斜月空照楼阁,远处传来悠长而凄清的晓钟声。颔联描述半梦半醒时的情景。首先追忆梦中情景。"梦为远别啼难唤",远别的双方,梦中虽得以越过重重阻隔而相会;但即使是在梦中,也免不了离别之苦。梦中相会而来的梦中分别"啼难唤",正反映了长期远别造成的深刻伤痛,强化了刻骨的相思。于是"书被催成墨未浓",梦醒后立刻修书寄远。在强烈的思念之情驱使下奋笔疾书的当时,是不会注意到墨的浓淡的,只有在"书被催成"之后,才发现墨还未研浓,可见心情的急切。

颈联写出主人公对对方住所的想象,梦醒书成之际,残烛的余光半照着用金线绣成翡翠鸟图案的帷帐,芙蓉褥上似乎还依稀浮动着麝熏的幽香。五、六句对室内环境气氛的描绘渲染,很富有象征暗示色彩。刚刚消逝的梦境和眼前所见的室内景象在朦胧光影中浑然一片,分不清究竟是梦境还是实境。烛光半笼,室内若明若暗,恍然犹在梦中;麝香微淡,使人疑心爱人真的来过这里,还留下依稀的余香,上句是以实境为梦境,下句是疑梦境为实境,写恍惚迷离中一时的错觉与幻觉,极为生动传神。

幻觉一经消失,随之而来的便是室空人杳的空虚怅惘,和与对方远隔天涯、无缘会合的感慨。尾联借刘晨重寻仙侣不遇的故事,点醒爱情阻隔,"已恨""更隔",层递而进,突出了阻隔之无从度越。

全篇围绕"梦"来写离别之恨。但它并没有按远别—思念—入梦—梦醒的顺序来写。而是先从梦醒时的情景写起,然后将梦中与梦后、实境与幻觉糅合在一起,创造出疑梦疑真、亦梦亦真的艺术境界,最后才点明蓬山万重的阻隔之恨,与首句遥相呼应。这样的艺术构思,曲折跌荡,有力地突出了爱情阻隔的主题和梦幻式的心理氛围,使全诗充满迷离恍惚的情怀。

【思考题】

1. 请找出李商隐其他《无题》诗并赏析。
2. 李商隐的《无题》诗常被视为爱情诗的同义语,你同意这种说法吗?

八、牡丹亭·游园

汤显祖

【作者简介】

汤显祖(1550—1616),字义仍,号海若、若士、清远道人,江西临川人(今江西抚州市)。明代中叶著名戏剧家、文学家。出身书香门第,早有才名。34岁中进士,在南京先后任太常寺博士、詹事府主簿和礼部祠祭司主事。明万历十九年(1591),他目睹当时官僚腐败愤而上《论辅臣科臣疏》,触怒了皇帝而被贬为广东徐闻典史,后调任浙江遂昌县知县,一任五年,政绩斐然,却因压制豪强,触怒权贵而招致上司的非议和地方势力的反对,终于万历二十六年(1598)愤而弃官归里。家居期间逐渐打消仕进之念,潜心于戏剧及诗词创作。汤显祖崇尚真性情,反对程朱理学对人性的束缚。汤显祖的著作有《玉茗堂集》等数种,主要成就是戏曲创作,其戏剧作品《牡丹亭》《紫钗记》《南柯记》和《邯郸记》合称"临川四梦"。

【原文】

【绕地游】(旦上)梦回莺啭,乱煞年光遍①,人立小庭深院。(贴)炷尽沉烟②,抛残绣线,恁今春关情似去年③?

〔乌夜啼〕(旦)"晓来望断梅关④,宿妆残。(贴)你侧着宜春髻子⑤,恰凭栏。(旦)剪不断,理还乱⑥,闷无端。(贴)已分付催花莺燕借春看。"(旦)春香,可曾叫人扫除花径?(贴)分付了。(旦)取镜台衣服来。(贴取镜台衣服上)"云髻罢梳还对镜,罗衣欲换更添香⑦。"镜台衣服在此。

【步步娇】(旦)袅晴丝⑧,吹来闲庭院,摇漾春如线。停半晌,整花钿⑨,没揣菱花⑩,偷人半面,迤逗的彩云偏⑪。(行介)步香闺怎便把全身现!

(贴)今日穿插的好。

【醉扶归】(旦)你道翠生生出落的裙衫儿茜⑫,艳晶晶花簪八宝填⑬,可知

---

①乱煞年光遍:意谓使人眼花缭乱的春光到处都是。 ②炷(zhù):燃烧。沉烟:沉香燃烧的烟,这里借指沉香。沉香是名贵的香料。 ③恁:为什么。 ④梅关:在大庾岭上,宋代蔡挺置。这里是虚指。 ⑤宜春髻子:饰有宜春彩燕的发髻。古代妇女于立春日,剪彩为燕形,贴宜春字戴之。 ⑥"剪不断"二句:比喻杜丽娘无法摆脱由于长期禁锢而产生的苦闷。 ⑦"云髻"二句:引自薛逢《宫词》。 ⑧晴丝:春天晴朗的日子飘荡在空中的游丝。 ⑨花钿:泛指女性戴的、嵌有金花珠宝的首饰。 ⑩没揣:不料。菱花:镜子。 ⑪迤(yǐ)逗:牵引、引惹。彩云:指式样美好的发髻。 ⑫翠生生:色彩艳丽、鲜明。出落:显得。茜:同"倩",鲜明。 ⑬艳晶晶:极言光彩绚丽灿烂。花簪:用珍宝嵌饰成的簪子。八宝:泛指各种珍宝。填:嵌饰。这句的意思是,戴着嵌有各种珍贵的珠宝、光彩璀璨的簪子。

我常一生儿爱好是天然①。恰三春好处无人见②。不提防沉鱼落雁鸟惊喧③，则怕的羞花闭月花愁颤④。

（贴）早茶时了，请行。（行介）你看："画廊金粉半零星，池馆苍苔一片青。踏草怕泥新绣袜⑤，惜花疼煞小金铃⑥。（旦）不到园林，怎知春色如许？"

【皂罗袍】原来姹紫嫣红开遍⑦，似这般都付与断井颓垣。良辰美景奈何天，赏心乐事谁家院⑧。恁般景致，我老爷和奶奶，再不提起。（合）朝飞暮卷⑨，云霞翠轩；雨丝风片，烟波画船⑩，锦屏人忒看的这韶光贱⑪！

（贴）是花都放了，那牡丹还早。

【好姐姐】（旦）遍青山啼红了杜鹃⑫，荼蘼外烟丝醉软⑬。春香呵，牡丹虽好，他春归怎占的先⑭！（贴）成对儿燕莺呵！（合）闲凝眄，生生燕语明如剪⑮，呖呖莺声溜的圆。

（旦）去罢。（贴）这园子委实观之不足。（旦）提他怎的？（行介）

【隔尾】观之不足由他缱⑯，便赏遍了十二亭台是枉然⑰，倒不如兴尽回家闲过遣。

（作到介）（贴）开我西阁门，展我东阁床。瓶插映山紫⑱，炉添沉水香⑲。小姐，你歇息片时，俺瞧老妇人去也。（下）

【汇评】

若士自谓一生"四梦"，得意处惟在《牡丹》，情深一叙，读未三行，人已魂消肌栗，而安顿出字，亦自确妙不易。其款置数人，笑者真笑，笑即有声；啼者真啼，啼即有泪；叹者真叹，叹即有气。杜丽娘之妖也，柳梦梅之痴也，老夫人之软也，杜安抚之古执也，陈最良之雾也，春香之贼牢也，无不从筋节窍髓，以探其七情生动之微也。（明·王思任《批点玉茗堂〈牡丹亭〉序》）

汤义仍《牡丹亭梦》一出，家传户诵，几令《西厢》减价。奈不谙曲谱，用韵多任意处，乃才情自足不朽也。（明·沈德符《万历野获编》卷二十五《词曲》）

---

①爱好：爱美。 ②三春好处：比喻自己的美丽。 ③沉鱼落雁：相容女子的美丽。喧：声音哗噪。 ④羞花闭月：形容女子的美丽。颤：抖动。 ⑤泥：玷污。 ⑥"惜花"句：《开元天宝遗事》记："天宝初，宁王……于后园中纫红丝为绳，密缀金铃，系于花梢之上。每有鸟鹊翔集，则令园吏掣铃索以惊之。盖惜花之故也。"疼煞，言为惜花驱鹊而勤于掣铃，致小金铃被拉得疼煞。 ⑦姹紫嫣红：形容花的鲜艳、美丽。此句描写百花盛开之状。 ⑧谁家：哪一家。此句与上句同出自谢灵运《拟魏太子邺中集诗序》："天下良辰美景、赏心乐事，四者难并。" ⑨朝飞暮卷：唐代王勃《滕王阁诗》中"画栋朝飞南浦云，珠帘暮卷西山雨"二句的省文。 ⑩烟波：水气弥漫的情状。 ⑪锦屏人：泛指幽居深闺，不能领略自然美景的人。忒：太的同义词，过于的意思。韶光：春光。 ⑫啼红了杜鹃：到处开遍了艳丽的花。 ⑬荼蘼：花名，属蔷薇科。烟丝：即游丝。 ⑭"牡丹虽好"二句：皮日休咏牡丹诗有"独占人间第一春"句。牡丹当春尽才开花，故有此反问。整句意为，牡丹虽美，但它开花太迟了，怎能占春花中第一呢？这里寓有杜丽娘对美丽的青春被耽误了的幽怨和伤感。 ⑮"生生燕语"句：形容燕语明快如剪。 ⑯缱（qiǎn）：留恋不舍。 ⑰十二：虚指，犹言所有。 ⑱映山紫：映山红的一种。 ⑲沉水香：沉香的别称。

《惊梦》首句云："袅晴丝吹来闲庭院,摇漾春如线。"以游丝一缕,逗起情丝,发端一语,则费如许深心,可谓惨淡经营矣。然听《牡丹亭》者,百人之中,有一二人解出此意否?若谓制曲初心,并不在此,不过因所见以起兴,则譬见游丝,不妨直说,何须曲而又曲,由晴丝而说及春,由春与晴丝而悟其如线也?若云作者原有深心,则恐索解人不易得矣。索解人既不易得,又何必奏之歌筵,俾雅人俗子同闻而共见乎?其余"停半晌,整花钿,没揣菱花,偷人半面",及"良辰美景奈何天,便赏心乐事谁家院","遍青山啼红了杜鹃"等语,字字俱费经营,字字皆欠明爽。此等妙语,止可作文字观,不得作传奇观。(清·李渔《闲情偶寄·词曲部·词采第二》)

【赏析】

《牡丹亭》是汤显祖的代表作,全剧共五十五出。描写了南安太守的女儿杜丽娘,不满于封建礼教,游园后在梦中与理想的情人柳梦梅相会,因情思成疾而逝;后托梦于柳梦梅,以情之所至,杜丽娘又得以死而复生,终于结为夫妻。它通过杜丽娘为情而死揭露了在明代封建专制主义的重压下,青年女性被摧残的事实,同时又通过她为情而生的情节,表达了广大青年要求个性解放,争取爱情自由和婚姻自主的强烈呼声。正因如此,它问世以后,在社会中产生了广泛而深刻的影响。《游园》是《牡丹亭》中的一出重戏,是第十出《惊梦》的前半出,这出戏前半出写游园,后半出是惊梦。"游园"写的是杜丽娘在春香的陪伴下,背着父母,来到后花园赏春,大自然的美丽景色,唤醒了她的青春意识,梦里钟情,是她反抗和追求的叛逆之路的开始。作者通过杜丽娘要求冲破封建礼教牢笼的强烈愿望和对自由爱情的热烈追求,表达了以"情"反"理"的思想。

《游园》由六支曲子组成。前三支曲子主要写杜丽娘游园前的心理活动,后三支曲子主要写丽娘游园中的所见所感。【绕地游】【步步娇】【醉扶归】写杜丽娘游园前的心情,先写孤锁深院,韶华虚度,春光撩人;再写对镜梳妆、欲行又止,顾影自怜,情思摇漾。一梦醒来,莺鸟鸣唱,春光撩人,而杜丽娘却被禁锢在狭窄、冷寂的"小庭深院"中,百无聊赖听凭沉香燃尽,针线活也没心思去做。三支曲子主要是通过人物的动作、神态以及景语的点染来写的,刻画杜丽娘游园前的心理活动。【皂罗袍】【好姐姐】【隔尾】是杜丽娘在游园时的唱词,既描写了明媚灿烂的春天的景象,更表现了杜丽娘内心的感伤之情。这三支曲子是游园的核心部分,或是寓情于景,或是直抒胸臆,极为细腻地展现了女主人公惊诧、感叹、幽叹、哀怨的心理。通过杜丽娘游园时对周围景物的感受所发出的各种感慨,可以看出封建礼教对青年女子毒害之深,束缚之严。同时通过杜丽娘对封建家庭给她规定的生活道路不满的思想感情的发泄,以及她对未来生活的憧憬,反映了青年女子冲破封建樊笼的愿望和要求个性解放的呼声。

【思考题】

1. 分析杜丽娘这一人物形象。
2. "玉茗堂四梦"指的是哪四部戏剧?

九、红楼梦·痴情女情重愈斟情

曹雪芹

【作者简介】

　　曹雪芹(约 1715—约 1763 年),名霑,字梦阮,号雪芹,又号芹溪、芹圃。祖籍辽阳,祖先是汉人,后为满洲正白旗的"包衣"(家奴)。曹雪芹曾祖曹玺做过江宁府的织造,曾祖母做过康熙皇帝的乳母。祖父曹寅做过康熙的伴读,又继曹玺任苏州织造、江宁织造等职。康熙六次南巡,其中有四次曾以江宁织造府为行宫。曹寅病故,其子曹颙又继任江宁织造,曹颙去世后,康熙命寅弟曹荃将其子曹頫过继给曹寅,并继江宁织造任。曹雪芹即曹頫之子(一说曹颙之子)。雍正五年(1727),曹家连遭打击。乾隆即位,曹家境况曾有好转,可是不久,曹家再次被抄,从此一蹶不振。曹雪芹的一生,恰好经历了曹家盛极转衰的过程,少年时在南京度过一段"锦衣纨绔""饫甘餍肥"的奢华生活,后随家人迁回北京老宅,靠卖字画和朋友救济为生。晚年,曹雪芹移居北京西郊,生活更加穷苦,过着"满径蓬蒿""举家食粥酒常赊"的贫苦生活,连爱子生病也无钱医治。曹雪芹经历了家庭的几次大变故和生活中的重大转折,深感世态炎凉,在穷愁潦倒之余,将一生所见所闻,以血泪写成《红楼梦》,初名《石头记》,又名《风月宝鉴》。曹雪芹是在晚年极度艰难的环境里写这部书稿的,"批阅十载,增删五次"。《红楼梦》前 80 回,早在曹雪芹去世前就已经传抄问世。书的结尾部分据专家们研究,基本上已经完成,但尚未定稿而终于遗失。现存《红楼梦》的后 40 回,一般认为是高鹗续作的。

【原文】

　　且说宝玉因见林黛玉又病了,心里放不下,饭也懒去吃,不时来问。林黛玉又怕他有个好歹,因说道:"你只管看你的戏去,在家里作什么?"宝玉因昨日张道士提亲,心中大不受用,今听见林黛玉如此说,心里因想道:"别人不知道我的心还可恕,连他也奚落起我来"因此心中更比往日的烦恼加了百倍。若是别人跟前,断不能动这肝火,只是林黛玉说了这话,倒比往日别人说这话不同,由不得立刻沉下脸来,说道:"我白认得了你。罢了,罢了!"林黛玉听说,便冷笑了两声,"我也知道白认得了我,那里像人家有什么配的上呢。"宝玉听了,便向前来直问到脸上:"你这么说,是安心咒我天诛地灭?"林黛玉一时解不过这个话来。宝玉又道:"昨儿还为这个赌了几回咒,今儿你到底又准我一句。我便天诛地灭,你又有什么益处?"林黛玉一闻此言,方想起上日的话来。今日原是自己说错了,又是着急,又是羞愧,便颤颤兢兢的说道:"我要安心咒你,我也天诛地灭。何苦来!我知道,昨日张道士说亲,你怕阻了你的好姻缘,你心里生气,来拿我煞性子。"

原来那宝玉自幼生成有一种下流痴病,况从幼时和黛玉耳鬓厮磨,心情相对;及如今稍明时事,又看了那些邪书僻传,凡远亲近友之家所见的那些闺英闱秀,皆未有稍及林黛玉者,所以早存了一段心事,只不好说出来,故每每或喜或怒,变尽法子暗中试探。那林黛玉偏生也是个有些痴病的,也每用假情试探。因你也将真心真意瞒了起来,只用假意,我也将真心真意瞒了起来,只用假意,如此两假相逢,终有一真。其间琐琐碎碎,难保不有口角之争。即如此刻,宝玉的心内想的是:"别人不知我的心,还有可恕,难道你就不想我的心里眼里只有你!你不能为我烦恼,反来以这话奚落堵我。可见我心里一时一刻白有你,你竟心里没我。"心里这意思,只是口里说不出来。那林黛玉心里想着:"你心里自然有我,虽有'金玉相对'之说,你岂是重这邪说不重我的。我便时常提这'金玉',你只管了然自若无闻的,方见得是待我重,而毫无此心了。如何我只一提'金玉'的事,你就着急,可知你心里时时有'金玉',见我一提,你又怕我多心,故意着急,安心哄我。"

看来两个人原本是一个心,但都多生了枝叶,反弄成两个心了。那宝玉心中又想着:"我不管怎么样都好,只要你随意,我便立刻因你死了也情愿。你知也罢,不知也罢,只由我的心,可见你方和我近,不和我远。"那林黛玉心里又想着:"你只管你,你好我自好,你何必为我而自失。殊不知你失我自失。可见是你不叫我近你,有意叫我远你了。"如此看来,却都是求近之心,反弄成疏远之意。如此之话,皆他二人素习所存私心,也难备述。

如今只述他们外面的形容。那宝玉又听见他说"好姻缘"三个字,越发逆了己意,心里干噎,口里说不出话来,便赌气向颈上抓下通灵宝玉,咬牙恨命往地下一摔,道:"什么捞什骨子,我砸了你完事!"偏生那玉坚硬非常,摔了一下,竟文风没动。宝玉见没摔碎,便回身找东西来砸。林黛玉见他如此,早已哭起来,说道:"何苦来,你摔砸那哑巴物件。有砸他的,不如来砸我。"二人闹着,紫鹃雪雁等忙来解劝。后来见宝玉下死力砸玉,忙上来夺,又夺不下来,见比往日闹的大了,少不得去叫袭人。袭人忙赶了来,才夺了下来。宝玉冷笑道:"我砸我的东西,与你们什么相干!"

袭人见他脸都气黄了,眼眉都变了,从来没气的这样,便拉着他的手,笑道:"你同妹妹拌嘴,不犯着砸他,倘或砸坏了,叫他心里脸上怎么过的去?"林黛玉一行哭着,一行听了这话说到自己心坎儿上来,可见宝玉连袭人不如,越发伤心大哭起来。心里一烦恼,方才吃的香薷饮解暑汤便承受不住①,"哇"的一声都吐了出来。紫鹃忙上来用手帕子接住,登时一口一口的把一块手帕子吐湿。雪雁忙上来捶。紫鹃道:"虽然生气,姑娘到底也该保重着些。才吃了药好些,这会子因和宝二爷拌嘴,又吐出来。倘或犯了病,宝二爷怎么过的去呢?"宝玉听了这话说到自己心坎儿上来,可见黛玉不如一紫鹃。又见林黛玉脸红头胀,一行啼哭,一行气凑,一行是泪,一行是汗,不胜怯弱。宝玉见了这般,又自己后悔方才不该同他较证②,这会子他这样光景,我又替不了他。心里想着,也由不的滴下泪来了。袭人见他两个哭,由不得守着宝玉也心酸起来,又摸着宝玉的手冰凉,待要劝宝玉不哭罢,一则又恐宝玉有什么委曲闷在心里,二则又恐薄了林黛玉。不如大家一哭,就丢开手了,因此也流下泪来。紫鹃一面收拾了吐的药,一面拿扇子替林黛玉轻轻的扇着,见三个人都鸦雀无声,各人哭各人的,也由不得伤心起来,也拿手帕子擦泪。四个人都无言对泣。

　　一时,袭人勉强笑向宝玉道:"你不看别的,你看看这玉上穿的穗子,也不该同林姑娘拌嘴。"林黛玉听了,也不顾病,赶来夺过去,顺手抓起一把剪子来要剪。袭人紫鹃刚要夺,已经剪了几段。林黛玉哭道:"我也是白效力。他也不希罕,自有别人替他再穿好的去。"袭人忙接了玉道:"何苦来,这是我才多嘴的不是了。"宝玉向林黛玉道:"你只管剪,我横竖不带他,也没什么。"

　　只顾里头闹,谁知那些老婆子们见林黛玉大哭大吐,宝玉又砸玉,不知道要闹到什么田地,倘或连累了他们,便一齐往前头回贾母王夫人知道,好不干连了他们。那贾母王夫人见他们忙忙的作一件正经事来告诉,也都不知有了什么大祸,便一齐进园来瞧他兄妹。急的袭人抱怨紫鹃为什么惊动了老太太,太太,紫鹃又只当是袭人去告诉的,也抱怨袭人。那贾母、王夫人进来,见宝玉也无言,林黛玉也无话,问起来又没为什么事,便将这祸移到袭人紫鹃两个人身上,说"为什么你们不小心伏侍,这会子闹起来都不管了!"因此将他二人连骂带说教训了一顿。二人都没话,只得听着。还是贾母带出宝玉去了,方才平服。

　　过了一日,至初三日,乃是薛蟠生日,家里摆酒唱戏,来请贾府诸人。宝玉因得罪了林黛玉,二人总未见面,心中正自后悔,无精打采的,那里还有心

---

① 香薷(rú)饮:由香薷、厚朴、扁豆制成的一种药剂,治伤暑感冒。香薷,植物名,叶茎可入药。　② 较证:辩驳是非。

肠去看戏,因而推病不去。林黛玉不过前日中了些暑溽之气,本无甚大病,听见他不去,心里想:"他是好吃酒看戏的,今日反不去,自然是因为昨儿气着了。再不然,他见我不去,他也没心肠去。只是昨儿千不该万不该剪了那玉上的穗子。管定他再不带了,还得我穿了他才带。"因而心中十分后悔。

那贾母见他两个都生了气,只说趁今儿那边看戏,他两个见了也就完了,不想又都不去。老人家急的抱怨说:"我这老冤家是那世里的孽障,偏生遇见了这么两个不省事的小冤家,没有一天不叫我操心。真是俗语说的,'不是冤家不聚头'。几时我闭了这眼,断了这口气,凭着这两个冤家闹上天去,我眼不见心不烦,也就罢了。偏又不咽这口气。"自己抱怨着也哭了。这话传入宝林二人耳内。原来他二人竟是从未听见过"不是冤家不聚头"的这句俗语,如今忽然得了这句话,好似参禅的一般,都低头细嚼此话的滋味,都不觉潸然泣下。虽不曾会面,然一个在潇湘馆临风洒泪,一个在怡红院对月长吁,却不是人居两地,情发一心!

袭人因劝宝玉道:"千万不是,都是你的不是,往日家里小厮们和他们的姊妹拌嘴,或是两口子分争,你听见了,你还骂小厮们蠢,不能体贴女孩儿们的心。今儿你也这么着了。明儿初五,大节下,你们两个再这们仇人似的,老太太越发要生气,一定弄的大家不安生。依我劝,你正经下个气,陪个不是,大家还是照常一样,这么也好,那么也好。"那宝玉听见了不知依与不依,要知端详,且听下回分解。

话说林黛玉与宝玉角口后,也自后悔,但又无去就他之理,因此日夜闷闷,如有所失。紫鹃度其意,乃劝道:"若论前日之事,竟是姑娘太浮躁了些。别人不知宝玉那脾气,难道咱们也不知道的。为那玉也不是闹了一遭两遭了。"黛玉啐道:"你倒来替人派我的不是。我怎么浮躁了?"紫鹃笑道:"好好的,为什么又剪了那穗子?岂不是宝玉只有三分不是,姑娘倒有七分不是。我看他素日在姑娘身上就好,皆因姑娘小性儿,常要歪派他①,才这么样。"

林黛玉正欲答话,只听院外叫门。紫鹃听了一听,笑道:"这是宝玉的声音,想必是来赔不是来了。"林黛玉听了道:"不许开门!"紫鹃道:"姑娘又不是了。这么热天毒日头地下,晒坏了他如何使得呢!"口里说着,便出去开门,果然是宝玉。一面让他进来,一面笑道:"我只当是宝二爷再不上我们这

---

① 歪派:无理指责,故意找碴编派别人的意思。

门了,谁知这会子又来了。"宝玉笑道:"你们把极小的事倒说大了。好好的为什么不来?我便死了,魂也要一日来一百遭。妹妹可大好了?"紫鹃道:"身上病好了,只是心里气不大好。"宝玉笑道:"我晓得有什么气。"一面说着,一面进来,只见林黛玉又在床上哭。

那林黛玉本不曾哭,听见宝玉来,由不得伤了心,止不住滚下泪来。宝玉笑着走近床来,道:"妹妹身上可大好了?"林黛玉只顾拭泪,并不答应。宝玉因便挨在床沿上坐了,一面笑道:"我知道妹妹不恼我。但只是我不来,叫旁人看着,倒像是咱们又拌了嘴的似的。若等他们来劝咱们,那时节岂不咱们倒觉生分了?不如这会子,你要打要骂,凭着你怎么样,千万别不理我。"说着,又把"好妹妹"叫了几万声。林黛玉心里原是再不理宝玉的,这会子见宝玉说别叫人知道他们拌了嘴就生分了似的这一句话,又可见得比人原亲近,因又撑不住哭道:"你也不用哄我。从今以后,我也不敢亲近二爷,二爷也全当我去了。"宝玉听了笑道:"你往那去呢?"林黛玉道:"我回家去。"宝玉笑道:"我跟了你去。"林黛玉道:"我死了。"宝玉道:"你死了,我做和尚!"林黛玉一闻此言,登时将脸放下来,问道:"想是你要死了,胡说的是什么!你家倒有几个亲姐姐亲妹妹呢,明儿都死了,你几个身子去作和尚?明儿我倒把这话告诉别人去评评。"

宝玉自知这话说的造次了,后悔不来,登时脸上红胀起来,低着头不敢则一声。幸而屋里没人。林黛玉直瞪瞪的瞅了他半天,气的一声儿也说不出来。见宝玉憋的脸上紫胀,便咬着牙用指头狠命的在他额颅上戳了一下,哼了一声,咬牙说道:"你这——"刚说了两个字,便又叹了一口气,仍拿起手帕子来擦眼泪。宝玉心里原有无限的心事,又兼说错了话,正自后悔,又见黛玉戳他一下,要说又说不出来,自叹自泣,因此自己也有所感,不觉滚下泪来。要用帕子揩拭,不想又忘了带来,便用衫袖去檫。林黛玉虽然哭着,却一眼看见了,见他穿着簇新藕合纱衫,竟去拭泪,便一面自己拭着泪,一面回身将枕边搭的一方绡帕子拿起来,向宝玉怀里一摔,一语不发,仍掩面自泣。宝玉见他摔了帕子来,忙接住拭了泪,又挨近前些,伸手拉了林黛玉一只手,笑道:"我的五脏都碎了,你还只是哭。走罢,我同你往老太太跟前去。"林黛玉将手一摔道:"谁同你拉拉扯扯的。一天大似一天的,还这么涎皮赖脸的,连个道理也不知道。"

一句没说完,只听喊道:"好了!"宝林二人不防,都唬了一跳,回头看时,只见凤姐儿跳了进来,笑道:"老太太在那里抱怨天抱怨地,只叫我来瞧瞧你们好了没有。我说不用瞧，过不了三天，他们自己就好了。老太太骂我，说我懒。我来了，果然应了我的话了。也没见你们两个人有些什么可拌的，三日好了，两日恼了，越大越成了孩子了！有这会子拉着手哭的，昨儿为什么又成了乌眼鸡①呢！还不跟我走，到老太太跟前，叫老人家也放些心。"说着拉了林黛玉就走。林黛玉回头叫丫头们，一个也没有。凤姐道："又叫他们作什么，有我伏侍你呢。"一面说，一面拉了就走。宝玉在后面跟着出了园门。到了贾母跟前，凤姐笑道："我说他们不用人费心，自己就会好的。老祖宗不信，一定叫我去说合。我及至到那里要说合，谁知两个人倒在一处对赔不是了。对笑对诉，倒像'黄鹰抓住了鹞子的脚'，两个都扣了环了，那里还要人去说合。"说的满屋里都笑起来。

　　此时宝钗正在这里。那林黛玉只一言不发，挨着贾母坐下。宝玉没甚说的，便向宝钗笑道："大哥哥好日子，偏生我又不好了，没别的礼送，连个头也不得磕去。大哥哥不知我病，倒像我懒，推故不去的。倘或明儿恼了，姐姐替我分辨分辨。"宝钗笑道："这也多事。你便要去也不敢惊动，何况身上不好，弟兄们日日一处，要存这个心倒生分了。"宝玉又笑道："姐姐知道体谅我就好了。"又道："姐姐怎么不看戏去？"宝钗道："我怕热，看了两出，热的很。要走，客又不散。我少不得推身上不好，就来了。"宝玉听说，自己由不得脸上没意思，只得又搭讪笑道："怪不得他们拿姐姐比杨妃，原来也体丰怯热。"宝钗听说，不由的大怒，待要怎样，又不好怎样。回思了一回，脸红起来，便冷笑了两声，说道："我倒像杨妃，只是没一个好哥哥好兄弟可以作得杨国忠的！"二人正说着，可巧小丫头靛儿因不见了扇子，和宝钗笑道："必是宝姑娘藏了我的。好姑娘，赏我罢。"宝钗指他道："你要仔细！我和你顽过，你再疑我。和你素日嘻皮笑脸的那些姑娘们跟前，你该问他们去。"说的个靛儿跑了。宝玉自知又把话说造次了，当着许多人，更比才在林黛玉跟前更不好意思，便急回身又同别人搭讪去了。

　　林黛玉听见宝玉奚落宝钗，心中着实得意，才要搭言也趁势儿取个笑，不想靛儿因找扇子，宝钗又发了两句话，他便改口笑道："宝姐姐，你听了两出什么戏？"宝钗因见林黛玉面上有得意之态，一定是听了宝玉方才奚落之言，遂了他的心愿，忽又见问他这话，便笑道："我看的是李逵骂了宋江，后来又赔不是。"宝玉便笑道："姐姐通今博古，色色都知道，怎么连这一出戏的名

---

① 乌眼鸡：乌眼鸡好斗，形容人吵架，怒目而视。

字也不知道,就说了这么一串子。这叫《负荆请罪》。"宝钗笑道:"原来这叫作《负荆请罪》!你们通今博古,才知道'负荆请罪',我不知道什么是'负荆请罪'!"一句话还未说完,宝玉林黛玉二人心里有病,听了这话早把脸羞红了。凤姐于这些上虽不通达,但见他三人形景,便知其意,便也笑着问人道:"你们大暑天,谁还吃生姜呢?"众人不解其意,便说道:"没有吃生姜。"凤姐故意用手摸着腮,诧异道:"既没人吃姜,怎么这么辣辣的?"宝玉黛玉二人听见这话,越发不好过了。宝钗再要说话,见宝玉十分讨愧,形景改变,也就不好再说,只得一笑收住。别人总未解得他四个人的言语,因此付之流水。

一时宝钗凤姐去了,林黛玉笑向宝玉道:"你也试着比我利害的人了。谁都像我心拙口笨的,由着人说呢。"宝玉正因宝钗多了心,自己没趣,又见林黛玉来问着他,越发没好气起来。待要说两句,又恐林黛玉多心,说不得忍着气,无精打采一直出来。

【汇评】

宝玉砸玉,黛玉吐药,宝、黛、袭、紫等四人无言对泣,描写吵闹情形,既真切又有孩子气。玉可砸,则穗亦当剪,宝、黛姻缘中断,已兆于此。宝玉向黛玉说:"你死了我做和尚",是以谶语作伏笔。黛玉一面哭一面又将手帕摔给宝玉拭泪,描画妒愈深而情更深。(清·王希廉《红楼梦》回评)

此回已交壬子年五月初间事。宝钗对宝玉说"倒生分了"一语,在宝钗虽是无心,在宝玉确是有心,不相期而适相值,致有杨贵妃之诮。(清·姚燮《红楼梦》回评)

大闹之后,各人回心转意,方得体贴出真心实意来,古人言得一知己,死不可恨。必如此,方值得为之死耳。你死了,我做和尚。在此时不过是充类至义之尽之言,而不意后来竟实有其事也。(清·陈其泰《红楼梦》回评)

【赏析】

本文选自《红楼梦》第二十九回《享福人福深还祷福 痴情女情重愈斟情》后半部分、第三十回《宝钗借扇机带双敲 龄官划蔷痴及局外》前半部分。

这一部分就小说情节而言没有什么大起大落,就宝玉黛玉的爱情发展故事来说,则是至关重要的关键部分。

宝黛发生这次空前大吵闹的原因是元妃送端午礼品独厚宝钗,中间又加上张道士给宝玉提亲,贾母当众议论宝玉的婚事,试想这些突如其来的变故对宝黛而言是何等重大的事体。他们为此而慌乱、猜忌、埋怨,直至吵闹,毋宁说是事理的必然。吵闹是恋爱中的男女无法避免的感情纠葛。所谓吵吵闹闹,才见得感情的真切和不可分离。爱情的过程是奇妙而曲折的,充满了意外,充满了误会,其发展过程及最终结局,绝非当事的男女双方所能逆料。自己不能左右自己、开头不知道结尾、弄巧成拙、事与愿违等反逻辑却正是恋爱者的情感逻辑。宝黛二人都深深地爱着对方,这从他们第一次见面就已经开始了。但他们都不敢直接表达,变着法子试探对方,都是为了得到对方的真情和真心。但试探的结果,往往出现情感的错位和意向的冲突,所以争执口角在所难免。如果是一般的争执口角也不算什么,问题是常常在争执口角的后面潜横着一个金玉之说,只要一涉"金玉",宝黛二人的情感冲突就变得事态严重,甚至发展到砸玉以至引起贾母、王夫人等贾府高层的垂注。宝黛大吵之后虽都有悔意,却一时缓不过劲儿来,到第三天还是情绪淡淡的。致使薛蟠过生日摆酒唱戏,两个人谁都不想前去。贾母本来想如果两个人看戏时见了面也就好了,谁知又都不去,急得贾母抱怨说:"不是冤家不聚头。"贾母说的虽是一句俗语,但这句话够得上恋爱的经典语句了。所以宝黛二人得知贾母这句话"好似参禅的一般,都低头细嚼此话的滋味,都不觉潸然泣下"。《痴情女情重愈斟情》集中描绘了宝黛二人的恋情,由二人吵架到和解的全过程,塑造了林黛玉、贾宝玉、薛宝钗、王熙凤、袭人、紫鹃等人的性格特征。宝黛吵架促进了二人的理解,终使二人敞开心扉,结为知己。宝黛爱情渐趋成熟,宝钗的愤怒与反击暗示了宝黛爱情前途的坎坷,进一步加深了众人对钗、黛二人性格的认识,基本奠定了宝黛爱情在大观园的基本走向。

【思考题】

1. 对照课文内容,选择宝玉、黛玉写一篇人物短评。
2. 与《水浒传》《三国演义》《西游记》比起来,《红楼梦》的故事性差得多,尽写生活琐事,但《红楼梦》的艺术成就远非前三者可比,为什么?

十、傲慢与偏见（节选）

简·奥斯丁

【作者简介】

简·奥斯丁（Jane Austen，1775—1817），英国女小说家，主要作品有《傲慢与偏见》《理智与情感》等。

简·奥斯丁21岁时写成她的第一部小说，题名《最初的印象》，她与出版商联系出版，没有结果。就在这一年，她又开始写《埃莉诺与玛丽安》，以后她又写《诺桑觉寺》，于1799年写完。十几年后，《最初的印象》经过改写，更名为《傲慢与偏见》；《埃莉诺与玛丽安》经过改写，更名为《理智与情感》，分别得以出版。至于《诺桑觉寺》，作者生前没有出版。以上三部是奥斯丁前期的作品，写于她的故乡史蒂文顿。她的后期作品同样也是三部：《曼斯菲尔德庄园》《爱玛》和《劝导》，都是作者迁居乔顿以后所作。前两部先后出版，只有1816年完成的《劝导》，因为作者对原来的结局不满意，要重写，没有出版过。她病逝以后，哥哥亨利·奥斯丁负责出版了《诺桑觉寺》和《劝导》，并且第一次用了简·奥斯丁这个真名。

【原文】

他们坐着马车往前走，伊丽莎白忐忑不安地注视着，等待彭贝利林地第一次显露出来。等到最后走进庄园的时候，她就更加心慌意乱。

园囿很大，地形高低错落，他们从最低的一个地点驶进去，花了相当长时间才驶过一片宽阔深邃的优美树林。

伊丽莎白思绪满怀，不想谈话，但是她见到每一处形胜和景点，都不禁赞叹起来。他们缓缓向上走了半英里，就发现自己已经置身于一个高坡的顶端，树林也到此地为止，彭贝利大厦立即映入眼帘。大厦位于河谷对面，有一条曲折陡斜的道路通向谷底。这是一座堂皇美观的石砌建筑，耸立在一片高地上，背后是一道高高的山梁，其上林木葱茏；前面有一条愈流愈宽的小溪，颇富自然情趣，毫无人工雕琢的痕迹。溪流两岸既不拘泥呆板，又不矫揉造作。伊丽莎白觉得赏心悦目，她从来没有见过这样一处妙趣天成的地方，或是这样一处没有遭到庸俗趣味玷污的自然美景。他们全都热烈赞赏，伊丽莎白就在这一瞬间忽然感到，当上彭贝利地主妇倒也奇妙无比！

他们的马车下了坡，过了桥，一直驶到门口，她从近处观察大厦外形的时候，又担心起来，生怕碰上大厦的主人。她唯恐昨天那个侍女弄错了。他们要求进去参观①，立刻就有人把他们请进门厅，大家等待管家的时候，伊丽莎白这才有功夫感到惊奇，她现在居然到这个地方来了。

管家来了。这是一个体面大方的老妇人，和她想象的相比，远不是那样高雅，可是却更有礼貌。他们跟着她走进餐厅。这是一间很合格局的大屋子，布置得体，十分雅致。伊丽莎白略略看了一下，就走到窗前去欣赏外面的风景。他们刚才下来的那座小山，林木葱郁，远远望去更觉陡峭，山林之美尽收眼底。庭院布置都很巧妙。她纵观全景，河流两岸绿树丛丛，极目远眺，山谷曲折，令人心旷神怡。他们转到其他几间屋子，这些景致又有所变化，但是不论从哪个窗口望去，都是美不胜收。每间屋子都高大豁亮，家具陈设都和主人的身份地位相称；但是在伊丽莎白眼里，却是对他情趣的钦佩赞赏，因为这种陈设既非庸俗花哨，又非华而不实，与罗辛斯相比，少了几分富丽堂皇，多了真正的高贵典雅。

"正是这个地方，"她心想，"我本来可以成为它的女主人呢！对于这些屋子，我本来早就可以十分熟悉了！我本来可以视作己有，自己享用，并且欢迎我舅父、舅母前来散心，而不必像现在这样作为一个陌生人前来观赏了。"——"可是不成，"她又忽然想起，"那是绝对办不到的：那样我和舅父、舅母就不能往来了，不可能让我邀请他们来的。"

幸好有这段冥想——它帮她避免了后悔之类的事。

她很想问问管家，她主人是否真不在家，可是又没有勇气提问。不过，这个问题最后由她舅父提出来了，她不禁感到慌张，把脸转开，这时雷诺兹太太回答说，他是不在家，接着又添了一句："不过，我们等着他明天到家，还会有一大批朋友一起来。"伊丽莎白高兴极了，幸好他们自己的行程连一天也没有耽搁！

这时她舅母叫她去看一幅肖像。她走上前去，看到壁炉架上边挂有几幅小型肖像，其中一幅像是魏肯先生。她舅母含着微笑问她觉得怎么样。管家走上前来，告诉他们，这是一位年轻先生的肖像，他是老主人当年那位管家的儿子，老主人自己花钱把他供养大。"他现在参加军队了，"她补了一句，"不过我担心他现在变得非常荒唐了。"

---

① 广宅大厦欢迎游人参观，英国及欧洲许多国家一向有此种风习。现在此类场所则多改为营业性的，定期向公众开放。

加德纳太太朝着她外甥女微微一笑,可是伊丽莎白却笑不起来。

"那一位,"雷诺兹太太指着另一幅肖像说,"就是我们的主人——和他本人像极了。这一幅和那一幅是同时画的——大概是八年以前。"

"你的主人一表人才,我可听说了不少。"加德纳太太望着画像说,"这张脸很英俊,不过,丽琪,你可以告诉我们,画得像不像?"

雷诺兹太太听到伊丽莎白和她主人熟识,好像就对她更加尊重了。

"那位小姐认识达西先生?"

伊丽莎白双颊绯红,说:"略有所识。"

"你不觉得他是位非常英俊的先生吗,小姐?"

"是的,非常英俊。"

"我敢说,我还没有见过有谁像他这么英俊的呢。不过在楼上画廊里,你们还可以看到他的另一幅画像,比这幅更好更大。这间屋子是老主人生前最喜欢的,这些小画像都原封未动。他非常喜欢这些画像。"

这番话向伊丽莎白说明了,为什么魏肯先生的画像也摆放在他们的中间。

雷诺兹太太然后又指给他们看达西小姐的一幅画像,那是她还只有八岁的时候画的。

"达西小姐和她哥哥一样漂亮吧?"加德纳太太问。

"哦!是的——还从来没有见过这么漂亮的年轻小姐,而且还那么多才多艺!——她整天都是弹琴、唱歌。隔壁屋子里就有这么一架刚给她运到的新钢琴——我的主人送给她的礼物。她明天和他一起回来。"

加德纳先生平易近人,和蔼可亲,一会儿提点问题,一会儿评说两句,引得管家乐意多谈;显而易见,雷诺兹太太或者出于自豪,或者出于忠心,非常乐于谈论她的主人和主人的妹妹。

"你们家主人每年有很多时间住彭贝利吗?"

"不像我希望的那么多,先生。不过我想说,达西先生可能有一半的时间住在这里,达西小姐总是夏天回来住几个月。"

伊丽莎白心想:"她到达姆斯盖特去的时候除外。"

"如果你们家主人结了婚,你就可以有更多时间见到他了。"

"是的,先生。不过,我不知道那会到什么时候,我不知道,谁有那么好,配得上他。"

加德纳夫妇都笑了,伊丽莎白情不自禁地说:"你这么说,我相信,是对他很大的称赞。"

"我说的只不过是实话，谁认识他，谁就会这么说，"管家回答说。伊丽莎白心想，这话说得未免过分了。可是等她听到管家接着又说下去的一句话，就更加感到吃惊了。"我这一辈子从来没听到过他恶语伤人，而且我从他四岁就到他家了。"

在所有这些大大出人意料的赞扬当中，这句话和伊丽莎白的想法最相抵牾。她已早有定见，认为他不是一个性情温和的人。现在她恍然大悟，开始仔细留神了。她极其希望再多听到一些，所以很高兴她舅父又说起来：

"能够当得起这样称道的人，可说是少而又少。能有这样一位主人，真是幸运。"

"是的，先生，我知道我很幸运。即使我走遍全世界，也不会找到一位更好的主人了。不过，我常常这么说，小时脾气好的人，长大了脾气也好。他从小就是个脾气最温和、心肠最厚道的孩子。"

伊丽莎白听着，大感惊奇，同时又将信将疑，并且急于想再多听一些。雷诺兹太太谈起别的事情，都引不起她的兴趣，她谈到画像、屋子的大小、家具的价钱，都毫无用处。加德纳先生认为，雷诺兹太太对她的主人的溢美之词，出于家庭的偏见，他对这种情况很感兴趣，不久又引回这个话题。他们一道上那座大楼梯的时候，她又兴致勃勃地讲起他的许多优点。

"他是世界上最好的地主，最好的主人，"她说，"他不像现在那些轻狂的年轻人，只为自己打算，别的一概不想。不论他的佃户，还是他的佣人，没有一个说他坏话的。有的人说他傲慢，可是我的确从来没有看到他有一点点这种毛病。依我推想，这只是因为他不像其他年轻人那样喜欢喋喋不休地说话罢了。"

"这样说来，他显得多么讨人喜欢呀！"伊丽莎白暗自想到。

"她把他说得这样好，"她舅母一边走，一边和她悄悄地说，"这和他对待我们那位可怜朋友的所作所为可不太相符。"

"也许是我们受了骗。"

"这好像太不可能，我们的根据是很可靠的。"

他们走到楼上宽阔的走廊，又给引进一间非常漂亮的起居室里。它是最近才布置出来的，比下面那些屋子更雅致、更亮堂。据说是刚刚准备停当，好让达西小姐高兴，她上次回彭贝利的时候，对这间屋子很中意。

"他的确是个好哥哥。"伊丽莎白一边朝一个窗子走去，一边说。雷诺兹太太预料,达西小姐走进这间屋子一定会高兴。"达西先生做事总是这样,"她接下去又说,"只要能让他妹妹高兴,不论什么事他都是说做就做。为他妹妹,他做什么都在所不辞。"

现在还要领客人去看的就只剩下画廊和两三间主要的卧室了。画廊里有许多好画,不过伊丽莎白对艺术完全不懂。有些画在楼下也看得见,所以她倒愿意转身去看看达西小姐画的几幅蜡笔画,这些画的题材一般更有趣,也更易懂。

画廊里有许多家族的画像,不过陌生人是不可能专心致志地去看的。伊丽莎白向前走去,寻找她唯一认识的那个人的画像。最后它出现在她面前——她看到那幅画酷肖达西先生,脸上含着微笑,她记得,她以前端详他的时候,他脸上有时就带着这种微笑。她在这幅像前站了几分钟,陷入沉思,他们离开画廊之前,又转回去再看了看。雷诺兹太太告诉他们,这幅画像还是他父亲在世的时候画的。

确实就在这一片刻,伊丽莎白的心里对画像中的那个人产生了一种温情,即使在他们最接近的时候,她也从来没有过这样的感情。雷诺兹太太对他的称赞,并非鸡毛蒜皮的琐事。还有什么样的称赞比一个聪明的佣人的更可贵呢?她心里考虑:作为兄长,作为地主,作为主人,该有多少人的幸福在他的荫蔽之下呀!——他能赋予别人多少快乐,又能给别人造成多少痛苦呀!——他该行过多少善,造过多少孽呀!管家说出来的每一条意见,都说明他品格优良。她站在这幅画像面前,看见他两眼凝视着她自己,不禁想起了他的一片深情,以前从未有过那么深的感激之情油然而生。她回忆起他求婚时的热情,对于他的措辞不当,也不像当时那样十分反感。

他们看完了大家可以参观的地方以后,回到楼下,和管家告别,管家又把他们介绍给在门厅口上迎候他们的园丁。

他们穿过草地走向河边的时候,伊丽莎白转过身来想再看一下。她的舅父、舅母也停了下来。正在她舅父猜测大厦建造日期的时候,大厦的主人突然从通向房屋后面马厩的一条路上走过来。

他们彼此之间相距不到二十码,而且他又出现得那么突然,要避开他的视线已根本来不及了。他们的目光立刻相遇在一起,彼此的面颊顿时绯红。他大吃一惊,变得呆若木鸡。不过很快就恢复了常态,向大家走过来,和伊丽莎白讲话,即使说不上神色镇定,至少也还是礼貌周全。

伊丽莎白本来已经不由自主地转身走开,可是看见他走上前来,又停住了脚步，接受他的问候，她那狼狈不堪的神情实在难以克制。如果说，她舅父、舅母在他刚一露面的时候，或者见到他和他们刚才看过的那张画像很像，还不足以肯定他们见到的就是达西先生，那么园丁见到他的主人时那副惊讶的表情一定立刻证实了这一点。他们站得稍微远一点，看他和他们的外甥女谈话。伊丽莎白感到又惊恐又惶恐，简直不敢抬起眼睛来看他的脸。他彬彬有礼地问候她家里的人，她也不知道回答了他些什么。他的态度自从上次分手以来大有改变，使她感到惊异，所以他讲的每一句话都更使她增添窘态。她心中一再闪现一个念头，觉得让人发现她来到这里是有失检点的，因此他们俩待在一起的几分钟，就成了她一生中最难受的时刻。达西先生看来也不见得比她自在多少，他讲话的时候，声调不像他平时那样从容不迫。他一再问起她何时离开朗博恩以及在德比郡逗留的时间，他再三问起，而且又匆匆忙忙，清清楚楚地显出他是心慌意乱的。

最后他似乎什么也想不起来了，一声不吭地在那里站了一会儿，才突然镇定下来，同她告别。

【汇评】

我相信，广大的读者已经认定《傲慢与偏见》是奥斯丁的杰作，我认为他们的评价是很中肯的。使一部作品成为经典名著的，不是评论家们的交口赞誉、教授们的阐述研究、用作学校里的教科书，而是使一代又一代的众多读者在阅读这部作品中得到的愉悦，受到启迪，深受教益。我个人认为，《傲慢与偏见》总体来说，是所有小说中最令人满意的一部作品。（毛姆《巨匠与杰作》）

在所有的伟大作家当中，简•奥斯丁是最难在伟大的那一瞬间捉住的。（维吉尼亚•伍尔夫《普通读物》）

通常把《傲慢与偏见》称为爱情小说。其实，小说里着重写的是青年男女选择配偶和结婚成家。从奥斯丁的小说里可以看出她从来不脱离结婚写恋爱。男人没有具备结婚的条件或没有结婚的诚意而和女人恋爱，那是不负责任，或玩弄女人。女人没看到男方有求婚的诚意就流露自己的爱情，那是有失检点，甚至有失身份；尽管私心爱上了人，也得深自敛抑。恋爱是为结婚，结婚是成家，得考虑双方的社会地位和经济基础。门户不相当还可以通融，经济基础却不容忽视。因为乡绅家的子女不能自食其力，可干的职业也很有限。长子继承家产，其他的儿子当教士，当军官，当律师，地位就比长子低；如果经商，就在本阶级内部又下落一个阶层。老姑娘自己没有财产，就得寄人篱下；如果当女教师，就跌落到本阶级的边缘上或边缘以外去了。一门好亲事，不但解决个人的终身问题，还可以携带一家子沾光靠福。为了亲事，家家都挣扎着向上攀附，惟恐下落。这是生存竞争的一个重要关头，男女本人和两家老少都全力以赴，虽然只有三四家大户的乡镇上，矛盾也够复杂，争夺也够激烈，表现的世态人情也煞是好看。《傲慢与偏见》就是从恋爱结婚的角度，描写这种世态人情。（杨绛《有什么好？——读奥斯丁的〈傲慢与偏见〉》）

【赏析】

《傲慢与偏见》讲的是18世纪末19世纪初英国某乡镇上乡绅班纳特家五个女儿恋

爱和结婚的故事,通过普通的、世俗的家庭生活反映当时广阔的社会生活。小说的主线是达西与伊丽莎白的恋爱。班纳特先生的二女儿伊丽莎白因少年绅士达西的傲慢,对他抱有很深的偏见,后来又消释了偏见,和达西相爱,成为眷属。班纳特太太整天操心着为女儿物色称心如意的丈夫,新来的邻居彬格莱是个有钱的单身汉,他立即成了班纳特太太追猎的目标。在一次舞会上,彬格莱对班纳特家的大女儿吉英一见钟情,班纳特太太为此欣喜若狂。参加舞会的还有彬格莱的好友达西。他仪表堂堂,非常富有,许多姑娘纷纷向他投去羡慕的目光;但他非常骄傲,认为她们都不配做他的舞伴,其中包括吉英的妹妹伊丽莎白。伊丽莎白自尊心很强,决定不去理睬这个傲慢的家伙。可是不久,达西对她活泼可爱的举止产生了好感,在另一次舞会上主动请她同舞,却遭到伊丽莎白的拒绝,达西狼狈不堪。

彬格莱的妹妹一心追求达西,她发现达西有意于伊丽莎白,妒火中烧,决意从中阻挠。而遭到伊丽莎白冷遇的达西也鄙视班纳特太太及其小女儿莉迪亚的粗俗。在妹妹和好友达西的劝说下,彬格莱不辞而别,去了伦敦,但吉英对他还是一片深情。

班纳特没有儿子,他的家产将由远亲柯林斯继承。柯林斯粗鄙无知,却善于趋炎附势,居然当上牧师。他向伊丽莎白求婚,遭拒绝后,马上与他的女友夏绿蒂结婚。

附近小镇的民团联队里有个英俊潇洒的青年军官魏克翰,人人都夸他,伊丽莎白也对他产生了好感。一天,他对伊丽莎白说,他父亲是达西家的总管,达西的父亲曾给他一大笔遗赠,却被达西吞没了。伊丽莎白听后,对达西更加反感。

柯林斯夫妇请伊丽莎白去他们家做客,伊丽莎白在那里遇到达西的姨妈凯瑟琳,不久,又见到了达西。达西无法抑制自己对伊丽莎白的爱慕之情,向她求婚,但态度还是那么傲慢。伊丽莎白坚决地谢绝了。这一打击使达西第一次认识到骄傲自负所带来的恶果,他痛苦地离开了她,临走前留下一封长信做了几点解释:他承认彬格莱不辞而别是他促使的,原因是他不满班纳特太太的轻浮和鄙俗;魏克翰说的却全是谎言,事实是魏克翰自己把那笔遗产挥霍殆尽,还企图勾引达西的妹妹私奔。伊丽莎白读信后十分后悔,既对错怪达西感到内疚,又为母亲的行为羞愧。她逐渐改变了对达西的看法。

伊丽莎白和舅舅去湖区旅游,意外来到了达西的老家,通过大管家雷诺兹太太的介绍,伊丽莎白知道了,达西从小就是一个品性优良的孩子——伊丽莎白的妹妹莉迪亚私奔了,她的舅舅加德纳出面了,挽救了莉迪亚——加德纳舅舅说出了实情,挽救莉迪亚的不是自己,是达西——伊丽莎白发现自己过于轻浮,她对达西的认识是错误的,是偏见——伊丽莎白最终接受了达西的第二次求婚,最终貌似傲慢的达西并不傲慢,伊丽莎白也消除了自己的偏见。

【思考题】

1. 人们经常将简·奥斯丁的小说比作描绘世态人情的喜剧,你赞同吗?
2. 请将《傲慢与偏见》与作者另一部小说《诺桑觉寺》的创作风格进行比较。

第五章　赤心报国篇

慕课资源

【总论】

家国同构的中国文化特征,使得历代士人都有着家国天下的情怀与胸襟。从霍去病"匈奴未灭,何以家为"到顾炎武"天下兴亡,匹夫有责",再到林则徐"苟利国家生死以,岂因祸福避趋之",一代又一代文化精英、英雄豪杰无不把"常思奋不顾身,而殉国家之急"视为座右铭。这其中不仅有"粉骨碎身浑不怕"的慷慨悲壮,更有"横戈原不为封侯"的高风亮节。而这种爱国情怀也深深地印在了中国人的骨子里。近年来,随着时代的推移与变迁,一些文化垃圾也泛起沉渣。比如为秦桧大唱赞歌、为汉奸翻案洗白,抹黑英雄烈士,庸俗历史观泛滥、犬儒主义盛行等。因此,弘扬正气、高举爱国旗帜就显得十分迫切。与此同时,在百年未有之大变局中,青年们肩负着国家、民族的未来与使命。梁启超先生说:"少年强则国强,少年智则国智。"特别是在今日百舸争流、竞争激烈的大时代环境中,西方文化渗透日益加剧,文化软实力博弈也日趋成为考验我们民族文化自信和弘扬传统文化的重要课题。加之一些青年学子只重智力提升,忽视个人综合素质提升,更使得弘扬中华传统文化、高举爱国主义大旗,成了眼前最为紧要的文化任务。为此,我们应重读经典,以先贤为楷模,唱响新时代的"正气歌"。"风檐展书读,古道照颜色。"徜徉在文学长河中,领略先贤的风采文章,能在我们内心深处激发起一股强烈的使命感与责任感。

一、秦风·无衣

《诗经》

【原文】

岂曰无衣，与子同袍①。王于兴师，修我戈矛，与子同仇②。
岂曰无衣，与子同泽③。王于兴师，修我矛戟④，与子偕作⑤。
岂曰无衣，与子同裳⑥。王于兴师，修我甲兵⑦，与子偕行⑧。

【汇评】

《无衣》，刺用兵也。秦人刺其君好攻战，亟用兵，而不与民同欲焉。(《毛诗序》)

(秦地)民俗修习战备，高上勇力，鞍马骑射。故秦诗曰："王于兴诗，修我甲兵，与子偕行。"其风声气俗自古而然，今之歌谣慷慨风流犹存焉。(汉·班固《汉书·赵充国辛庆忌传》)

秦人之俗，大抵尚气概，先勇力，忘生轻死，故其见于诗如此。(宋·朱熹《诗集传》)

英壮迈往，非唐人出塞诸诗所及。(吴闿生《诗义会通》)

【赏析】

由于年代久远，《诗经》中具体篇目的作者以及创作时间已多数不可考述。加之这些诗篇多来自民间，故而民间集体创作的因素居多。《无衣》创作的时代背景历来存在争议。比如徐培均先生认为，据今人考证，周幽王末年(前771)，王室内乱，犬戎大掠关中，秦人应周王之邀，起兵勤王，护卫周王安全，故而此篇似是在此背景下应运而生的。据《左传》记载，鲁定公四年(前506)，吴国军队攻入楚国郢都，楚王仓皇逃窜，楚臣申包胥到秦国求援，"立依于庭墙而哭，日夜不绝声，勺饮不入口，七日，秦哀公为之赋《无衣》，九顿首而坐，秦师乃出"(《左传》)。但从历史文献看，周天子在春秋时尚有一定的号召力和声威，秦国国君此时并未称王，并且从全诗内容看，此诗的口吻也与当时的历史环境不相符合。因为楚国国君私自称王，周天子对此已是十分不满。周王室虽无力制约楚国，但与吴国国君属于同宗。因而此诗创作的时代背景似与《左传》记述有所冲突，故尚有待于进一步考证。尽管如此，从这些文献看，此诗犹如秦军出征前的一首誓词；对士兵而言，则又似一首战前动员令。因此，从某种程度上说，这首诗似乎是当时秦

---

①岂：难道。子：你，指战友。袍：长袍，即斗篷。②"王于兴师"三句：王，指周王，秦国出兵以周天子之命为号令。一说指秦国国君。修，整顿，修理。戈矛，古代两种长柄武器。前者平头，后者尖头。同仇，共同对敌。③泽：同"襗"，内衣，如今之汗衫。④戟：古代长柄武器，有横直两锋。⑤偕：共同，一道。⑥裳：古代下衣叫裳，即裙，古代男女都穿。将士的战裙叫裳，用裳保护双腿。⑦甲：盔甲。兵：兵器。⑧行：行走，前往。

军的一首战歌。

古人向来以虎狼之秦、残忍嗜血来形容秦军。司马迁甚至在《史记》中记述了秦军许多残酷的"阴暗"面。但从这首《秦风·无衣》通篇内容看,全诗朴实无华,格调慷慨激昂,从侧面反映了秦人的尚武习气,以及秦军同仇敌忾的勇武与无私。在出征途中,每位秦军士兵视自己的战友如手足一般。"岂曰无衣,与子同袍","岂曰无衣,与子同泽","岂曰无衣,与子同裳"等诗句的深情吟诵,集中显现了秦军将士团结友爱、协同作战的崇高品质。正是他们崇高无私的个人品质和英雄气概,才使得秦军在作战中所向披靡、一往无前。同时,文如其人。《无衣》以气概见长的文学特质,使得每个读者都能深切感受到秦人慷慨激昂的英雄主义。可以说,这首诗歌"词义贞刚,重乎气质"(魏征《隋书·文学传序》)的特点,又能在某种程度上反映出当时秦国地域文学风貌,即发源于秦地的诗篇多数"犹有先王之遗风"(《史记·货殖列传》)。特别是诗歌中"修我戈矛""修我矛戟""修我甲兵"等语句,这些富有强烈的动作性的语句,使读者能深切感受到秦兵战前磨刀擦枪、舞戈挥戟的热烈场面。难怪陈继揆《读诗臆补》说:"开口便有吞吐六国之气,其笔锋凌厉,亦正如岳将军直捣黄龙。"

从形式上看,全诗三章皆采用了重叠复沓的形式,每一章句数、字数相等,结构也相同。这些看似简单、机械的回环往复的表现形式,实则反映了传统诗歌在发展演变之初,多带有民间歌谣的淳朴气息的艺术特征。不独如此,这种回环往复的表现手法又与先秦文学特点密切相关。正所谓"长言之不足,故嗟叹之。嗟叹之不足,故不知手之舞之足之蹈之也"(《礼记·乐记》)。对此,梁启超《中国韵文里头韵所表现的情感》评价说:古诗词中"回荡的表情法是一种极浓厚的情感蟠结在心中,像春蚕吐丝一般,把它抽出来,是有相当的时间经过,数种情感交错纠结起来,成为网状的性质",以便于诗歌情感和主题的升华。而这一切又与诗中的战斗激情、同袍之情、报国之情是相辅相成的。

【思考题】

1. 结合《秦风·无衣》与《史记》,试评述秦军的历史形象。
2. 结合《诗经·秦风》中的相关作品以及以前个人所学过的诗篇,试评述《秦风》的整体文学风貌。
3. 结合《诗经》与自己所学过的楚辞作品,试比较当时地域文风的差异。

二、九歌·国殇①

屈 原

【作者简介】

屈原（前340—前278），战国时期楚国诗人，政治家。芈姓，屈氏，名平，字原，又字灵均、正则。楚国丹阳（今湖北秭归）人。历任左徒、三闾大夫。后因不受楚怀王信任和奸臣排挤，而被流放。公元前278年，秦军攻破楚国郢都（今湖北江陵），屈原愤而投汨罗江殉国。屈原的主要作品有《离骚》《九歌》《九章》《天问》等。

【原文】

操吴戈兮被犀甲②，车错毂兮短兵接③。旌蔽日兮敌若云④，矢交坠兮士争先⑤。凌余阵兮躐余行⑥，左骖殪兮右刃伤⑦。霾两轮兮絷四马⑧，援玉枹兮击鸣鼓⑨。天时坠兮威灵怒⑩，严杀尽兮弃原野⑪。

出不入兮往不反⑫，平原忽兮路超远⑬。带长剑兮挟秦弓⑭，首身离兮心不惩⑮。诚既勇兮又以武⑯，终刚强兮不可凌⑰。身既死兮神以灵⑱，子魂魄兮为鬼雄⑲。

【汇评】

其志洁，故其称物芳。其行廉，故死而不容自疏。濯淖污泥之中，蝉蜕于浊秽，以浮游尘埃之外，不获世之滋垢，皭然泥而不滓者也。推此志也，虽与日月争光可也。（汉·司马迁《史记·屈原贾生

---

①《九歌·国殇》：这是《九歌》里第十首诗，也是《九歌》里风格特殊的祭诗。国殇，王逸注："谓死于国事者。"本篇哀悼为国阵亡的将士。全诗十八句，可分为两大部分。前十句写战斗，表现了将士们视死如归、慷慨报国的悲壮精神。后八句是对死者的赞颂。　②吴戈：这里泛指锋利的武器。犀甲：犀牛皮制的铠甲，此泛指坚韧的铠甲。　③错：交错。毂（gǔ）：车轮中心的圆木。短兵：指刀盾一类短的兵器。　④若云：这里形容敌军像云一般多。　⑤坠：落下。士：战士。　⑥凌：侵犯。余：我。躐（liè）：践踏。行（háng）：军队的行列。　⑦左骖（cān）：古时用四匹战马牵一辆战车，左右两旁的马叫骖，中间两匹叫服。殪（yì）：死亡。刃伤：为刃所伤。一说为伤者是车右之辕马。"刃"当为"服"。　⑧霾（mái）：借作"埋"，埋没。絷（zhí）：拴住马足。　⑨援玉枹（fú）：古时以击鼓指挥军队追击。"枹"一作"桴"，鼓槌。　⑩威灵：神灵。　⑪严杀：残酷杀戮。⑫出不入：指壮士出征，决心以死报国，不打算再进国门，与"往不反"互文见义。反：同"返"，返回。　⑬忽：恍惚不明的样子。一说为刮大风。　⑭挟：夹持。秦弓：秦地所产良弓。秦地产坚硬的木材，用以为弓，射程较远。　⑮不惩（chéng）：不畏惧。　⑯武：力量壮大。一说是武艺超群。　⑰终：且，而且。　⑱神以灵：精神成为神灵，指精神不死而永生。　⑲子：对战士亡灵的尊称。魂魄：古人观念中一种能脱离人体而独立存在的神灵，附体则人生，离体则人死。附形之灵为魄，附气之神为魂。鬼雄：鬼中之英雄，用以称誉为国捐躯者。

列传》)

今若屈原,膺忠贞之质,体清洁之性,直若砥矢,言若丹青,进不隐其谋,退不顾其命,此诚绝世之行,俊彦之英也。(汉·王逸《楚辞章句序》)

【赏析】

由于年代久远,楚辞中某些字句的晦涩难解以及古今差异等因素,今天的读者已很难身临其境地感受《国殇》作者屈原内心世界的情感。但《史记》的真实记录,能从侧面为我们提供一个真实的历史场景:

楚怀王十七年春,秦斩首楚甲士八万,俘获屈匄、逢侯丑等大将七十余人。复战于蓝田,楚军大败。

楚怀王二十八年,秦攻占重丘。

楚怀王二十九年,秦大破楚军,景缺战死,楚军战死两万人。

楚怀王三十年,秦攻取楚国八城。

楚顷襄王元年,楚怀王受欺、被扣押于秦国,秦大败楚军,斩首五万,攻取十五城。

楚顷襄王三年,怀王客死于秦。

楚顷襄王十九年,楚军大败,割上庸、汉北地于秦。

楚顷襄王二十年,秦将白起攻占楚西陵。

楚顷襄王二十一年,秦将白起攻占郢都,烧楚国王陵

……

从这些触目惊心的记述看,为了保卫江南的安宁与富庶,楚国健儿付出了惨痛的代价。一批又一批的好男儿为了抵抗暴秦的欺凌与侵略,前赴后继,慷慨赴死,为保卫家园流尽了一腔热血。屈原虽心怀大志,但由于楚王昏庸无能、奸佞的排挤,他无力革新楚国政治,挽狂澜于既倒。所以,面临国土沦丧,无数将士殒命疆场,屈原只能用自己的才情与文采,为这些捐躯报国的将士献上最崇高的赞歌。

诗歌一起笔,便极力描绘出了一场短兵相接的残酷战斗。在疆场上,楚国将士虽披坚执锐,奋起抵抗,但面对虎狼之师——秦国锐士,将士历经拼杀,依然抵挡不住。敌军来势汹汹,不仅冲乱楚军的阵营,并且敌人的良弓劲弩犹如遮天蔽日一般,掩盖住了太阳的光辉。但楚国将士毫无惧色,一往无前,无奈众寡悬殊,将士纷纷倒地牺牲,就连驾车的战马也伤痕累累。一时天地间杀气腾腾,使得天地日月也为之动容、愤怒起来。大战过后,疆场上只留下了一具具尸体,静卧荒野。从字里行间看,诗歌除了令人扼腕叹息、感慨的惨烈战争场面外,还蕴含着诗人对死难将士的无比痛惜。同时,诗歌也洋溢着诗人对牺牲将士的无比敬仰之情。不独如此,诗人在颂悼阵亡将士的同时,亦隐约地透露出洗雪国耻的渴望。作为中华诗歌史上第一位伟大诗人,屈原所写的诗篇绝不仅仅是悲情的控诉,他奉献给世人的还有那种热烈得近乎偏执的爱国激情。在诗人眼中,那些为国捐躯的将士们生前是人中豪杰。即使阵亡后,他们也会化作南国鬼雄,守卫着这片热土。可以说,全诗至此,诗人热爱家国的炽烈情感被渲染得淋漓尽致。

这首诗与楚辞其他作品相比,没有奇特而浪漫的想象、瑰丽而华美的文辞,反而以铺叙直陈的手法,开张扬厉的抒写,传递出了一种正义凛然的阳刚之美。千古之下,人们喜欢楚辞、爱读楚辞,恐怕与诗中所蕴含的诚挚热烈的爱国之情息息相关。

【思考题】

1. 请结合《诗经·秦风·无衣》与《国殇》两篇诗歌,对诗中的爱国之情进行分析评判。
2. 如何理解屈原的爱国情怀?
3. 如何理解楚辞的特殊文化意义?

三、白马篇[①]

曹 植

【作者简介】

曹植(192—232),字子建,曹操第四子,建安文学的杰出代表人物。因与曹丕争夺王位失败,备受曹丕父子打击,郁郁而终。曹植诗以公元220年为界,分为前后期,前期多是吐露自己的政治抱负和志趣的作品。后期诗歌都是抒写他所受到的政治迫害和个人的不幸遭遇。他的诗歌才大思丽,文辞富艳,后人称其为"绣虎"。

【原文】

白马饰金羁[②],连翩西北驰[③]。借问谁家子,幽并游侠儿[④]。少小去乡邑[⑤],扬声沙漠垂[⑥]。宿昔秉良弓[⑦],楛矢何参差[⑧]。控弦破左的[⑨],右发摧月支[⑩]。仰手接飞猱[⑪],俯身散马蹄[⑫]。狡捷过猴猿,勇剽若豹螭[⑬]。边城多警急,虏骑数迁移。羽檄从北来[⑭],厉马登高堤[⑮]。长驱蹈匈奴[⑯],左顾凌鲜卑[⑰]。弃身锋刃端,性命安可怀?父母且不顾,何言子与妻。名编壮士籍[⑱],不得中顾私[⑲]。捐躯赴国难,视死忽如归。

【汇评】

其源出于《国风》。骨气奇高,词彩华茂。情兼雅怨,体被文质。粲溢今古,卓尔不群。嗟乎!陈思之于文章也,譬人伦之有周孔,鳞羽之有龙凤,音乐之有琴笙,女工之有黼黻。俾尔怀铅吮墨者,抱篇章而景慕,映余晖以自烛。故孔氏之门如用诗,则公干升堂,思王入室,景阳、潘、陆,自可坐于廊庑之间矣。(南朝梁·钟嵘《诗品》)

予读植诗,至瑟调《怨歌》《赠白马》《浮萍》等篇,暨观《求试》《审举》等表,未尝不泫然出涕也。(明·李梦阳《陈思王集序》)

[①]此篇属乐府《杂曲歌辞·齐瑟行》,或题为《游侠篇》。诗中描写一个边塞的少年英雄为国守边,英勇杀敌。 [②]饰:装饰。羁:马笼头。 [③]连翩:飞跑不停的样子。 [④]幽并:幽州和并州,今河北、山西两省北部地区,在历史上以民风慷慨任侠出名。 [⑤]去:离开。 [⑥]扬声:扬名。垂:同"陲",边疆。 [⑦]宿昔:往时,旧日。秉:拿着。 [⑧]楛(hù):木名,茎可做箭杆。矢:箭。参差(cēncī):长短不齐。 [⑨]控弦:拉弓。左的:左方的射击目标。的,靶子。 [⑩]右发:向右边射。月支:也叫素支,箭靶的名称。 [⑪]接:迎射。飞:这里形容动作敏捷。猱(náo):一种猿猴,攀缘树木,轻捷如飞。 [⑫]散:摧毁,摧散。马蹄:箭靶的名称。 [⑬]剽:轻捷。螭(chī):古代传说中的一种黄龙。 [⑭]檄(xí):檄文,古代用于征召或声讨的文书。有急事时,上插羽毛称"羽檄"。 [⑮]厉马:策马。 [⑯]长驱:一作"右驱"。蹈:踩,踏。匈奴:我国古代北方少数民族的一支。 [⑰]凌:压制。鲜卑:古代北方少数民族的一支。东胡种族,东汉末年成为北方强族。 [⑱]籍:名册。壮士籍指军籍。 [⑲]中顾:内顾。

子建《名都》《白马》《美女》诸篇,辞极赡丽,然句颇尚工,语多致饰。(明·胡应麟《诗薮·内编》)

此寓意于幽并游侠,实自况也。子建《自试表》云:"昔从武皇帝,南极赤岸,东临沧海,西望玉门,北出玄塞,伏见所以用兵之势,可谓神妙。而志在擒权馘亮,虽身分蜀境,首悬吴阙,犹生之年。"篇中所云"捐躯赴难,视死如归",亦子建素志,非泛述也。(清·朱乾《乐府正义》)

《白马篇》……有声有势,历乱而去,而马上人身容飘忽,轻捷可知。缀词叙景,须于此等字法尽心体究,方不重滞。(清·陈祚明《采菽堂古诗选》)

【赏析】

作为建安文坛的代表人物,曹植向来有"八斗之才""绣虎"的美誉。从诗的字里行间中,读者不仅能深切地感受到诗人的才气飞扬,更能深切地感受到诗人的报国热情与壮怀激烈。

诗歌一开头便极力描绘游侠儿的不凡气势。"白马""金羁",不仅渲染了游侠儿的俊朗与潇洒,还描摹了游侠儿外在服饰的华丽色彩。"连翩西北驰",又极力形容游侠儿乘骏马飞驰时的飒爽英姿。沈德潜评价说,曹植诗"极工起调"。此诗开篇就是很好的例证。可以说诗歌运用烘云托月的手法,表面上似乎是在描绘骏马奔驰时的飘逸神态,实际上却是在写人。这里既为下文的描写奠定了基调,也为下文的边情紧急造足了声势。

紧接着下文以一问一答的设问,顺势补叙了游侠儿的来历。在诗人的笔下,游侠儿不再是除暴安良、救危扶困的匹夫,一跃成为心怀家国的爱国壮士。这样一来,一方面,诗歌气势变化,富于波澜;另一方面,进一步凸显了建安时期匡扶天下的时代主题。同时,这又为诗歌层层渲染做足了伏笔。

诗人从"宿昔秉良弓"写起,不吝笔墨,刻意铺陈描写,写足了游侠儿超群的武艺。这既回应了上文的描述,又进一步突出了游侠儿的勇猛与敏捷。尤其是诗歌中一连串对偶句的运用,从左、右、上、下不同的方位表现了游侠儿的卓尔不群。同时,这也使得诗歌显得铿锵有力,富于气势。但这番反复的描摹与渲染,意在凸显游侠儿面临边城危急时挺身而出的英勇与气魄。游侠儿心系家国的崇高情怀,使得诗中的游侠英雄形象更加有血有肉、栩栩如生。当然,这一切若没有非凡超群的艺术剪裁、洒脱不群的艺术才情,是无法实现的。

现实社会是文学创作的艺术来源。作为曹植诗中骁勇善战、壮怀激烈的文学形象,游侠儿绝非是凭空虚构出来的人物。因为诗中的人物形象或多或少带有曹植个人的影子。作为曹操的爱子,曹植自幼便跟随曹操,转战南北。他"南极赤岸,东临沧海,西望玉门,北出玄塞",可谓亲身经历了征战四方的艰辛与风霜。所以他在诗中大声疾呼的"捐躯赴国难,视死忽如归",并非惺惺作态,而是诗人真实的心声。正是缘于此,刘勰评价建安诗歌:"观其时文,雅好慷慨,良由世积乱离,风衰俗怨,并志深而笔长,故梗概而多气也。"(《文心雕龙·时序》)

【思考题】

1. 结合曹植的作品,谈谈你对建安风骨的理解。
2. 结合以前所学过的三曹文学作品,请谈谈个人对曹植诗中爱国情怀的理解。

四、轮台歌奉送封大夫出师西征[①]

岑 参

【作者简介】

岑参(约715—770),江陵(今属湖北)人,天宝三载(744)进士,曾跟随高仙芝、封常清到过西域边塞,后又往来于北庭、轮台间。官至嘉州刺史,故世称岑嘉州。他的诗与高适齐名,并称"高岑"。有《岑嘉州集》。

【原文】

轮台城头夜吹角,轮台城北旄头落[②]。羽书昨夜过渠黎[③],单于已在金山西[④]。戍楼西望烟尘黑[⑤],汉兵屯在轮台北[⑥]。上将拥旄西出征[⑦],平明吹笛大军行。四边伐鼓雪海涌[⑧],三军大呼阴山动[⑨]。虏塞兵气连云屯[⑩],战场白骨缠草根。剑河风急雪片阔[⑪],沙口石冻马蹄脱[⑫]。亚相勤王甘苦辛[⑬],誓将报主静边尘[⑭]。古来青史谁不见,今见功名胜古人。

【汇评】

岑诗语奇体峻,意亦造奇。(唐·殷璠《河岳英灵集》)

岑参诗亦自成一家。盖尝从封常清军,其记西域异事甚多,如《优钵罗花歌》《热海行》,古今传记所不载者也。(宋·许𫖮《彦周诗话》)

嘉州(岑参)轮台诸作,奇姿杰出,而风骨浑劲,琢句用意,俱极精思,殆非子美(杜甫)、达夫(高适)所及。(清·毛先舒《诗辩坻》)

---

①轮台:唐庭州属县,在今新疆乌鲁木齐。歌:古体诗体裁的一种。封大夫:即封常清。蒲州猗氏人,有才学,曾任高仙芝安西节度使判官。天宝十一载(752)十二月,为安西节度使,十三载(754)春入朝,加封御史大夫,同年三月,兼任北庭节度使。西征:此次战事,史书失载。 ②旄头:星名。《史记·天官书》:"昴曰旄头,胡星也。"旄头落,这里比喻胡兵即将全军覆灭。 ③羽书:紧急军事文书。渠黎:即渠犁,汉西域诸国之一,在今新疆轮台县和尉犁县之间。《汉书·西域传》:"轮台(非唐时轮台,在今新疆轮台)与渠犁地皆相连也。" ④单于:借指西域少数民族首领。金山:即金岭,又称金娑岭,今新疆北部之博格达山。 ⑤烟尘黑:指胡兵来犯。 ⑥汉兵:唐诗中的"汉"多数情况指唐代,这里指唐军。 ⑦拥:持。旄:旄节,古代使臣所持信物,形如幡旗,上以旄(牦牛尾,后改用羽毛)为饰。唐制,节度使赐双旄双节,出行时使开路者双持于马上,所谓"双节夹路驰"。 ⑧伐鼓:击鼓。雪海:当指唐轮台北今准噶尔盆地的浩瀚雪原。 ⑨阴山:今新疆乌鲁木齐以东的天山东段,古亦称阴山。 ⑩虏塞:敌塞。连云屯:指兵气弥漫,聚如连云。 ⑪剑河:《新唐书·回鹘传》载,黠戛斯(今称柯尔克孜)境内有剑河,即今俄罗斯西伯利亚南部叶尼塞河上游乌鲁克穆河。此处疑另有所指。 ⑫沙口:未详。 ⑬亚相:御史大夫,指封常清。勤王:尽力王事。 ⑭静边尘:平息边患。

【赏析】

　　盛唐文人思想开放，纵横任侠，尚武风气浓厚，他们往往心怀天下，锐意进取、以天下苍生为己任，故而唐人仗剑去国、投笔从戎，远赴边塞，成了盛唐社会的普遍现象。作为名门官宦子弟，岑参也曾远赴西北边陲，写下了不少瑰丽奇绝的诗篇。这首《轮台歌奉送封大夫出师西征》就是其中的代表作之一。

　　此诗虽以唐军出师西征为题材，但诗人没有正面叙述战事的缘起与由来。诗歌一起笔便以午夜大军集结号为开端，渲染出了两军对峙、大战一触即发的紧张气氛。不独如此，诗歌把大军号角与星辰异象联系起来，既表达了全军同仇敌忾的氛围，又象征了唐军必胜的自信与豪迈。然而诗人却巧妙地插入一句"羽书昨夜过渠黎，单于已在金山西"，顺势交代了边塞告急，其原因是胡兵入寇。这种因果倒置的手法，更使得诗歌起笔奇崛。"戍楼西望烟尘黑"，正是为了捍卫关河的宁静与祥和，唐军才驻扎在轮台北。至此，诗歌可谓写足了气势，也进一步预示了边塞战争的激烈。

　　紧接四句直写大军出师与对战。为了凸显这支保家卫国的堂堂王者之师，诗人以"平明吹笛""四边伐鼓"渲染唐军的声威与气势：伐鼓振振，笛声悠扬，这正是大唐军威所在。此处舒缓的笔调与上文开篇的奇警，显然形成了鲜明的对照，边塞的狼烟四起与大军的从容不迫，二者之间一张一弛，显现出了作者匠心独运的高妙之处。加之，"三军大呼阴山动"的夸张手法，使得唐军更显雄壮与伟大。从诗的字里行间看，唐军的堂堂之阵，猎猎旌旗，正是盛唐文人积极昂扬的精神风貌的写照。同时，这也使得岑参笔下的边塞战争充满了一股浪漫的气息。

　　"春风不度玉门关"，边塞的苦寒与艰难是常人难以想象的。所以诗人转而用陪衬手法，以凸显边塞战争的异常艰苦。一方面，"虏塞兵气连云屯"，极言胡人军队人数之多，兵力之强；另一方面，"战场白骨缠草根"，以预示战事之惨烈，唐军付出代价之巨大。而对于边塞之地气候的描写，在此处成了画龙点睛的神来之笔。边地雪片也大异于中原之雨雪霏霏，边地石头之冷硬，更是异于中原石头坚硬。在一片苦寒与奇异的西域风景描绘中，诗人的用意不是渲染战争之恐怖与惨烈，而是重在描摹边塞战场的宏伟壮烈。

　　末四句回应主题，颂扬主帅尽力王事、靖边安民的丰功伟绩。虽然其中不乏溢美之词，但与晚唐"凭君莫话封侯事，一将功成万骨枯"的诗句相比，盛唐诗人所宣扬的"古来青史谁不见，今见功名胜古人"，则愈发显得雄奇壮阔。也许岑参这种浪漫瑰丽诗风正是盛世荣光的一种集中显现。

　　杜甫评价岑参诗："岑参兄弟皆好奇。"与高适《燕歌行》相比，岑参边塞诗的奇丽峻峭，虽没有"战士军前半死生，美人帐下犹歌舞"的真知灼见，也没有"君不见沙场征战苦，至今犹忆李将军"的王霸大略，但他"万里奉王事，一身无所求。也知塞垣苦，岂为妻子谋"（《初过陇山，途中呈宇文判官》）的人生志向，使得这首诗愈显奇逸俊丽。

【思考题】

1. 请结合岑参的边塞诗,简要谈谈唐人报国之志与边塞诗之间的关系。
2. 结合以前个人所学过的盛唐诗人诗歌,简要谈谈岑参诗的独特之处。
3. 如何理解岑参诗中的浪漫色彩?
4. 请你结合以前所学岑参作品,谈谈其诗歌的现实意义。

五、河湟[①]

杜 牧

【作者简介】

杜牧(约803—约852),字牧之,京兆万年(今属陕西西安)人。文宗大和年间中进士,曾为黄、池、睦、湖等州刺史,也在朝中任过司勋员外郎、中书舍人等官。有《樊川文集》。他的诗与李商隐齐名,世称"小李杜"。

【原文】

元载相公曾借箸[②],宪宗皇帝亦留神[③]。旋见衣冠就东市[④],忽遗弓剑不西巡[⑤]。牧羊驱马虽戎服,白发丹心尽汉臣[⑥]。唯有凉州歌舞曲[⑦],流传天下乐闲人。

【汇评】

律诗至晚唐,李义山而下,惟杜牧之为最。宋人评其诗豪而艳,宕而丽,于律诗中特寓拗峭,以矫时弊。(明·杨慎《升庵诗话》)

牧之诗含思悲凄,流情感慨,抑扬顿挫之节,尤其所长。以时风委靡,独持拗峭,虽云矫其流弊,然持情亦巧矣。(明·胡震亨《唐音癸签》)

杜牧之作诗,恐流于平弱,故措词必拗峭,立意必奇辟,多作翻案语,无一平正者。方岳《深雪偶谈》所谓好为议论,大概出奇立异,以自见其长也。(清·赵翼《瓯北诗话》)

【赏析】

河湟本为大唐领土,然而宦官专权祸国,文人结党倾轧,藩镇各自为政,以至于胡骑

[①]河湟:指湟水流域及与黄河合流一带地方。这里指安史之乱以后,吐蕃统治者历年所侵占的河西、陇右大片土地。湟,湟水,源出青海,东流入甘肃与黄河汇合。 [②]元载(713—777):字公辅,曾任同中书门下平章事(宰相),他在大历八年(773)上书唐代宗,对西北边防措施多有筹策。借箸:谋划。《史记·留侯世家》载,张良在刘邦吃饭时进策说:"臣请借前箸为大王筹之。"箸,筷子。这里用张良为刘邦谋划典故,借指元载筹策收复河湟失地的事情。 [③]宪宗皇帝:唐宪宗李纯(778—820),初名李淳,唐代第十二代皇帝,805—820年在位。他即位后,励精图治,曾取得短暂的"元和中兴"局面。留神:指唐宪宗亦曾留意收复西北国土的事情。 [④]衣冠就东市:用西汉晁错的故事。晁错在汉景帝时曾任御史大夫,主张削夺各地王国的部分封地。吴楚七国发动叛乱,晁错为袁盎等所诋毁,仓促间被诱杀。这里指大历十二年(777),元载因事被捕下狱,诏令自杀。诗人此处用典慨叹他经略之策不为代宗所用,反而惨遭不测。 [⑤]"忽遗"句:指唐宪宗壮年早逝,不及西征收复河湟,赍志以殁。 [⑥]"牧羊"二句:河湟一带百姓受吐蕃统治者的奴役,改事游牧,不能身穿汉服,但他们内心仍思念唐朝。 [⑦]凉州:辖地今在甘肃省永昌以东、天祝以西地区。末二句慨叹边地的乐曲流传天下,而失地尚未收复。

频频入侵,吐蕃趁机夺去了肥沃的河湟之地。甚至帝都长安也时刻处在胡人的兵锋之下。作为官宦子弟,杜牧痛感国事日非,江河日下,先后写了好几首诗,表达了关心时政、收复失地的迫切之情。

诗歌以"河湟"为题,其寓意主旨十分醒目,起到了统领全篇的作用。诗歌分为两层。前四句感慨时事,表达了对国家迟迟不能收复故土的慨叹。从史书记载看,元载有诸多污点,他对西北边事的规划和筹谋,也不为朝廷所容,最后被东市问斩。以后庙堂上的正人君子虽也不少,却鲜有元载的谋略与远见。诗人以张良借箸谋划、晁错冤死东市的典故入诗,实则透露出诗人对元载的推重和惋惜。同时,诗歌也表达了对庙堂上尸位素餐的权贵的不满。无独有偶,诗中又以锐意进取的宪宗为例,一方面,寄寓了诗人对君王的无限厚望;另一方面,又流露出对晚唐帝王好长生而猝死的荒诞不经的叹惋。后四句,诗歌以对比的手法,表述了诗人深沉的感叹。河湟百姓身着异族服装,不得已抛家舍业,转而"牧羊驱马",那是何等艰难屈辱。然而胡人能夺他们的良田,毁灭他们的家园,却永远征服不了他们对华夏的赤诚与忠心。但当今朝廷衮衮诸公却作"富贵闲人"之态,一味地陶醉于凉州曲的轻歌曼舞,丝毫不将百姓的生死挂在心上。诗人虽没有直接批判当权者的醉生梦死,但寥寥数句却将他们的丑态描绘得活灵活现。当然,字里行间还蕴含着诗人深深的失落之感、忧心如焚的焦虑之感。

尽管全诗一字不着议论,全用叙述,但诗人含思之悲凄,立意之新奇,却跃然纸上。不仅如此,诗人以理节情,将满腔抑郁不平之气,以旷达悠长的语调出之,更突出了诗人拳拳报国之情。因此,诗歌在抑扬顿挫之中,更加余味无穷。

【思考题】

1. 请结合李商隐与杜牧诗歌作品,简要谈谈晚唐文人对国家时局的看法。
2. 请结合个人以前所学的唐人诗歌作品,简要叙述个人对杜牧此诗的理解与看法。
3. 杜牧的一些个人行为向来备受指摘,请你结合其相关作品予以评述。
4. 杜牧是长安的贵胄子弟,为何此诗充满强烈的忧国忧时色彩?请结合相关作品,予以简要叙述。

六、金错刀行[1]

陆 游

【作者简介】

陆游(1125—1210),字务观,号放翁,越州山阴(今浙江绍兴)人。高宗时,参加礼部考试,受秦桧排挤而仕途不顺。宋孝宗时,赐进士出身。历任隆兴府通判等职。陆游一生主张抗金收复故土,但因主和派的排挤和打压,而郁郁不得志。陆游诗、词、文都有很高的艺术成就,被世人称为"小太白"。他一生著述颇丰,有《剑南诗稿》《渭南文集》《放翁遗稿》《南唐书》等。

【原文】

黄金错刀白玉装[2],夜穿窗扉出光芒[3]。丈夫五十功未立[4],提刀独立顾八荒[5]。京华结交尽奇士,意气相期共生死[6]。千年史策耻无名,一片丹心报天子[7]。尔来从军天汉滨[8],南山晓雪玉嶙峋[9]。呜呼!楚虽三户能亡秦[10],岂有堂堂中国空无人[11]。

【汇评】

剑南集多豪丽语,言征伐恢复事。(宋·罗大经《鹤林玉露》)

前辈评南渡后诗,以陆务观拟杜,意在痛痒不忘中原,与拜鹃心事,悲惋实同。(宋·林景熙《王修竹诗集序》)

此翁笔力回万牛,淡处有味枯中膏。有时奇险不可迫,剑门石角钱塘涛。源流不嗣江西祖,自有正宗传法乳。(宋·姜特立《应致远诏放翁》)

辜负胸中十万兵,百无聊赖以诗鸣。谁怜爱国千行泪,说到胡尘意不平。(梁启超《读陆放翁集》其二)

---

[1] 金错刀:刀身嵌镶着黄金纹饰的刀。行:古体诗的一种体裁。 [2] "黄金错刀"句:形容刀的宝贵。装,指刀柄上的装饰。 [3] "夜穿窗扉"句:宝刀的光芒在夜间射出门窗。窗扉,窗户。 [4] 丈夫:男子汉,诗人自指。五十:作者写此诗时是四十九岁,五十是就其整数而言。 [5] 顾:环视。八荒:八方荒远的地方。 [6] "京华结交"二句:隆兴元年(1163),陆游被孝宗赐进士出身,并以枢密院编修随宰相张浚奔赴抗金前线,由此诗人结交了一批力主抗金的奇卓之士。京华,指临安(今杭州)。奇士,有特出才能的人。意气,志气。相期,相投。 [7] "千年史策"二句:由于在那流传千古的史书中没有留下自己的名字而感到可耻。史策,史册。丹心,红心,这里指忠心。 [8] "尔来从军"句:近来我跟随着军队来到汉水边上。尔来,近来。"尔"同"迩"。天汉滨,汉水边。这里指汉中。 [9] "南山晓雪"句:南山清晨的白雪使参差矗立的山峰晶莹如玉。南山,终南山,一名秦岭,在今陕西、甘肃境内。嶙峋,山石重叠不平的样子。 [10] "楚虽三户"句:战国时楚国被秦国所灭,楚地民众非常悲愤,当时流传的民谣是"楚虽三户,亡秦必楚"。这里借以说明,宋朝一定要收复故土,以洗刷靖康之耻。 [11] 堂堂:盛大而威严的样子。

【赏析】

　　宋诗向来以以议论为诗、以文字为诗、以才学为诗著称。这使得宋诗在很大程度上洋溢着一股学者气息,而缺少唐诗那种激情奔放、意象饱满的艺术特质。但放翁诗是一个例外。"纸上得来终觉浅,绝知此事要躬行"的创作态度,使得他的诗作充满了时代的朝气与强大的生命力。

　　这首诗是陆游乾道九年(1173)冬天在嘉州所作。全诗以熠熠生辉的宝刀为发端。借咏物以言志,其意并非在刀剑本身,而在于诗人内心涌动一腔报国的热情。"十年磨一剑,霜刃未曾试。今日把示君,谁有不平事?"(贾岛《述剑》)诗歌由刀引出"提刀"之人。"丈夫五十功未立,提刀独立顾八荒"两句是诗人长年倍受主和派打击,壮志难伸、命运坎坷的真实写照。至此,一股抑郁不平的愤然心情油然而生。诗人回顾当年供职京华、汉中从军的经历,言语之间不仅夹杂着抒情、述志、写景的艺术手法,更融入了诗人豪情万丈的悲愤之情。咏物、抒情、写景、言志彼此渗透,浑然一体,不可分割。这显示了诗人高超的艺术写作手法。全诗末尾以"楚虽三户能亡秦"的历史事实为鉴,大声高呼,以表达诗人对抗金报国、收复失地的坚强信念。慷慨之声,激越之情,跃然纸上。可以说,这首诗在南宋那个萎靡不振、"万马齐喑"的时代里,不啻为一声惊雷。

　　世人之所以称陆游为"小太白",其根本原因在于诗人在亲历军旅生活,遭遇诸多生活磨砺后,诗风发生了根本性的转变。全诗辞气飞扬,激情奔放,意气恢宏,颇似太白之风。这与宋诗的书斋之气相比,显然有着天壤之别。无独有偶,岑参也曾出任过嘉州刺史,陆游此时也正好供职嘉州。他自己也说:"予自少时,绝好岑嘉州诗。"故而陆游在蜀中之时,其诗风也多有岑诗瑰丽奇绝、气势雄壮的特点。这首《金错刀行》亦有此特点。尽管古人曾讥评放翁诗"粗卤叫嚣",但陆游诗作穿越百年,至今读来仍觉热血沸腾、激情满怀,就在于放翁诗所展现的炽热的报国热情。正是缘于此,梁启超先生评其诗云:"诗界千年靡靡风,兵魂销尽国魂空。集中什九从军乐,亘古男儿一放翁。"(《读陆放翁集》其一)

【思考题】

　　1. 结合李白与陆游诗作,简要谈谈你对唐宋文人精神风貌差异的理解。

　　2. 陆游诗歌向来在小学、中学教材中屡有出现,请结合相关作品,对陆游诗中的爱国情怀予以概述。

　　3. 陆游诗歌充满了浓郁的悲壮色彩,请同学们结合具体时代予以简要评述。

　　4. 请结合宋诗中的爱国作品,谈谈个人对宋人爱国情怀的理解。

　　5. 陆游不仅留下了丰厚的诗歌遗产,而且他还有许多爱国主题的词作,请你结合所学的作品,谈谈对陆游诗词的理解。

七、贺新郎（绿树听鹈鴂）

辛弃疾

【作者简介】

辛弃疾(1140—1207)，原字坦夫，后改字幼安，号稼轩。山东历城人。南宋著名的爱国将领、杰出词人。辛弃疾因出生于北方，故而少年时期在金朝度过。绍兴三十一年(1161)后，南渡归宋。历任江西安抚使、福建安抚使等职。因与主和派政见不合，而备受打击。最后郁郁而终。辛弃疾有"词中之龙"的称誉。他的词与苏词合称"苏辛"。有《稼轩长短句》等传世。

【原文】

别茂嘉十二弟。鹈鴂、杜鹃实两种，见《离骚补注》①。

绿树听鹈鴂。更那堪、鹧鸪声住，杜鹃声切②。啼到春归无寻处，苦恨芳菲都歇。算未抵、人间离别③。马上琵琶关塞黑，更长门翠辇辞金阙④。看燕燕，送归妾⑤。　将军百战身名裂。向河梁、回头万里，故人长绝⑥。易水萧

---

①此词是辛弃疾闲居瓢泉之作。茂嘉，稼轩族弟，生平不详，名失考，当为宋孝宗初年任参知政事的辛次膺的孙辈。《离骚补注》，宋人洪兴祖著，谓"子规、鹈鴂二物也"。　②"绿树"三句：借鸟声寓意，指临别不堪绿荫深处众鸟啼鸣悲切。鹈鴂(tíjué)、杜鹃、鹧鸪，三种鸟，啼声皆悲，所以说"更那堪"，即不忍闻其悲声。　③"算未抵"句：这句是说啼鸟伤春虽苦，总抵不上人间离别之苦。算，是，总是。未抵，比不上。　④"马上"二句："马上琵琶"句，历来都指王昭君出塞和亲事。此人间离别第一事，指昭君出塞，别离汉家宫阙。王昭君名嫱，汉元帝后宫宫女，因和亲赐嫁匈奴王呼韩邪单于。马上琵琶，指在琵琶声中远离故国。石崇《王明君辞序》："昔公主嫁乌孙，令琵琶马上作乐，以慰其道路之思。其送明君，亦必尔。"李商隐《王昭君》诗："马上琵琶行万里，汉宫长有隔生春。"关塞黑，边关要塞一片昏暗。杜甫《梦李白》诗："魂来枫林青，魂返关塞黑。"长门，汉离宫，汉武帝曾废陈皇后于长门宫，后泛指失意后妃所居之地。这里借指昭君辞汉。一说指即用长门本事，与昭君出塞事无关。翠辇，用翠羽装饰的宫车。金阙，宫殿。　⑤"看燕燕"二句：此人间离别第二事，指庄姜送归妾。燕燕，《诗经·邶风》有《燕燕》诗："燕燕于飞，差池其羽，之子于归，远送于野。"《毛传》以为此诗是说卫国庄姜送归妾。据《左传》隐公三年、四年：卫庄公妻庄姜无子，以庄公戴妫之子完为己子。完即位未久，就在卫国政变中被杀，戴妫遂被遣送。庄姜远送于野，作《燕燕》诗以别。　⑥"将军"三句：此人间离别第三事，指李陵别苏武。李陵，汉武帝时名将，他曾以五千之众对抗十万匈奴大军，兵尽粮绝而北降匈奴，故辛弃疾说"将军百战身名裂"。苏武，汉武帝时人，他奉命出使匈奴，被羁押后坚决不降，在北海牧羊十九年持节不屈，终得返汉。苏武归汉时，李陵饯别河梁。李陵《与苏武》诗："携手上河梁，游子暮何之。"荀悦《前汉纪》载，李陵送别语："异域之人，一别长绝。"河梁，桥。故人，指苏武。长绝，永别。

萧西风冷,满座衣冠似雪。正壮士、悲歌未彻①。啼鸟还知如许恨,料不啼清泪长啼血②。谁共我,醉明月③?

【汇评】

其词之为体,如张乐洞庭之野,无首无尾,不主故常;又如春云浮空,卷舒起灭,随形变态,无非可观。(宋·范开《稼轩词序》)

公所作大声鞺鞳,小声铿鍧,横绝六合,扫空万古,自有苍生以来所无。(宋·刘克庄《辛稼轩集序》)

其词慷慨纵横,有不可一世之概,于倚声家为变调;而异军特起,能于剪红刻翠之外,屹然别立一宗,迄今不废。(清·永瑢、纪昀《四库全书总目提要·稼轩词》)

稼轩负高世之才,不可羁勒,能于唐宋诸大家外,别树一帜。(清·冯煦《蒿庵词话》)

稼轩敛雄心,抗高调,变温婉,成悲凉。(清·周济《宋四家词选序》)

南宋词人……堪与北宋人颉颃者,唯一幼安耳。(王国维《人间词话》)

【赏析】

辛词向来有"掉书袋"之评价。这是辛词的优长之处,也是令读者费解之处。然而辛弃疾绝非吟词作赋的普通文士,所以此词一连叠用四事,显然是有所指。上阕两事分别化用昭君出塞、庄姜送别典故,这两位女子皆属薄命红颜、悲情女子;下阕分别化用李陵饯别苏武、荆轲易水送别典故,两位豪杰皆是末路英雄、悲剧英雄。这足见辛词抒情并未局限于寻常情谊,而有着更广泛的现实意义。故而周济评价此词:"前半阕北都旧恨,后半阕南渡新恨。"(《宋四家词选》)正是缘于此,我们可以看出此词寄寓着词人的家国兴亡之慨和身世飘零之感。因为作为"江南游子",词人的报国壮志和雄才伟略在蝇营狗苟的庙堂上无有用武之地。同时,也正因为"江南游子"的身份与地位,词人"却将万字平戎策,换作东家种树书"(《鹧鸪天》)。所以自南渡后,辛弃疾一直因朝廷主和而被迫赋闲,他只能在落日楼头,断鸿声里,把栏杆拍遍,空自嗟叹。不独如此,故国半壁山河陷于敌手,"遗民忍死望恢复,几处今宵垂泪痕"。这些昔日的耻辱都在时刻煎熬着像辛弃疾这样的有志之士。所以词人在娴熟地运用典故中,将北宋亡国,后妃宫女被掳而受尽凌辱,以及大批豪杰之士抱憾终身、赍志而没的悲剧,间接地融汇在其中。因而,辛词也因典故的运用,"沉郁苍凉,跳跃动荡,古今无此笔力"(陈廷焯《白雨斋词话》卷一)。

此词之所以能打动后世的读者,还在于词人高超的创作技巧。刘永济评价此词说,

---

① "易水"三句:此人间离别第四事。指荆轲离燕赴秦。据《史记·刺客列传》,战国末年,燕太子丹命荆轲出使秦国,相机刺杀秦王。临行之际,太子丹及宾客皆白衣素服相送于易水之上。有高渐离者击筑起乐,荆轲和乐而歌:"风萧萧兮易水寒,壮士一去兮不复还。"歌声慷慨悲壮,送者无不为之动容。易水,在今河北易县。衣冠似雪,指送行者皆白衣素服。壮士,指荆轲。悲歌,指《易水歌》。未彻,尚未唱完,意谓声音犹在耳。 ② "啼鸟"二句:指啼鸟如知人间别离之恨,当由啼泪进而啼血,益发悲哀。如许恨,即指上述种种人间别恨。 ③ "谁共我"二句:指与族弟别后孤独无伴,唯与明月共醉。

这首词颇似唐人写"赋得诗"一样，以铺陈有关典实而成篇。的确，这首词词题虽为送别，但在内容表述上却专门罗列古人别恨事例，打破了词的上下两片分层的常规，典故连贯上下，不在分片处分层。词人以春去夏来的悲鸣鸟声为开端，一起笔就渲染出了一股浓郁的悲壮气氛。当然这之中，也寄托着作者沉痛无比的心绪。紧承以"算未抵、人间离别"为枢纽，引入一系列令人悲恸欲绝的离别惨剧。全词至此，可谓写足了人间之苦痛与悲伤。全词又以啼鸟只解春恨为收束，与开篇啼鸟遥相呼应。而"不啼清泪长啼血"，则将全词的主旨进一步升华。这使得全词情景相融，更显悲凉沉郁之致。可以说，全词借助赋体，独创一格，怀古寓今，感物伤己，抒发了词人长年的悲愤与郁闷，语意双关，声情并茂，可谓稼轩词中不可多得的佳作。

读辛词不能仅仅局限于词人高妙的技巧和卓绝的才情，我们还应多多体悟词人处乱世、浊世之中，不愿随波逐流，不为"西湖歌舞"所惑，展开"举世皆醉我独醒"的抗争与拼搏的爱国情怀。尽管辛弃疾未能实现"了却君王天下事，赢得生前身后名"的宏愿，但辛词所蕴含的真情与激情，能激发出读者的历史责任感和为民族、为国家献身的战斗精神。这也许是辛弃疾词留给后世最为宝贵的精神财富。

【思考题】

1. 结合陆游、辛弃疾的作品，简要评述一下二人文学风格的差异。
2. 辛弃疾词向来有"掉书袋"的评价，请你结合个人所了解的辛词作品，对此予以简要的品评。
3. 辛弃疾此词充斥着浓厚的悲凉色彩，请结合相关作品，简要谈谈个人对辛词的整体理解。
4. 请结合辛词相关作品，简要谈谈其现实价值。

八、岐阳三首（其二）①

元好问

【作者简介】

元好问（1190—1257），字裕之，号遗山，忻州秀容（今山西忻州）人，他是集金代文学大成的杰出文学家。元好问是北魏鲜卑族拓跋氏的后裔。金宣宗兴定五年（1221）进士，曾任国史院编修、南阳县令等职。一生著述颇丰。有《遗山集》。

【原文】

百二关河草不横，十年戎马暗秦京②。岐阳西望无来信，陇水东流闻哭声③。野蔓有情萦战骨，残阳何意照空城④！从谁细向苍苍问，争遣蚩尤作五兵⑤？

【汇评】

七言律则更沉挚悲凉，自成声调。唐以来律诗之可歌可泣者，少陵十数联外，绝无嗣响，遗山则往往有之。（清·赵翼《瓯北诗话》）

遗山接眉山，浩乎海波翻。效忠苏门后，此意岂易言？（清·翁方纲《读元遗山诗四首》其三）

兴象深邃，风格遒上，无宋南渡末江湖诸人之习，亦无江西流派生拗粗犷之失。（清·永瑢、纪昀《四库全书总目提要·遗山集》）

---

①《岐阳三首》：金哀宗正大八年（1231）春，蒙古军攻陷金军重镇凤翔，金人被迫放弃京兆（今陕西西安）。当时元好问四十二岁，是金朝的南阳令。消息传来，诗人心情无比沉痛，遂作《岐阳三首》。诗中对强敌的不断进犯，社稷的倾颓以及百姓惨遭屠杀，表现出极其沉痛的心情。岐阳，凤翔在岐山南面，古称岐阳。 ②"百二关河"二句：能以二敌百的关塞河山，因遭战祸而杂草丛生，十年来兵荒马乱，弄得昔日秦地一片昏暗。百二关河，战国时秦国所在地（今陕西、甘肃一带），险固易守，两万兵力足以抵挡百万军队的进攻。《史记·高祖本纪》："秦，形胜之国，带山河之险，悬隔二千里，持戟百万，秦得百二焉。"草不横，杂草丛生，不曾倒伏。比喻秦地经过长年战争杀戮，一片荒芜，没有人烟。十年，自金宣宗兴定五年（1221）蒙古进攻陕北，至岐阳陷落，正好十年。秦京，陕西咸阳，这里泛指秦地。 ③"岐阳西望"二句：自岐阳延首西望，路途阻绝，杳无音信；随着东流陇水，能听到无数难民的凄惨哭声。陇水东流，陇水共有两条，都不东流。这里化用乐府《陇头歌辞》辞意："陇头流水，鸣声呜咽。遥望秦川，心肝断绝。"这里比喻数十万难民为躲避蒙古铁骑而东逃。 ④"野蔓有情"二句：野生的藤蔓仿佛是体恤被杀戮的亡灵，缠绕遮掩着这些暴露荒野的白骨。野蔓，野生的藤蔓。萦，缠绕。空城，指岐阳城，经过战火洗劫，变得空空荡荡。 ⑤"从谁细向"二句：目睹战祸惨状，还能同谁细向苍天发问，为什么派遣好战的蚩尤制造五兵让人发动战争？从谁，跟谁。苍苍，指青天。争遣，为什么派遣。蚩尤，古代传说中与黄帝争战的部族首领。相传蚩尤是首先制造兵器作乱的人。这里借指蒙古军队。作五兵，指发动战争。五兵，指矛、戟、钺、楯、弓矢。

【赏析】

"国家不幸诗家幸,赋到沧桑句便工。"处于女真、蒙古少数民族政权更迭的沧桑变革之际,诗人元好问不仅饱受国破家亡的苦痛,更目睹了人民颠沛流离、中原满目疮痍的社会巨变。因此,元好问许多感时伤事的作品,既是历史变革的见证,又是纪实写怀的诗史。

诗歌一起笔便以沉痛的笔调书写了十年以来,蒙古大军屡次犯边、侵掠关中的战事。"秦中自古帝王州",这里自古以来沃野千里,人口稠密,经济富庶,以形势险要、物丰民富而著称于天下。但险峻的百二雄关竟然也不能阻挡蒙古的兵锋,以至于八百里秦川战火纷飞,白骨露野,田园荒废。此处诗人以横草为喻,形象地描绘了因战事的频仍和残酷,致使三秦之地连寸草也不能存活。不仅如此,诗人又用一"暗"字贴切地写出了长年战争的阴霾始终笼罩着这片昔日富庶繁华的乐土。连绵不断的战祸不仅摧毁了名城重镇,更给无数生灵心头蒙上了一层暗无天日的阴影。此时的诗人虽身在中原汴京腹地,但西陲重镇岐阳音信渐疏,以及流离失所的百姓哀号,这些触目惊心的惨痛情景无时无刻不在扣动着诗人的心弦。国事糜烂到如此境地,兵祸日甚一日,这使得诗人更加痛心和忧惧。特别是"陇水东流闻哭声"一句,不但写得恰如其分,更使人们痛感亡国惨祸就在眼前,还十分贴切地写出了秦地当时的惨烈实景。无独有偶,元好问此时所在之地也并不安宁,蒙古军自占领中都后,也在时时骚扰着中原大地。故而诗人展开个人的想象,将野蔓拟人化,把白骨露于野的惨状反而写得十分富于人情意味:野蔓仿佛也为这人间的惨象所震惊,有意地呵护着弃尸荒野的磊磊白骨。残阳亦为这惨绝人寰的情景而感伤,刻意地用余晖温暖抚慰着这片饱受战火的土地。至此,诗人已写足了侵略者的战争暴行,其诗句也更充斥着诗人一腔无从诉说的悲愤。诗人叩问苍天,发出了自己的疑惑——"争遣蚩尤作五兵"。但这一切都显得那么无可奈何,又那么微弱渺茫。诗人虽然渴望天下太平,消弭战争,但在那个时代,诗人是无法得到确切答案的。

老杜曾有"西忆岐阳信"(《喜达行在所三首》其一)诗句。元好问因之以作诗题。可见他深受杜甫的影响。但鼎革易代的社会巨变,以及诗人所禀赋的豪健英杰之气,使得诗人把山河破碎、生灵涂炭的一腔幽愤化为慷慨悲歌,故而其诗也堪称一代诗史。也正是缘于此,时人赞扬元好问诗说:"少陵以来无此作也。"(《遗山先生墓志铭》)

【思考题】

1. 如何评价元好问诗中所描绘的蒙古统一战争?
2. 如何理解元好问在中华文学史上的地位?
3. 简要谈谈个人对金代政权的理解以及对元好问诗歌的理解。

九、雪落在中国的土地上

艾 青

【作者简介】

艾青(1910—1996),中国现代诗的代表诗人之一。原名蒋海澄,浙江金华人。1932年加入中国左翼美术家联盟。曾在山西民族革命大学任教,后任重庆育才学校文学系主任、华北联合大学文艺学院副院长等职。新中国成立后历任《人民文学》副主编、中国作协副主席。代表作有《大堰河——我的保姆》《北方》《向太阳》等。

【原文】

雪落在中国的土地上,
寒冷在封锁着中国呀……

风,
像一个太悲哀了的老妇,
紧紧地跟随着
伸出寒冷的指爪
拉扯着行人的衣襟,
用着像土地一样古老的话
一刻也不停地絮聒着……

那从林间出现的,
赶着马车的
你中国的农夫
戴着皮帽
冒着大雪
你要到哪儿去呢?

告诉你
我也是农人的后裔——

由于你们的
刻满了痛苦的皱纹的脸
我能如此深深地
知道了
生活在草原上的人们的
岁月的艰辛。

而我
也并不比你们快乐啊
——躺在时间的河流上
苦难的浪涛
曾经几次把我吞没而又卷起——
流浪与禁监
已失去了我的青春的
最可贵的日子,
我的生命
也像你们的生命
一样的憔悴呀!

雪落在中国的土地上,
寒冷在封锁着中国呀……

沿着雪夜的河流,
一盏小油灯在徐缓地移行,
那破烂的乌篷船里
映着灯光,垂着头
坐着的是谁呀?

——啊,你
蓬发垢面的少妇,
是不是
你的家

——那幸福与温暖的巢穴——
已被暴戾的敌人
烧毁了么？
是不是
也像这样的夜间，
失去了男人的保护，
在死亡的恐怖里
你已经受尽敌人刺刀的戏弄？

咳，就在如此寒冷的今夜，
无数的
我们的年老的母亲，
都蜷伏在不是自己的家里，
就像异邦人
不知明天的车轮
要滚上怎样的路程……
——而且
中国的路
是如此的崎岖
是如此的泥泞呀。

雪落在中国的土地上，
寒冷在封锁着中国呀……

透过雪夜的草原
那些被烽火所啮啃着的地域，
无数的，土地的垦殖者
失去了他们所饲养的家畜
失去了他们肥沃的田地
拥挤在
生活的绝望的污巷里：
饥馑的大地

朝向阴暗的天
伸出乞援的
颤抖着的两臂。

中国的苦痛与灾难
像这雪夜一样广阔而又漫长呀!

雪落在中国的土地上,
寒冷在封锁着中国呀……

中国,
我的在没有灯光的晚上
所写的无力的诗句
能给你些许的温暖么?

1937 年 12 月 28 日夜间

【汇评】

　　艾青以"最伟大的歌手"要求自己,无论是在烽火连天的战乱岁月,还是在解放后的生活里,写作已然成为他的生活方式。他说道:"我永远渴求着创作,每天我像一个农夫似的在黎明之前醒来,一醒来,我就思考我的诗里的人物和我所应该采用的语言,和如何使自己的作品能有一分进步……甚至在我吃饭的时候,甚至在我走路的时候。"一个诗人,始终渴求着写作,坚持着写作,这一点,深深地感动着同为写作者的我这样一个晚辈,也让我们看到一个作家对于文学至死不渝的热爱。(铁凝《在诗人艾青诞辰100周年纪念座谈会上的讲话》)

　　艾青在抗战爆发前后十年间的创作成功塑造了一个诗的"现代中国"的总体形象,这是百年来中华民族从深重的危机中艰难崛起、通过民族解放和人民革命创建现代民族国家的历史在诗歌中的创造性表现,虽不是史诗而胜似史诗,可称杜甫之后中国诗歌的又一丰碑。(解志熙《精深的冯至与博大的艾青》)

【赏析】

　　从本诗创作时间看,当时正处于抗战全面爆发之时。苦难深重的祖国正如诗中所言"寒冷在封锁着中国","中国的苦痛和灾难,/正如这雪夜一样广阔而又漫长呀!"目睹国土沦丧、政府的无能、万千民众的流离失所与痛苦哀号,诗人艾青愤懑万分,而又无可奈何,但一股强烈的使命感和责任感,又促使着诗人用文字抒写爱国、救国的心声。可以说,这首诗是那个时代广大民众和知识分子的心灵呐喊。

　　"为什么我的眼里常含泪水?/因为我对这土地爱得深沉……"(《我爱这土地》)正

因为诗人对这片热土爱得深沉,所以这首诗在整体上给人以沉重、忧郁之感。不独如此,舒缓沉郁的语调,高度概括的苦难场景,基本上构成了此诗的情感格调和反复出现的苦难主题。作为艾青的代表作,这首诗的成功之处在于艾青诗"有着执着的现实意识和包括从现代诗派借鉴来的表现力"(洪子诚语)。赶车农夫刻满痛苦皱纹的脸,苦难诗人的流浪与监禁,流离失所的蓬头垢面少妇,蜷伏在异地的年老母亲,这些在寒冷夜晚出现在林间、河上、旷野间的夜行者,不仅仅是失去家园、失去土地的广大中国民众的典型形象,更是为民族生存而不甘屈服、挣扎与苦斗的中国"希望"力量所在。尽管强敌的入侵与欺凌,使得他们现在身无立锥之地,衣无片寸遮体,但面对死亡饥馑的威胁,他们依然伸出颤抖的乞援双手,向苍天呐喊。这些富于象征意义的描写,一方面,反映了未来中国道路的崎岖与坎坷,另一方面,也折射出中华民族的坚韧与不屈。虽然今天的读者由于时间的推移,已无法感同身受地去感悟诗歌所蕴含的一腔激愤情绪,但通过诗人真情的倾诉,我们又能真切地感受到当年中国所遭遇的巨大劫难。因为诗人所描述的民族困难际遇,不只是百年屈辱的集中显现,更是一种面对苦难的奋起抗争的力量,艾青在诗中"把弥漫在广大的土地上的渴望、不平、愤懑……集合拢来,浓密如乌云,沉重地移行在地面上"(艾青《诗论》),所以,这首诗在表层的苦吟哀号与悲情倾诉之下,并不是传统文人的哀吟,它凝聚着华夏民族生于忧患的伟大抗争精神。也正是艾青等苦难诗人的大声疾呼,才使得我们这个民族在忍受苦难的煎熬中,迸发出了一股前所未有的伟力。

作为一名较早成熟运用象征技巧的诗人,艾青是一个真诚的、用自己的心歌唱的诗人,也是一个富有激情创造力和传统文化情感的"悲哀的诗人"(艾青自称语)。这首诗不仅融汇了诗人诗性的敏感和技巧处理上的细腻,更融入了诗人对国家、民族的深沉关怀。可以说,诗歌对苦难的描绘、对民族前途的深切忧惧,正是抗战时期悲壮的时代氛围对诗人影响的集中显现,同时这也是诗人爱国热情的深情流露。

【思考题】

1. 结合艾青的《大堰河——我的保姆》《我爱这土地》等代表诗作,谈谈文学、诗人与时代之间的关系。

2. 有学者曾说民国时期是所谓的黄金时代,而艾青此诗恰好是那个时代的真实写照,请结合艾青的作品,予以简要评述。

3. 艾青在新中国成立后,也有许多作品问世,请结合个人以前所学或了解的艾青作品,简要评述一下对艾青作品的整体理解。

4. 当下是一个诗歌创作日益萎缩的时代,请结合具体时代谈谈艾青诗歌的现实意义。

十、蟋蟀吟

余光中

【作者简介】

余光中(1928—2017),1928年出生于江苏南京,祖籍福建永春。因其母原籍江苏武进,故他自称"江南人"。余光中1952年毕业于台湾大学外文系,1959年获美国爱荷华大学艺术硕士,曾先后任教于台湾东吴大学、台湾师范大学、台湾政治大学等多所高校。余光中一生从事诗歌、散文、评论写作以及翻译工作。其著作颇丰,代表作有《白玉苦瓜》《记忆像铁轨一样长》《日不落家》等。

【原文】

中秋前一个礼拜我家厨房里
怯生生孤伶伶添了个新客
怎么误闯进来的,几时再迁出
谁也不晓得,只听到
时起时歇从冰箱的角落
户内疑户外惊喜的牧歌
一丝丝细细瘦瘦的笛韵
清脆又亲切,颤悠悠那一串音节
牵动孩时薄纱的记忆
一缕缕的秋思抽丝抽丝
再抽也不断,恍惚触须的纤纤
轻轻拨弄露湿的草原

入夜之后,厨房被蛊于月光
瓦罐铜壶背光的侧影
高高矮矮那一排瓶子
全听出了神,伸长着颈子
就是童年逃逸的那只吗?
一去四十年又回头来叫我?
入夜之后,人定火熄的灶头

另一种忙碌似泰国的边境
暗里的走私帮流窜着蟑螂
却无妨短笛轻弄那小小的隐士
在梦和月色交界的窗口
把银晶晶的寂静奏得多好听

【汇评】

（余光中）的创作活动证明了他既是"建设者"又是"破坏者"，在现代与传统，中国与西方之间进进出出，力排险阻，走他自己的路子……他的诗歌创作无论在思想内容、诗歌艺术上都有卓越表现，获得了创作上的大丰收。（于寒、金宗洙《台湾新文学七十年》）

余光中以格律来警惕和节制浪漫铺张，以"新古典"来反驳西化狂热，表面上似乎哪一个路向都走得不远，实际上对于诸种时髦他已经超越得太远、太远了。（陈祖君《两岸诗人论》）

【赏析】

余光中先生一生的文学探索几乎是那个时代的文学精英的缩影。20世纪30年代的苦难中国，让余光中产生了一种深深的失落感。为了拯救破碎的锦绣山河，也为了寻找民族的前途与出路，余光中曾远赴重洋，在西方文化世界里寻找济世救国的"良方"，然而几经探索，诗人终于认识到了中国文化"根"的重要性，故而他的诗笔最终伸向了中华文化的土壤。可以说，余光中的诗歌创作由全面西化到"回归"传统的文化轨迹，集中显现了那一代文学精英的整体走向。这首《蟋蟀吟》则是诗人回归东方的文化心声。

乡愁是中国诗歌一个永久而普遍的话题，这首《蟋蟀吟》当然亦是以此为主题。只不过它不如《乡愁》从时空上整整贯穿了诗人一生。诗人只是截取了中秋佳节前一个礼拜夜晚的片段，借着蟋蟀的鸣叫，诗人打开了自己情感的"阀门"。也许是江南的钟灵毓秀铸就了诗人的锦绣诗笔，读者在通读这首诗的时候，会有一种似曾相识的熟悉感。因为诗人笔下所描绘的场景，在古人笔下都曾不断地出现过。那只蟋蟀"在《豳风·七月》里唱过/在《唐风·蟋蟀》里唱过/在《古诗十九首》里唱过/在花木兰的织机旁唱过/在姜夔的词里唱过/劳人听过/思妇听过"。不独如此，"在海外，夜间听见蟋蟀叫，就会以为那是在四川乡下听到的那一只"（流沙河《就是那一只蟋蟀》）。这是余光中漂泊海外的亲身经历的真切感受。正是缘于此，这首诗从内在情感上继承了传统诗歌中深厚的民族文化之根。这一切也正如余光中先生所说的那样："纵的历史感，横的地域感。纵横相交而成十字路口的现实感。"（《〈白玉苦瓜〉序》）。作为一个离开大陆数十年的当代诗人，他"一去四十年"后，繁华落定，内心深处必然升起对故园的眷恋。月是故乡明，在梦和月的交界中，诗人聆听着蟋蟀的鸣叫，仿佛进入了一个宁静、美好的国度——"家"的心灵港湾。这也正是无数海外游子的共同梦想和心愿。

这首诗之所以动人还在于意象的提炼和选择上。孤伶的蟋蟀、悠扬的牧歌、细瘦的笛韵、露湿的草原，以及瓦罐铜壶和大小不一的瓶子等，这些富于传统文化气息的意象，都能勾起游子对故国的思恋之情。同时,诗人所描绘的这些意象,虽是日常生活中的常见之物,但诗人真诚的情感和不俗的才情,使得它们不仅不会显得平庸,更增添了丰富的文学象征意蕴:家的感觉和故国的味道。余光中学贯中西,又使得他的文学视野十分开阔。比如诗中提及的礼拜、冰箱等外来语汇,凸显了诗人的心路历程和诗歌的时代气息。这些看似新旧不能相容的意象运用,又在某种程度上反映出了诗人对中华文化未来的探索。

《蟋蟀吟》作为余光中的代表作之一,它不仅是"乡愁诗人"内心世界美好而略带忧伤的乡曲、乡音,还是诸多游子对故国的深情呼唤。

【思考题】

1. 结合流沙河《就是那一只蟋蟀》,比较余光中、流沙河二人作品的思想内涵。
2. 请结合当代文学发展状况,列举相关台湾作家的爱国作品。
3. 请列举余光中其他的爱国作品,并简要谈谈个人对余光中作品的理解和看法。